Helmut Hark · Träume vom Tod

Helmut Hark

Träume vom Tod

Trauerarbeit und seelische Wandlung

Kreuz Verlag

CIP-Kurztitelaufnahme der Deutschen Bibliothek

Hark, Helmut:
Träume vom Tod : Verstehenshilfen für d. Erscheinen von Gestorbenen u. a. Rätselbilder / Hel
mut Hark. – 1. Aufl. – Stuttgart : Kreuz Verlag,
1987.
 ISBN 3-7831-0850-0

© by Dieter Breitsohl AG
Literarische Agentur Zürich 1987
Alle deutschsprachigen Rechte
beim Kreuz Verlag Stuttgart
1. Auflage
Kreuz Verlag Stuttgart 1987
Umschlaggestaltung: HF Ottmann
unter Verwendung eines Bildes von Karl Thylmann
aus: »Gesänge des tanzenden Gottesfreundes Dschelâl-eddin Rumi,
herausgegeben von Linde Thylmann v. Keyserlingk
Satz: Typobauer Filmsatz GmbH, Ostfildern-Scharnhausen
Druck und Bindung: J. Ebner Ulm

ISBN 3 7831 0850 0

Inhalt

Einführung

Dieses Buch über die Träume vom Tod und von Toten ist ein Zeugnis über persönliche Erfahrungen, die mich seit dem Tod meines Vaters im Jahre 1975 beschäftigen. Ich werde diesen Wahrtraum vom bevorstehenden Tod des Vaters im 4. Kapitel erzählen. Hinzu kommen einige Todesträume, die mich seit der Lebensmitte begleiten und meine seelische Wandlung und Individuation förderten. Diese Sensibilisierung durch persönliche Erfahrungen führte dazu, daß ich im letzten Jahrzehnt in zahlreichen Traumseminaren das Thema ansprach und von mehr als 300 Träumerinnen und Träumern Todesträume mitgeteilt bekam.

Viele Menschen haben mir inzwischen berichtet, wie der Abschied von einem geliebten Menschen sich weit über den Tod hinaus in den Träumen fortsetze. Mir ist durch diese beeindruckenden Zeugnisse deutlich geworden, daß unsere Seele auf ihre Weise den Tod eines Angehörigen (manchmal auch eines gehaßten Mitmenschen) zu verarbeiten sucht. Da viele Hinterbliebene wenig oder nichts wissen über die notwendige Trauerarbeit oder bewußt versuchen, so schnell wie möglich über den Verlust eines Angehörigen hinwegzukommen, muß in den Träumen viel »Seelenarbeit« geleistet werden, um die persönliche Balance und den inneren Frieden wiederzufinden. Nach meinen Erfahrungen und den Zeugnissen scheint die Seele auf ihre besondere Art auf der Trauerarbeit in den Träumen zu bestehen. Wenn wir uns bewußt und verständnisvoll mit dieser Seelenarbeit und den Todesträumen, die sie an den Tag bringen, beschäftigen, kommt unser inneres Leben wieder in Ordnung. Damit wird auch angedeutet, daß Menschen seelisch krank und neurotisch werden können, wenn die Todesträume nicht als Anstoß zur Wandlung und Wiedergeburt aufgefaßt werden.

Von Ratsuchenden und Patienten habe ich erfahren, daß ein nicht verarbeiteter plötzlicher Todesfall zu anhaltender Niedergeschlagenheit und Depression führt. Alle Todesfälle, über die man sich schnell hinwegsetzte, oder Fehlgeburten sowie Abtreibungen werden in den Tiefenschichten der Seele so lange aufgehoben, bis wir den Verlust bearbeitet

und angenommen haben. Die Erscheinungen dieser Toten
in Träumen machen offenbar, daß viele Menschen unbestat-
tete »Leichen« im Keller ihres Seelenhauses haben. Das Bild
des Kellers und des Totenreiches kann in Träumen auch ein
Symbol des Unbewußten sein.

Die Erscheinungsträume von Verstorbenen lösen zumeist
großes Erschrecken aus. Viele Träumer meinen irrtümlich,
daß so ein Traum ein böses Vorzeichen sei und nun jemand
in der Familie oder gar man selber sterben müsse. Zur Klärung derartiger verwirrender Erfahrungen möchte dieses
Buch ein Gesprächsbeitrag sein und Verstehenshilfen bieten.
Es möchte vor allem zeigen, wie der Abschied von einem
lieben Menschen und die Trauerarbeit sich noch lange Zeit
in den Träumen widerspiegeln können.

Noch dramatischer als das Erscheinen von Verstorbenen
in unseren Träumen sind die Träume vom eigenen Tod. Sie
vermitteln häufig das starke Gefühl einer Vorahnung vom
baldigst nahenden Ende. Ich habe zahlreiche Menschen in
den letzten Jahren gesprochen, die solche Todesträume hatten und zugleich verheimlichten, weil sie meinten, mit niemandem darüber sprechen zu können. Weil so ein Todestraum nicht erzählt wurde, trieben die versteckten Ängste
tiefe Wurzeln ins Unbewußte und wirkten wie ein Krebsge-
schwür in der Seele. Dieses Bild will sagen, daß die Todesangst nicht verdrängt und nicht verschwiegen werden kann.
Doch das gefühlsmäßige Chaos brauchte nicht derart dra-
matisch zu werden, wenn rechtzeitig ein symbolisches Verständnis von Todesträumen vermittelt werden könnte. Vom
Tod zu träumen oder das Erscheinen von Verstorbenen in
den Träumen zu erleben, muß nicht den konkreten Tod
bedeuten, sondern ist zumeist ein Anzeichen für den in
jedem Menschen waltenden Prozeß des ewigen »Stirb und
Werde«. Theoretisch wissen zwar viele Menschen, daß mit
der Geburt auch das Sterben beginnt. Der lebenslange
Wachstumsprozeß unseres Leibes und die andauernden seelischen Wandlungsprozesse sind häufig begleitet von Todesträumen, in denen die Seele in ihrer Bildersprache die grundlegende menschliche Erfahrung zum Ausdruck bringt.

Da die meisten Menschen kaum auf ihre Träume achten
und die leise Stimme im Innern durch die Bilderflut der

Massenmedien überschwemmt wird, kann man erst recht bei den zumeist unerwartet eintretenden Todesträumen auf keinerlei Verstehenshilfen zurückgreifen. Ist dies denn überhaupt nötig, wird vielleicht mancher fragen (besonders wohl solche kritischen Leser, die durch keine persönlichen Todesträume gequält werden). Für Menschen jedoch, die durch ihre Todesträume in Panik versetzt werden und denen das Erscheinen von Verstorbenen furchtbare Angst bereitet, sind Gesprächsangebote und Verstehenshilfen buchstäblich notwendig, in dem Sinne, daß die Not und die Ängste gewendet und solche Träume in einen größeren Verstehenszusammenhang gestellt werden. Genau dies ist eines der Anliegen meines Buches. Ich möchte die Betroffenen und erschrockenen Träumer Anteil nehmen lassen an den Erfahrungen und Träumen anderer und ihnen vor allem einen symbolischen Verstehenshorizont öffnen.

An den zahlreichen Zeugnissen von den Erscheinungen der Verstorbenen hat mich ganz besonders beeindruckt, daß viele in diesen Träumen eine herzlichere und innigere Beziehung und Begegnung erlebten, als dies jemals zu Lebzeiten möglich war. Die tiefe Sehnsucht eines jeden Menschen nach Angenommensein, nach Geborgenheit und Liebe, die so oft im Leben durch neurotische Verhaltensmuster unerfüllt blieb, wird in solchen Träumen endlich befriedigt. Doch leider ereignen sich derartige Befreiungen und Lösungen nicht bei jedem Menschen. In meinen Zeugnissen habe ich auch Berichte, daß sich die alten Vorwürfe, Mißverständnisse und gegenseitigen Verletzungen bis über den Tod hinaus in den Erscheinungsträumen fortsetzen. Zweierlei scheinen diese negativen Erfahrungen in den Todesträumen zu bedeuten. Zum einen hören bei vielen Menschen die gegenseitigen Verletzungen und Quälereien eben nicht mit dem Tode von selber auf, sondern wuchern in den negativen Todesträumen wie Krebsgeschwüre in der Seele weiter. Daher nötigt gerade diese Art von Träumen zu einer Aufklärung und »Aufräumungsarbeit« im Seelenleben. Obwohl diese Bearbeitung in der Psychotherapie und Analyse notwendig wäre, verbergen viele Leute diese Träume und reden mit niemandem darüber. Dazu habe ich in den letzten Jahren erschütternde »Beichten« gehört. Gerade diese Zeug-

nisse motivierten mich entscheidend mit zu dem vorliegenden Buch. Es möchte aufklärend wirken und erste
Verstehenshilfen zu Todesträumen vermitteln.

Wenn ich als Autor gefragt werde, was denn bei der Fülle
von Büchern über das Sterben und den Tod (Kübler-Ross,
Moody, Hampe, Grof u. v. a.) das »Neue« und Aktuelle an
meinem Buch sei, so wird einiges schon aus dem bisher
Gesagten deutlich geworden sein. Dabei geht es nicht allein
um den Abschied von unseren Toten und die notwendige
Trauerarbeit. Häufig lassen die Erscheinungen von Verstorbenen in unseren Träumen auch neue Beziehungsmöglichkeiten und bisher nicht gekannte Erlebensweisen bewußt
werden. Unsere persönliche Ganzwerdung und Wandlung
wird oftmals gerade durch Todesträume entscheidend gefördert. Aufsehenerregend ist ferner, daß in Wahrträumen vom
bevorstehenden Tod eines Menschen die Seele tatsächlich
den konkreten Ereignissen vorauszueilen vermag. Schließlich geben die Zeugnisse von den Begegnungen mit Toten
und von den Botschaften aus dem Totenreich Stoff zum
Nachdenken über den Tod überhaupt.

Die zahlreichen Einzelzeugnisse werden durch eine Erhebung bei 633 Träumerinnen und Träumern ergänzt, so daß
ich hier erstmals umfangreiche Erfahrungen und Erkenntnisse zum Thema der Todesträume und des Erscheinens der
Verstorbenen vorlegen kann.

Schließlich füge ich eine »Checkliste« mit 16 Fragen zum
Selberdeuten von Todesträumen bei. Sie werden in dem
abschließenden Kapitel erläutert und allgemeinverständlich
vorgestellt. Da ich auf meine anderen Traumbücher »Der
Traum als Gottes vergessene Sprache« und »Träume als Ratgeber«[1] von vielen meiner Seminarteilnehmer ein positives
Echo über die Arbeit mit Fragen an einen Traum gehört
habe, hoffe ich, damit wiederum erste Verstehenshilfen speziell für Todesträume geben zu können. Als praktizierender
Psychotherapeut ist mir klar, daß es sich bei solchen Deu-
tungshilfen nur um eine erste Hilfe handeln kann und in
manchen Fällen das persönliche Gespräch mit einem See-
lenarzt und Therapeuten nicht überflüssig ist. Weitere Verstehenshilfen für persönliche Todesträume findet der Leser
in dem kleinen Lexikon zur Todessymbolik im Anhang.

Ich schließe meine Einführung mit einem Zitat von Elisabeth Kübler-Ross ab, die nach ihren reichen Erfahrungen mit Sterbenden gerade auch die Beachtung der Träume von Verstorbenen empfiehlt:

»Wir können mit ihnen (den Verstorbenen) zum Beispiel nachts vor dem Einschlafen sprechen und sie darum bitten, sich uns zu zeigen. Wir können ihnen auch, bevor wir einschlafen, Fragen stellen und sie darum ersuchen, uns in unseren Träumen eine Antwort zukommen zu lassen. Jene von uns, die ihre Träume behalten können, wissen, daß viele unserer Fragen darin beantwortet werden. Und je mehr wir uns auf unsere innere Entität, unseren eigenen inneren spirituellen Teil, einzustimmen vermögen, wird uns die Gewißheit zuteil, daß wir Hilfe und Führung ebenfalls von dieser unserer inneren Entität erhalten können, die unser allwissendes Selbst und unser unsterblicher Teil in uns ist, den wir als Schmetterling bezeichnen.«[2]

Manche unserer Todesträume werden uns Antworten geben auf die vielen Fragen zum Leben und auf die letzten Fragen nach dem Tod und wie es danach weitergeht. Oftmals sind es keine »Patentantworten«, sondern Bilder und Symbole, die uns in das Geheimnis des Lebens nach dem Tode einweihen. Bei diesen Erfahrungen im Grenzbereich zwischen Leben und Tod hilft wohl kaum eine wissenschaftliche Begriffssprache weiter, die definiert und begreiflich macht, sondern vielmehr eine Bildersprache, die wir alle in unseren Träumen erleben. Letztlich geht es in unseren Todesträumen wohl weniger ums Begreifen als vielmehr darum, daß wir ergriffen werden von einer Wirklichkeit, die ihre Wurzeln bis ins Totenreich treibt. In meiner langjährigen Beschäftigung mit Todesträumen bin ich zu der Ansicht gekommen, daß viele Träume vom Totenreich und der Unterwelt auch eine Abbildung und Spiegelung des Unbewußten sein können, von dem die Tiefenpsychologie in den letzten hundert Jahren schon viele Einsichten und Erkenntnisse zur Heilung und Ganzwerdung der Menschen vermittelt hat. Mir persönlich haben meine Todesträume und die Beschäftigung mit dem Märchen »Der Gevatter Tod«[3] dazu verholfen, daß mir der Tod zum Paten für ein ganzheitliches Leben wurde.

Wenn wir von einem Schädel oder gar von einem Totenschädel träumen, dann ist unsere Seele meistens in Kontakt zur Unterwelt getreten. Diese Bilder und Symbole über die jenseitige Welt werden nach meiner Erfahrung in Träumen auch häufig für das Unbewußte, insbesondere für das kollektive Unbewußte verwendet. So träumte einer meiner Analysanden (auf dem Wege seiner Individuation) gegen Ende der Analyse einen eindrucksvollen Kirchentraum (S. 74), der damit endete, daß der Träumer im Fundament der Kirche einen merkwürdigen Ofen entdeckte. Als er die Tür öffnete, sah er mit Schrecken ein glühendes Kohlenfeuer und Menschenschädel in der Asche. Er ahnt und »weiß«, daß dies Schädel seiner Amtsvorgänger aus den ersten Jahrhunderten sind. Dieser Traum hat eine besondere Wandlung des Analysanden bewirkt. Auf meine Nachfrage nach über einem Jahrzehnt konnte ich erfahren, daß der Prozeß der Ganzwerdung angehalten hat und sein Leben und sein Gottesbild nachhaltig beeinflußte.

Da jeder Mensch auf den Tod zulebt, ist jedem auch der Totenschädel ins Wappen seines Lebens eingezeichnet. Das Leben ist in dem Kupferstich von Dürer in Gestalt einer edlen Frau dargestellt, hinter der der gesichtslose Tod als »Sensenmann« erscheint. Zu ihm sucht die linke Hand, die unbewußte Seite der »Anima«, einen Kontakt. Das gleiche Wissen bringt ein Kirchenlied aus jener Zeit zum Ausdruck: »Mitten wir im Leben sind mit dem Tod umfangen.«

Das Wappen des Todes
Albrecht Dürer, 1503, Kupferstich

Abschied und Trauerarbeit in Träumen

Die Todesträume und das Erscheinen von Verstorbenen in Träumen lösen bei vielen Menschen eine besondere Betroffenheit aus. Diese Gefühle können sich zu Ängsten steigern. Andererseits können die Erscheinungsträume auch eine positive Wirkung haben, indem sie trösten und zum Leben ermutigen. Meistens brechen im Trauerprozeß für viele Menschen Empfindungen und Gefühle auf, die sie zu überfluten drohen. Zu den seelischen Schmerzen im Trauerprozeß kommen häufig auch Depressionen und eine tiefe Traurigkeit. Zu diesen als normal geltenden Emotionen kommt oft auch eine ohnmächtige Wut oder ein diffuser Haß auf den Verstorbenen, der einen verlassen hat. Gerade das Zulassen und das Anerkennen dieser negativen Gefühle ist für viele ein ganz besonderes Problem. Viele meinen, daß die Wut einem Toten gegenüber nicht erlaubt sei, und verdrängen diese starken Empfindungen. Doch wie im seelischen Erleben die verdrängten Gefühle in unseren Träumen wiederkehren und ihr Lebensrecht verlangen, so geschieht es auch mit der verdrängten Trauer und den anderen genannten Emotionen, die uns mit unseren Verstorbenen verbinden.

Die Wirkungsgeschichte eines Menschen ist nicht mit seinem Tod zu Ende. In ermutigender oder in anklagender Weise wirken die Toten in das Leben der Hinterbliebenen hinein. Das geschieht nicht nur am Tage, wenn wir still für uns an einen Verstorbenen denken oder über ihn in der Familie oder im Freundeskreis sprechen, sondern die Toten erscheinen uns auch nachts in den Träumen.

Beim Abschied von Sterbenden werden durch die schmerzliche Anteilnahme das seelische Empfinden und das Sehvermögen besonders geschärft. Ähnlich wie viele Sterbende einen mystischen Einblick gewinnen in die jenseitige Welt oder in den Todesträumen die Verstorbenen aus der jenseitigen Welt erscheinen, können auch Hinterbliebene an den Sterbebetten etwas »sehen« von der Totenwelt. Ein solcher Seher war auch der Maler Edvard Munch, der in seinen Radierungen und Lithographien etwas von der mystischen Schau beim Abschied von Sterbenden sichtbar gemacht hat. Munch, der mit fünf Jahren den Tod seiner Mutter erlebte, die an Lungentuberkulose starb, und später den Tod seiner fünfzehnjährigen Schwester, gibt uns Zeugnis von einer eigenen lebensbedrohlichen Lungenkrankheit: »Ich war dreizehn Jahre alt, als in der Weihnachtszeit Blut aus meinem Munde rann, das Fieber mich schüttelte und mich ein furchtbarer Schreck durchfuhr. Jetzt, jetzt, im nächsten Augenblick wirst du vor dem Höchsten Richter stehen, und du wirst für alle Ewigkeit verdammt werden.«

Auf der Zeichnung »Am Totenbett« (1896) erscheinen über dem Fußende des Bettes Gesichter von Verstorbenen. Tiefenpsychologen würden sagen, daß es die aus Todesangst geborenen Schreckensvisionen der sterbenden geliebten Schwester sind, die in die Tiefe des Raumes projiziert erscheinen. Aus der Lebensgeschichte von Munch ist bekannt, daß er sich mit seiner toten Mutter und seiner sterbenden Schwester zutiefst eins fühlte. Diese Verbundenheit und Liebesbindung über den Tod hinaus erschwerte bei Munch wie bei vielen anderen eine persönliche Partnerbeziehung oder überschattete sie durch Angst- und Schuldgefühle.

Am Totenbett
Edvard Munch, 1896, Zeichnung

Am Totenbett
Edvard Munch, 1896, Zeichnung

*»Manchmal habe ich das Empfinden, daß meine verstorbene
Mutter ›sieht‹, was ich mache. Besonders bei intimen und
sexuellen Erfahrungen fühle ich mich ›beaufsichtigt‹«, sagte ein
verheirateter Mann in der Lebensmitte, dessen enge Bindung
an die Mutter auch nach deren Tod wirksam blieb. Andererseits
kann von einem im Traum erscheinenden Freund oder einer
Freundin eine starke erotische oder gar sexuelle Wirkung ausgelöst
werden. Eine 35jährige Frau erlebte in solchen Träumen ein
Glücksgefühl.*

*Der Holzschnitt zeigt die Phantasie oder den Traum, daß bei
einem Mädchen eine Liebesnacht durch die als gegenwärtig
empfundenen toten Verwandten verhindert wird. Ähnlich wie
unser seelisches Erleben durch die Vorstellung, daß der »liebe
Gott alles sehe« (von meinen Patienten und Ratsuchenden glauben dies mehr als 80 Prozent; siehe: »Religiöse Neurosen«),
stets kontrolliert und damit irritiert wird, kann dies auch durch
die gegenwärtig gedachten Toten geschehen.*

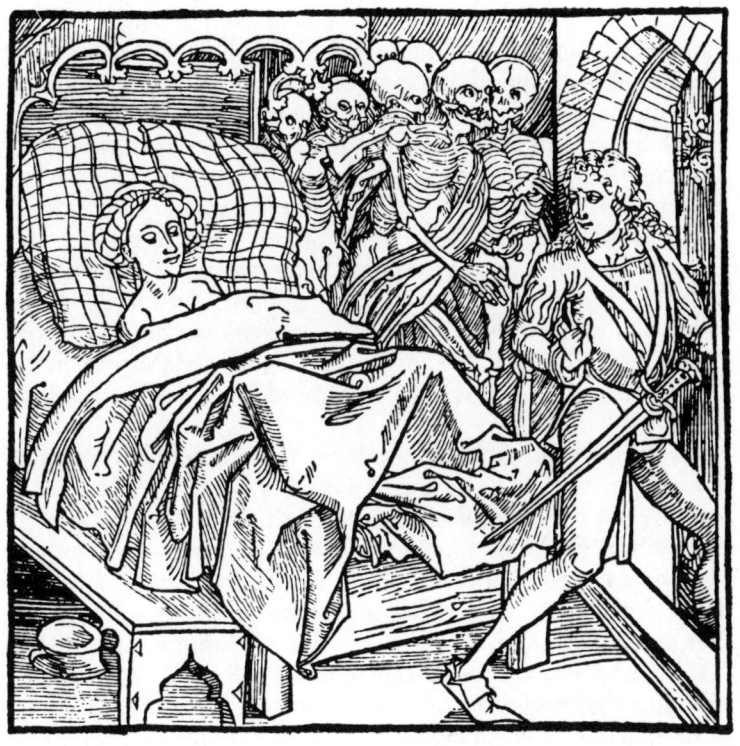

Die toten Verwandten des Mädchens verhindern eine unerlaubte Liebesnacht,
aus:
Der Ritter vom Turn, Von den Exempeln der gotsforcht und erberkeit,
Basel 1493

In diesen Träumen mischen sie sich immer wieder in das
Leben der Hinterbliebenen ein. Insbesondere wenn die notwendigen Auseinandersetzungen zu Lebzeiten nicht möglich waren oder ängstlich vermieden wurden, erinnern die
Erscheinungen der Verstorbenen an die »unerledigten
Geschäfte« (Kübler-Ross). Wenn jemand durch einen plötzlichen Tod aus dem Leben fortgerissen wurde und unver-
söhnt starb, erinnern die Erscheinungen dieses Verstorbenen
in den Träumen an die unbeglichene Schuld. Während die
Schuldgefühle einem Lebenden gegenüber schon als etwas
sehr Schmerzliches empfunden werden, werden sie dem
Toten gegenüber als noch erschreckender erlebt, weil jetzt
eine Klärung und Lösung der Schuld nicht mehr möglich
scheint.

Schuldgefühle und unerledigte Geschäfte sind oft die
Ursachen für Todesträume. Darüber hinaus bilden die
unzähligen positiven Beziehungen und Erlebnisse mit einem
Menschen ebenfalls Stoff für Erscheinungsträume. Ähnlich
wie viele Hinterbliebene am Tag das Empfinden haben, daß
ihr Verstorbener unsichtbar gegenwärtig sei, geschieht die
Vergegenwärtigung nachts in den Träumen. Derartige
Träume haben eine wichtige Funktion für die Wiederherstellung des seelischen Gleichgewichts. In unserer Gesellschaft, in der viele versuchen, den Verlust eines Menschen so
schnell wie möglich zu überwinden, erinnern die häufig vorkommenden Todesträume an die ungelösten Bindungen.

Viele Träumerinnen und Träumer erleben die Erscheinungen von Verstorbenen so, daß ihnen seelische Energien
und Lebenskräfte abgesogen werden. Kraftlosigkeit und
Depression sind für die Betreffenden ein spürbarer Ausdruck
für die unbewußte Verbundenheit mit den Toten. Auch zahlreiche andere Lebensschwierigkeiten und medizinisch nicht
aufklärbare psychosomatische Störungen können ihre Ursachen in der unbewußten Verbundenheit mit den unversöhn-
ten Toten haben. Wenn jemand also trotz jahrelangem
Arbeiten an seinen Problemen keine Lösungen findet oder
gar eine psychotherapeutische Behandlung nicht anschlägt,
sollte man einmal prüfen, ob man unbeerdigte Leichen in
den Tiefen seiner Seele aufbewahrt. Insbesondere, wenn verstorbene Vorfahren wiederholt in unseren Träumen »herum-

spuken«, sollten wir unsere Aufmerksamkeit auf die Versöhnung mit den Toten lenken.

Nach meiner Erfahrung haben die Träume von Toten im
Hinblick auf den Abschied und die notwendige Trauerarbeit
eine wichtige psychohygienische Aufgabe zu erfüllen, indem
sie zur Wiederherstellung des seelischen Gleichgewichtes
beitragen. Der betrübte und trauernde Mensch hat ja sein
Gleichgewicht verloren und hat daher das Gefühl, in die
Tiefe gezogen zu werden. Ich möchte dieses seelische Erle-
ben im Trauerprozeß einmal vergleichen mit einem
Schwimmer, der in einen starken Strudel gerät und in die
Tiefe gezogen wird. Man sollte jetzt nicht ohnmächtig versuchen, irgendwie herauszukommen, sondern sich durch die
Träume einen Weg weisen lassen.

Vier Aspekte der Todesträume

In meiner zehnjährigen therapeutischen Arbeit und dem
Studium der Todesträume haben sich zunehmend vier
Aspekte herauskristallisiert, denen wir die meisten Erscheinungen von Verstorbenen in Träumen zuordnen können.
Parallel zu den fünf Phasen des seelischen Trauerprozesses
vor dem Tod, die E. Kübler-Ross[4] in ihrer langjährigen
Arbeit mit Sterbenden entdeckt hat, scheint es nach meinen
Erfahrungen ähnliche Phasen auch in den Todesträumen
der Hinterbliebenen zu geben. Das Nichtwahrhabenwollen
(erste Phase bei Kübler-Ross) spiegelt sich in den Todesträumen der Hinterbliebenen in ähnlicher Weise wider, indem
ein Toter im Traum so gesehen wird wie zu Lebzeiten. Die
zweite und dritte Phase nach Kübler-Ross, der Zorn und das
Verhandeln, haben in den Erscheinungsträumen von Verstorbenen insofern eine Entsprechung, als starke Empfindungen und Gefühle diese Träume begleiten. Meist sind es
positive Gefühle und eine große Freude über das Wiedersehen. Doch es können auch Wut und Enttäuschung erlebt
werden, die man sich in der Beziehung zu dem Verstorbenen
zu Lebzeiten verboten hat. Vielen Menschen machen solche
Regungen Schuldgefühle, weil man doch nach allgemeinen
Vorstellungen die Toten ruhen lassen solle. Bei derartigen

Todesträumen brauchen viele Menschen den Beistand eines
erfahrenen Therapeuten, um diese Schuldgefühle verarbeiten zu können. Zu der vierten Phase des Trauerprozesses
nach Kübler-Ross, die Depression, scheint in den Todesträumen auf den ersten Blick keine Parallele zu bestehen. Doch
wenn wir berücksichtigen, daß manche Menschen in ihrem
seelischen Tief besonders erschreckende Träume haben und
in diesen Bildern sich etwas widerspiegelt von ihren Ängsten
und ihrer Verzweiflung, dann scheinen mir doch gewisse
Parallelen zu der depressiven Phase in Todesträumen zu
bestehen. Gelegentlich erleben Menschen in ihrer tiefsten
Verzweiflung als Gegenbild einen tröstlichen und wunderbaren Traum. Nach meinen Erfahrungen brechen in dieser
Phase in den Todesträumen archetypische Bildmuster auf,
die eine Ablösung von den Verstorbenen ermöglichen und
die eigene seelische Wandlung entscheidend fördern. Mehr
darüber werde ich bei der ausführlichen Darstellung der von
mir entdeckten vier Phasen oder vier Aspekte der Todesträume schildern. Schließlich sei die fünfte Phase des Trauerprozesses nach Kübler-Ross, die Zustimmung, in Parallele
gesetzt zu den Todesträumen, die eine besondere Botschaft
an die Hinterbliebenen vermitteln.

Die bisher nur kurz angedeuteten Aspekte und Phasen bei
den Todesträumen möchte ich jetzt etwas differenzierter
beschreiben. In den ersten Tagen und Wochen nach dem
Tod erscheinen Tote ihren Angehörigen meistens wie zu
Lebzeiten im Traum. Diese Träume erwecken häufig den
Eindruck, als sei die Tatsache des Todes in der Seele noch
gar nicht angekommen. An einigen Beispielen möchte ich
diese inneren Erfahrungen verdeutlichen. So erlebte eine
21jährige Frau ihre Beziehung zu der verstorbenen Großmutter wie im Leben, indem die Großmutter die Träumerin
energisch zurechtwies. Ähnlich fühlte sich eine 50jährige
Frau in ihren Todesträumen von der verstorbenen Mutter
gegängelt, indem die Tote ihr Vorhaltungen machte. Diese
Träumerin zog daraus die Lehre, daß sie sich mit dem Bild
der verinnerlichten Mutter noch kritisch auseinanderzusetzen habe. Als besonders tröstlich werden diejenigen Todesträume erlebt, in denen es zu einer herzlichen Begegnung
zwischen dem Träumer und einem Toten kommt. So traf

zum Beispiel eine 58 Jahre alte Frau ihren verstorbenen Vater in einem eingezäunten Garten voller herrlicher Blumen, deren Duft sie berauschte. Sie spürte zu dem Vater, der ihr zuwinkte und lächelte, eine Verbundenheit, wie sie sie zu Lebzeiten nie empfunden hatte. Während der Vater zu Lebzeiten immer einen abgearbeiteten und erschöpften Eindruck gemacht habe, erschien er im Traum als sehr gut aussehend. Es war für die Träumerin sehr tröstlich, den verstorbenen Vater wiederzusehen. Sein Erscheinen vermittelte ihr ein unbeschreibliches Gefühl und das Empfinden: »Kind, ich lebe!«

Nachdem ich einige Träume von Frauen berichtet habe, möchte ich jetzt einige von Männern mitteilen. Ein 41 Jahre alter Mann erlebte das Erscheinen seines Vaters im Traum besonders positiv. Während sich der Träumer und der Tote ganz nahe fühlten, gab der Verstorbene dem Träumer die Botschaft zu verstehen: »Ich mußte gehen, damit Platz für dich ist!« Das Wiedersehen mit dem Vater und seine Botschaft, die für den Träumer sehr versöhnlich klang, wurden als äußerst positiv erfahren.

Ausgesprochen rätselhaft dagegen erlebte ein 43jähriger Träumer seinen verstorbenen Vater im Traum. Sie sahen sich durch eine Glasscheibe. Bei näherem Hinsehen entdeckte der Träumer, daß der Kopf des Vaters mit Brettern verdeckt war und er sein Angesicht nicht sehen konnte. Auch ein 49jähriger Träumer erlebte besondere Zärtlichkeit und Liebe zu den verstorbenen Eltern im Traum. Im Unterschied zu den letzten Lebensmonaten der Eltern erschienen sie im Traum nicht leidend, sondern sie lächelten und vermittelten ein tiefes Gefühl von Nähe und Geborgenheit. Doch häufig vermitteln solche Träume auch Schuldgefühle. So erlebte zum Beispiel ein 40jähriger Träumer seinen verstorbenen Vater als recht fern. Er tadelte den Träumer über sein Verhalten und bereitete ihm damit Schuldgefühle.

Die in den Träumen zum Ausdruck gebrachten engen seelischen Bindungen zu den Toten können auch eine Ursache werden für Depressionen und für psychosomatische Störungen, die medizinisch häufig nur schwer aufgeklärt werden können, weil kein krankhafter Untersuchungsbefund zu erheben ist[5]. Erst wenn in der Therapie die verdrängte Trau-

erarbeit zur Sprache kommt und der Abschied im seelischen
Erleben nachgeholt werden kann, lösen sich die Depressionen und die Symptome langsam auf. In der Therapie ist
häufig zu beobachten, daß Patienten in ihren Todesträumen
in einer zu engen seelischen Beziehung »hängenbleiben«.
Besonders diejenigen, die nicht ausreichend getrauert haben,
neigen dazu, die aufgestauten Gefühle in Phantasien von
nahen und herzlichen Beziehungen zu Verstorbenen auszu-
leben. So hilfreich und tröstlich dies für einige Monate sein
kann, so ist es dennoch für die weitere seelische Entwicklung
und Individuation wichtig, mit Hilfe der Träume in die anderen beschriebenen Phasen vorzudringen.

In der zweiten Phase der Erscheinungsträume tritt der
Gegensatz zwischen dem Träumer und einem Verstorbenen
deutlicher zutage. So kommen oft Traummotive vor, in
denen ein Toter von einem jenseitigen Ufer herüberwinkt
oder man sich an einem Grenzbahnhof trifft. Oft werden in
dieser Phase die Toten auch als unnahbar erlebt. Man sieht
als Träumer einen Verstorbenen und möchte zu ihm, um ihn
zu umarmen. Doch durch eine Geste des Toten oder auch
durch eine Glaswand erlebt man sich getrennt. In solchen
Bildern scheint die Seele zum Ausdruck bringen zu wollen,
daß jetzt die Zeit für eine größere Distanz zwischen den
Lebenden und den Verstorbenen gekommen sei. Manchmal
können die Erfahrungen, die ich in der ersten Phase
beschrieben habe, in einem einzigen Traum zusammenfallen
mit Erlebnissen aus dieser zweiten Traumphase. So erlebte
ich selber meine Mutter in einem Erscheinungstraum in der
ersten Szene recht lebensnah, als ich in einem Garten spa-
zierenging und meine Mutter beim Holzhacken antraf. Als
ich jedoch in großer Ergriffenheit zu ihr laufen wollte, um sie
zu umarmen, entdeckte ich eine Glaswand zwischen uns,
hinter der ihr Angesicht zwar zu sehen war, aber keine
unmittelbare Berührung möglich wurde.

In einer dritten Phase der Ablösung von den Verstorbenen
ereignen sich in den Todesträumen besondere Rituale und
Wandlungsprozesse, die häufig nicht verstanden werden[6].
Als Beispiel hierfür möchte ich besonders erschreckende
Träume nennen, in denen der Träumer oder die Träumerin
einen Verstorbenen zerstückeln muß oder ein Stück Fleisch

von der Leiche essen soll. Auch das Abziehen der Haut von einer Leiche oder andere merkwürdig anmutende Traumhandlungen werden meistens wie ein Alptraum erlebt, weil derartige Handlungen als pervers und krankhaft angesehen werden (siehe unter Stichwort »töten« im Symbolregister). Oft können Träume mit derartigen Bildern erst nach der Überwindung des Gefühls von Ekel und Scham berichtet werden. Wenn in meinen Traumseminaren derartige Totenrituale oder das Essen von Menschenfleisch zur Sprache kommen, besteht ein erster Arbeitsschritt darin, die ambivalenten Gefühle zuzulassen und zu klären. Häufig kommen dann Horrorgeschichten von Kannibalismus zur Sprache und der Hinweis, daß dies einem gebildeten Durchschnittseuropäer nicht mehr möglich sei. In einem nächsten Arbeitsschritt gehen wir dann der Frage nach, ob diese Motive konkret und wortwörtlich zu verstehen oder eine symbolische Aussage für eine ganz bestimmte seelische Erfahrung sind. Ich erinnere dann an die Wandlung von Brot und Wein in der Messe und im heiligen Abendmahl und daran, daß hier die Elemente zu Leib und Blut Christi werden und dann ebenfalls gegessen werden. Anhand dieses vertrauten Rituals erkläre ich derartige grauenvolle Traumbilder als Symbole der Wandlung. Auch in anderen Kulturen und Religionen kennt man derartige Rituale, die zum Beispiel bei den Azteken in Mexiko als »Gott essen« bezeichnet wurden. Auch in den Träumen und Visionen früherer Jahrhunderte und Jahrtausende lassen sich derartige Motive nachweisen[7]. Der Sinn dieser Bilder und Rituale ist, sich mit den Ahnen und ihrer Weisheit zu vereinigen, sie zu verinnerlichen. Durch die Entdeckung und die Aufdeckung des Sinnes dieser Symbole und Rituale verlieren diese Träume ihren schrecklichen Charakter. Durch die Entdeckung des Sinnes werden sie in einem neuen Licht gesehen, und dadurch gelangen die Träumer in eine andere Beziehung zu ihren Verstorbenen.

Die vierte Phase des Ablösungsprozesses ist gekennzeichnet durch hilfreiche und positive Botschaften von den Verstorbenen. Diese Erscheinungen und Mitteilungen werden häufig als eine wichtige Lebenshilfe verstanden. Oftmals sind es kurze und tröstende Botschaften, die die Traumseele

dem Verstorbenen in den Mund legt. So erlebte ein 29 Jahre
alter Mann mit seinem seit sieben Jahren vermißten Freund
etwas Erstaunliches. Bisher konnte nicht ermittelt werden,
ob dieser vermißte Freund verunglückt ist oder ermordet
wurde. Er erschien dem Träumer in diesen Jahren dreimal,
indem er lächelnd sagte:»Mir geht es gut!« – Eine spirituelle
Beziehung erlebte ein 34 Jahre alter Mann zu seinem verstorbenen Zen-Meister. In gewissen Abständen erschien der
Zen-Meister und sagte zum Beispiel:»Du bist noch nicht
weit genug. Übe weiter im Za-Zen!« Diese Anweisung war
für den Träumer recht tröstlich, weil er seinen verehrten
Meister wiedergesehen hatte.

In manchen Träumen können die Verstorbenen die Hinterbliebenen auch trösten und ermutigen. So erlebte eine
47jährige Frau ihre verstorbenen Eltern in vielen wichtigen
Lebenssituationen als wegweisend und tröstend. Besonders
die im Traum erscheinende verstorbene Mutter half ihr, die
Trauer über ihren Tod zu verkraften. Wiederholt erlebte die
Träumerin ihre verstorbenen Eltern als ganz nahe und in
geistiger und spiritueller Verbundenheit. Von vielen Träumerinnen und Träumern habe ich in den letzten Jahren erfahren, daß sie ihre Toten als Wegbegleiter für die Lebenden
empfinden.

Einem 37jährigen Träumer erschienen seine verstorbenen
Eltern leuchtend und strahlend und viel positiver als zu Lebzeiten. In einem Alptraum dagegen stellten sie ihm die
Frage:»Wo sollen wir jetzt wohnen, wenn du unser Haus
verkaufst?« Der Leser wird bei diesem Traum zu Recht vermuten, daß sich bei der anstehenden Überlegung, das
Elternhaus zu verkaufen, Schuldgefühle einstellten. Viele
Menschen kennen ja die Gedanken und Fragen:»Was würde
mein Vater oder meine Mutter dazu sagen, wenn sie noch
lebten?« Wenn wir die Bilder unserer verstorbenen Eltern,
von Angehörigen oder Bekannten verinnerlichen und ihnen
damit eine innere Macht über uns verleihen, können sie uns
zum einen zu positiven Begleitern werden und zum anderen
bei anstehenden Entscheidungen Schuldgefühle bereiten.

Doch kehren wir abschließend nochmals zu den positiven
Abschiedsbotschaften von Verstorbenen in unseren Träumen zurück. So sagte die verstorbene Muter ihrer 42jährigen

Tochter: »Ich bin nicht tot, ich lebe!« Der verstorbene Vater
dieser Träumerin sagte: »Ich werde bei dir sein, wenn du den
Berg hinaufsteigst!« Eine 54jährige Frau hörte von ihrem
verstorbenen Ehemann im Traum die tröstliche Botschaft:
»Ich helfe dir, ich tu das für dich!« Einer 52jährigen Frau
sagte die verstorbene Mutter: »Mir geht es wirklich gut!«
Einer 55jährigen Frau sagte die verstorbene Mutter, daß sie
nicht mehr zurück möchte. Einer anderen 55jährigen Frau
sagte der verstorbene Vater: »Ich bin weiterhin mit meinem
Segen bei dir!« In manchen Todesträumen ist die Botschaft
recht kurz und knapp und lautet: »Ich helfe dir!« oder: »Hab'
Vertrauen!«

Bei dem Studium meiner Erfahrungsberichte und Zeugnisse von Träumen über das Erscheinen der Toten und
deren Botschaft ist mir aufgefallen, daß es recht häufig um
Trost und Ermutigung geht. Ich habe den Eindruck gewonnen, daß dies ein Ausdruck ist für die ausgleichende Funktion unserer Träume, für die Kompensation. Einer der wun-
derbarsten und geheimnisvollsten Vorgänge im Bereich des
seelischen Erlebens ist für mich die Selbstregulierung der
Psyche. Sie findet insbesondere ihren Ausdruck in der kompensatorischen Funktion, die zwischen dem Bewußtsein und
dem Unbewußtsein eines Menschen geschieht. Bei trauernden Menschen besteht die kompensierende und ausgleichende Tendenz des Traumes oft in einer positiven Botschaft
und einer tröstenden Wirkung. Bei den Träumen von Toten
sind mir drei Möglichkeiten der kompensatorischen Funktion besonders aufgefallen. Wenn die Einstellung des
Bewußtseins zu dem Abschied und der notwendigen Trauerarbeit nicht den seelischen Bedürfnissen entspricht, dann
bringen die Träume in ihren Bildern und Handlungen die
notwendige Gegenposition zum Ausdruck. Ist dagegen die
bewußte Einstellung den seelischen Bedürfnissen weitgehend angenähert, dann gibt sich der Traum meistens mit
leichten Modifikationen zufrieden. Ist dagegen der Träumer
mit seinen Toten versöhnt, dann lassen uns unsere Träume
die Toten meistens in einem positiven und verklärten Licht
erscheinen.

Meine Erkenntnisse zu Todesträumen möchte ich wie
folgt zusammenfassen:

1. Die Häufigkeit und Intensität unserer Träume von Toten richtet sich nach der seelischen Verbundenheit mit den Verstorbenen. Erfahrungsgemäß verblaßt die lebendige Beziehung und die Erinnerung an die Verstorbenen im Verlauf der Monate. Dies jedoch schließt nicht aus, daß uns auch nach Jahren oder gar Jahrzehnten plötzlich wieder ein Toter erscheinen kann.

2. Die unbewußte Verbundenheit mit den Toten saugt den Lebenden oftmals Lebensenergien ab und macht sie depressiv und niedergeschlagen. In den Phantasien und in den Träumen sind manche Menschen oft den Toten näher als den lebenden Angehörigen und den Mitmenschen.

3. Die Beziehungen zwischen den im Traum erscheinenden Toten und den Träumern sind so vielfältig wie zwischen uns Lebenden. Die Träume spiegeln meistens die verinnerlichten Bilder der Verstorbenen wider und können uns positiv wie negativ beeinflussen.

4. Aus den von mir gesammelten Beispielen geht hervor, daß es zumeist besonders intuitive Menschen mit einem ausgeprägten Ahnungsvermögen sind, denen die Verstorbenen in Träumen erscheinen. Diesen Zusammenhang scheint auch unsere Muttersprache zu kennen, wenn sie für das Ahnen (im Sinne von Ahnungsvermögen) und die Ahnen das gleiche Wort verwendet. Die seelischen Beziehungen und die emotionalen Stimmungen, die das Leben und das Zusammenleben beherrschten, wirken auch über den Tod hinaus. In den mir vorliegenden Träumen ist es zumeist so, daß die negativen Gefühle von Haß oder gar Abscheu, die zu Lebzeiten bestanden haben, auch in den Todesträumen weiterbestehen.

5. Diejenigen dagegen, die sich im Frieden von einem Sterbenden verabschieden konnten und miteinander versöhnt sind, sehen in den Träumen auch ein positives Bild des Verstorbenen. Vereinzelt kann es sogar geschehen, daß ein Toter im Traum ganz verklärt und überirdisch erscheint.

Die Einzelberichte möchte ich durch das Ergebnis meiner schriftlichen Befragung von 633 Träumerinnen und Träumern (391 Frauen und 96 Männer) ergänzen.

Von 31% der Frauen und 13% der Männer wurden die Beziehungen zu den im Traum erschienenen Verstorbenen

»wie sonst im Leben« erlebt. 12% der Frauen und 20% der Männer empfanden die Verstorbenen recht fern, und 7% der Männer und der Frauen erlebten sogar eine unüberbrückbare Kluft. Genau die Hälfte der Frauen und etwas mehr als ein Drittel der Männer vermerkten: »Wir waren uns ganz nahe.« In allen genannten Bereichen erlebten die Frauen die Beziehungen und Begegnungen im Traum auffallend positiver und intensiver. Das hängt nach meinen therapeutischen Erfahrungen sicher damit zusammen, daß viele Frauen den seelischen Erfahrungen und Träumen viel aufgeschlossener begegnen als die meisten Männer, die häufig noch meinen, sich vorwiegend intellektuell und rational orientieren zu müssen.

Bemerkenswert sind auch die Ergebnisse zu den Fragen, welche Verstorbenen im Traum erschienen sind. Die verstorbenen Väter erscheinen etwas häufiger (36% bei den Frauen, 29% bei den Männern) als die Mütter (33% bei den Frauen und 25% bei den Männern). In etwa dem gleichen prozentualen Verhältnis erschienen die Verwandten (33% bei den Frauen und 25% bei den Männern). Freunde und Bekannte dagegen erscheinen meistens nur halb so häufig (17% bei Frauen und Männern). Nach meiner Deutung liegt es eindeutig an den stärkeren seelischen Beziehungen zu den nahen Angehörigen, daß sie etwa doppelt so häufig erscheinen wie Freunde und Bekannte. Merkwürdig finde ich, daß die verstorbenen Väter etwas häufiger im Traum erscheinen als die Mütter. Allgemein wird doch angenommen, daß die seelischen Bindungen und persönlichen Beziehungen zu den Müttern intensiver sind als zu den Vätern. Nach dem Ergebnis meiner Erhebung dagegen scheinen die Bindungen an die verstorbenen Väter länger und intensiver aufrechterhalten zu werden als zu den verstorbenen Müttern. Das, was die Väter den Angehörigen und Hinterbliebenen im Leben bedeuteten und an Anschauungen sowie Wertvorstellungen vermittelt haben, scheint offensichtlich anhaltender und länger über den Tod hinaus nachzuwirken, als das in der Beziehung zu den Müttern erfahren wurde. Aus der Analyse von einzelnen Beispielen und aus meinen therapeutischen Erfahrungen steht mir eindrucksvoll vor Augen, daß viele Väter nach dem Tod mehr beachtet werden und mehr gefragt sind als zu Lebzeiten. Ein besonders eindrucksvolles Beispiel dazu lesen Sie in dem Kapitel »Widerfahrnisse aus dem Totenreich«, wo eine Frau den toten Vater als Ratgeber erlebte. Häufig weilte die Träumerin am Grab des Vaters und fragte ihn um Rat, um ihn nach Monaten schließlich so zu verinnerlichen, daß er als innerer Ratgeber ihr immer gegenwärtig war. So wertvoll diese positiven Nachwirkungen der Verstorbenen auf den einzelnen sein mögen, geben sie doch auch Anlaß zu der Überlegung, ob nicht bereits zu Lebzeiten neben der Liebe und Fürsorge und neben anderen positiven Werten der Frauen und Mütter auch das, was die Männer und Väter zu geben haben, mehr beachtet und gewürdigt werden könnte und sollte. Durch die bewußte Beachtung des seelischen Erlebens, durch mehr Kreativität neben den vielen Aktivitäten und der Betriebsamkeit vieler Männer und schließlich auch durch das Ernstnehmen von inneren Erfahrungen, wie zum Beispiel durch den persönlichen Umgang mit Träumen, würden die Männer und Väter bereits in diesem Leben eine stärkere Ausstrahlung und Wirkung gewinnen, die nicht erst durch die Erscheinungsträume nach dem Tode bewußt würden[8].

Ein Tagtraum bei der Beerdigung

Bei vielen Menschen bringt der Tod von Vater oder Mutter noch keine seelische Befreiung von den verborgenen und unbewußten Bindungen an die Eltern. Tiefenpsychologisch betrachtet, handelt es sich um die sogenannte symbiotische Verbundenheit zwischen Eltern und Kindern, die verborgen auch dann aufrechterhalten wird, wenn die Kinder längst erwachsen sind und schon wieder Kinder haben. Die Redensart: »Mit jemandem ein Herz und eine Seele sein« deckt etwas auf von der Symbiose zwischen den Generationen. Symbiose bedeutet in diesem Zusammenhang das Zusammenleben von zwei oder mehr Menschen, die alle aus den wechselseitigen Beziehungen einen bestimmten Nutzen ziehen. Es ist ein neurotisierendes gegenseitiges Geben und Nehmen, das die persönliche Ganzwerdung und Selbstverwirklichung des einzelnen stark beeinträchtigt. Dieses unbewußte Lebensmuster bleibt zumeist auch nach dem Tod des entsprechenden Elternteils wirksam. Auch die christliche Verkündigung und das kirchliche Beerdigungsritual können diese unsichtbaren Bindungen so lange nicht auflösen, bis die archetypische Macht aus der Seelentiefe eine Lösung herbeiführt.

Statt weitere theoretische Erörterungen über die unsichtbaren, aber dennoch wirksamen Bindungen auch über den Tod hinaus anzustellen, möchte ich die Erfahrungen eines Analysanden berichten, der mit der Veröffentlichung einverstanden ist. Es handelt sich um einen verheirateten Theologen in der Lebensmitte, der drei Kinder hat und anläßlich des Todes und der Beerdigung seiner Mutter besonders intensiv auf die symbiotische Beziehung zur Mutter aufmerksam wurde. Seine Trauer um den Heimgang der Mutter zog ihn mehr und mehr in eine Depression hinein, so daß er in den Stunden vor der Beerdigung von dem Gefühl überwältigt wurde, der Mutter in den Tod nachfolgen zu sollen. Am liebsten wollte er sterben, um wieder ganz bei der Mutter zu sein. Bei der Beerdigungsfeier saß er aus Betroffenheit seelisch erstarrt da und registrierte, daß ihn die tröstende Verkündigung seines Amtskollegen nicht erreichen konnte. Doch während der Ansprache ereignete sich ein Tagtraum vor dem inneren Auge des Analysanden. Wie in einer Filmhandlung begleitete er in seiner Phantasie einen Mann, der seine ausgesetzte Mutter suchte. Sie war von der menschlichen Gemeinschaft draußen vor der Stadt ausgesetzt worden. Der Sohn schlich heimlich zu ihr und sah sie dort im Schnee sitzen und beten. Er wollte sie in einem Korb wieder nach Hause tragen. Doch sie winkte ab, weil sie schon jenseitig war. In diesem Augenblick konnte mein Analysand seine verstorbene Mutter loslassen und sich von ihr verabschieden.

Sicher wird dieses Beispiel nicht die Regel sein bei Menschen, die Abschied nehmen müssen von einem Verstorbenen. Die notwendige seelische Trauerarbeit wird meistens beeinträchtigt durch die vielen Aktivitäten im Zusammenhang mit der Beerdigung und in den Wochen danach mit der Auflösung des Hausstandes eines Verstorbenen. Oft empfehlen Seelsorger oder Hausärzte einer deprimierten Hin-

terbliebenen oder einem trauernden Sohn mancherlei Ab-
lenkungsmanöver, um möglichst bald über den Verlust
hinwegzukommen. Was hier wohlmeinend geraten wird,
erweist sich sehr bald als eine oberflächliche Vertröstung
und Ablenkung von der notwendigen seelischen Trauerarbeit. Die Hinwendung zur Seele und zur Innenwelt wird
häufig durch derartige Aktivitäten verhindert. Auch die
symbiotischen Beziehungen zu einem Verstorbenen können
nicht durch derartige Ablenkungen, zumeist auch nicht
durch die kirchliche Verkündigung und das übliche christliche Beerdigungsritual gelöst werden.

Was notwendig ist, ist die Lösung von innen, wie wir es in
dem vorliegenden Beispiel miterleben konnten. Selbst bei
dem Theologen, der in den normalen Zeiten seines Lebens
selber die christliche Verkündigung und die kirchlichen
Amtshandlungen praktizierte, wurde erst bei dem Tode seiner Mutter dieser verborgene Zusammenhang offenbar. Erst
das Abwinken der Mutter, die dort draußen im Schnee saß
und betete, ermöglichte es dem trauernden Sohn, von der
Verstorbenen auch innerlich Abschied zu nehmen. Symbolisch betrachtet, erscheinen uns in den Bildern des
Tagtraumes die unbewußte Bilderwelt und die jenseitige
Welt, in der die verstorbene Mutter aufgehoben ist. Wie in
unserer Welt der Regen oder das Wasser im Schnee kristalli-
siert erscheinen, so ist die Seele der Verstorbenen hinüberge-
gangen in die jenseitige Welt und sitzt dort und betet. Ein
letztes Zeichen gab die Verstorbene ihrem Sohn, indem sie
abwinkte und nicht wieder in diese Welt zurückgetragen
werden wollte. Der Sohn verstand diese Geste, weil er sich
schon länger auf dem Weg der Analyse befand und die Bildersprache seiner Träume beachtete. Doch was geschieht in
der inneren Welt der vielen Menschen, die die Symbolsprache ihrer Seele nicht verstehen können und daher in die
symbiotischen Beziehungen zu den Verstorbenen verstrickt
bleiben? Bei einigen Ratsuchenden und Patienten habe ich
miterleben können, wie eine jahrelange Depression die notwendigen Lebenskräfte verzehrte, so daß sie für die reale
Lebensbewältigung nicht zur Verfügung standen. Wenn in
den Zeiten der Depression sich die Seele nach innen zurück-
zieht wie die Säfte bei den Bäumen und Sträuchern im Win-

ter, dann werden bei vielen Menschen insgeheim die symbiotischen Beziehungen mit Verstorbenen genährt. Oftmals scheint es so, daß dem Verstorbenen in der jenseitigen Welt mit den wegfließenden Lebenskräften immer neue Nahrung zugeführt werden sollte. Erst wenn die unbewußte Beziehung zu einem Verstorbenen bewußt wird, können die versteckten Leichen im Keller unserer Seele endgültig beerdigt werden und damit wir Lebenden unseren Frieden finden.

Abschied vom vermißten Vater nach 40 Jahren

Es gibt nach meiner Erfahrung zahlreiche Träumer(-innen) der Kriegsgeneration, die nach vielen Jahren vergeblichen Wartens den endgültigen Abschied vom vermißten Vater im Traum vollziehen. Besonders eindrucksvoll und ergreifend sind derartige Abschiedsträume, wenn sie nach 40 Jahren im Traum voll zum Bewußtsein kommen. Zwei Beispiele mögen stellvertretend für unzählige diese Trauer und Tragik zum Ausdruck bringen.

Eine 42jährige Frau reiste in ihrem Traum nach Rußland, um das Grab des vermißten Vaters zu suchen. Zielstrebig reiste sie gen Osten und kam durch innere Führung in ein kleines Dorf in der Weite Rußlands. Zu ihrem Erstaunen traf sie dort den Vater. Er sah aus, wie sie ihn von den wenigen Photos her kannte. Überglücklich, endlich den Vater gefunden zu haben, wollte die Träumerin zu ihm laufen und ihn umarmen. Zu ihrem Erstaunen gebot der Vater, ihn nicht zu berühren und in einer Distanz von drei oder vier Metern zu bleiben. Nach einigen Minuten des Verweilens lächelte der Vater, nickte wie zum Abschied und »verschwand«. Mit einem tiefen Glücksgefühl erwachte die Träumerin.

Mit diesem Traum fand ein 40jähriger Trauerprozeß seinen Abschluß. Besonders ergreifend war für die Träumerin die Erfahrung, endlich einmal bei dem vermißten Vater gewesen zu sein. Auch wenn es »nur eine Traumreise« gewesen war, kam damit endlich eine unstillbare Sehnsucht ans Ziel. Die Phantasien um den vermißten Vater hatten viel seelische und geistige Kraft verschlungen. Dies äußerte sich im seelischen Erleben so, daß jahrzehntelang eine Depressivität und Niedergeschlagenheit zu Arbeits- und Konzentrationsstörungen führte. Besonders wenn im Radio wehmütige Lieder erklangen, konnte sie die Tränen nicht zurückhalten. Die stärksten Empfindungen löste seit der Kindheit das Lied aus: »Ich weiß nicht, was soll es bedeuten, daß ich so traurig bin.« Häufig hatten die anderen Kinder in der Schule sie ausgelacht, wenn ihr bei diesem Lied die Tränen kamen. Erst in den letzten Jahren, als sie sich bewußter mit dem Problem der Trauerarbeit befaßte, wurde ihr die zeit ihres Lebens unterdrückte Traurigkeit deutlicher. Damals, als der Vater vermißt wurde, hatte die Mutter oft zu den Kindern gesagt: »Wir wollen nicht traurig sein!« Mit der von der Mutter gut gemeinten Aufmunterung wurde die so notwendige Trauerarbeit verhindert. Die Traurigkeit war damit in das unbewußte Seelenleben verdrängt worden und führte hier ihr Eigenleben weiter. Doch die Verselbständigung der Trauer um den vermißten Vater kostete unsäglich viel Kraft, die wiederum zu Kraftlosigkeit und Depressivität führte. Vermutlich wäre der Teufelskreis ununterbrochen fortgegangen, wenn nicht der geschilderte Traum diesem unbewußten Geschehen ein Ende gesetzt hätte.

Ähnliche Erfahrungen wie diese Träumerin machte eine andere Frau im gleichen Alter, die ebenfalls der Kriegsgeneration angehört. Auch ihr Vater wurde gegen Kriegsende vermißt, und das Warten auf seine Heimkehr wurde in der Kindheit und in den späteren Jahren zunehmend zu einer Seelenqual. Auch wenn die Mutter mit den fünf Kindern tapfer versuchte, mit dem ungewissen Schicksal des Vaters fertig zu werden, blieb die Sehnsucht nach der Begegnung und dem Wiedersehen mit dem Vater über Jahrzehnte bis ins Erwachsenenalter hinein lebendig. Diese Frau hatte nach etwa 40 Jahren den folgenden eindrucksvollen Traum:

Die Träumerin trat in einen merkwürdigen, wenig beleuchteten Raum ein. Plötzlich sah sie hinter einem Schleier von Spinnweben ihren Vater stehen. Wie angewurzelt blieb sie am Eingang des Raumes stehen und sah wie gebannt auf ihren Vater. Nach 40 Jahren ging die tiefe Sehnsucht ihres Herzens in Erfüllung, endlich einmal das Bild des Vaters zu sehen und sich dann von ihm für immer zu verabschieden.

Auch bei dieser Träumerin herrschte wegen der nichtgeleisteten Trauerarbeit untergründig eine Depressivität. Diese verzehrte unsäglich viel Kraft und Energie, die für die Berufs- und Lebensbewältigung fehlte. Erst nach der Erscheinung des verstorbenen Vaters im Traum konnte die endgültige Ablösung geschehen und damit persönliche Freiheit und Eigenständigkeit beginnen.

Nach diesen beispielhaft genannten Erfahrungen stellt sich die Frage, was wohl im seelischen Erleben von Millionen von Menschen vorgehen mag, die weder einen Trauerprozeß nachgeholt haben noch sich in Träumen lösen konnten von vermißten Vätern und Müttern, die im Krieg ihr Leben gelassen haben. Es ist zu vermuten, daß sich in vielen Fällen die seelischen Wunden des Krieges noch über Generationen hin »vererben« werden. Ähnlich wie sich psychotische Störungen und die sogenannte Schizophrenie zwei, drei oder gar vier Generationen lang im Verborgenen vorbereiten und die seelischen Schwierigkeiten im Unbewußten zunehmend steigern, bis sie dann in der dritten oder vierten Generation zum Ausbruch kommen, so könnte es sein, daß in drei oder vier Generationen nach der Kriegsgeneration verstorbene Väter und umgekommene Mütter in den Träumen der Nachkommen herumspuken, ohne daß diesen Träumern klar würde, welch einen realen Erfahrungshintergrund es dafür gibt. Doch wenn es gelingt, durch die Traumarbeit die Phantasien und die Erinnerungen an die vermißten Väter zu lösen, wie es in dem Spinnengewebe um den verschollenen Vater der letzten Träumerin dargestellt wurde, kann der Weg in die persönliche Freiheit beginnen.

Dürers Traumgesicht von 1525 zeigt eine weiträumige hügelige Landschaft, über die ein sintflutartiges Unwetter hereinbricht. Die bedrohlich wirkenden dunklen Wolkenmassen sind wohl ein Ausdruck der damaligen »Weltuntergangsstimmung«, die durch die Prognosen der Astrologen von einer neuen Sintflut für das Jahr 1524 ausgelöst wurde. Auch wenn die Katastrophe ausblieb, wirkte sich die angsterregende Massenhysterie noch lange in den Träumen und Phantasien der Menschen aus. Beispielhaft für die depressive Stimmung jener Jahre sind Dürers Kupferstich »Die Melancholie« (1514), »Ritter, Tod und Teufel« (1513) sowie zahlreiche Darstellungen des Leidens Christi und der Heiligen, mit deren Leiden sich der Meister wohl auch identifizierte.

Besonders das »Traumgesicht« Dürers spiegelt nach heutiger tiefenpsychologischer Sicht sowohl persönliche Ängste und wohl auch eine psychotische Bedrängnis wider als auch die Weltuntergangsstimmung in der damaligen geistigen und psychologischen Situation. Es könnte – drei Jahre vor dem Tod von Dürer – auch ein Wahrtraum sein vom kommenden Tod. In dem Kapitel über die Wahrträume habe ich ähnliche Erfahrungen beschrieben, die zeigen, daß die Seele nicht unbedingt an Raum und Zeit im herkömmlichen Sinne gebunden ist, sondern im Umkreis des Todes auch der Zeit vorauseilen kann. Auch die allgemeinen Gefährdungen durch eine atomare Katastrophe und die bei vielen Menschen im Unbewußten schwelende »Weltuntergangsstimmung« kann heute gelegentlich in ähnlichen Träumen wie bei Dürer zum Ausdruck kommen.

Traumgesicht
Albrecht Dürer, 1525

»*Im 1525 jor nach dem Pfinxstag zwischen dem mitwoch vnd pfintzdag in
der nacht im schlaff hab jch dis gesicht gesehen, wy fill grosser wassern van
himell fillen. Vnd das erst traff das erthrich ungefer 4 meill fan mir mit einer
sölchen grausamkeitt mit einem vber grossen raüschen und czersprüczen und
ertrinckett das gantz lant. In solchem erschrick jch so gar schwerlich, das jch
doran erwachett, edan dy andern wassern filen. Vnd dy wasser, dy do filen,
dy warn fast gros. Vnd der fill ettliche weit, etliche neher, vnd sy kamen so
hoch herab, das sy jm geduncken gleich langsam filn. Aber do das erst wasser,
das das ertrich traff, schir herbey kam, do sill es mit einer solchen geschwindigkeit
wynt vnd braüsen, das jch also erschrck, do jch erwacht, das mir all mein
leichnam zitrett vnd lang nit recht zu mir selbs kam. Aber do jch am morgen
aff stund, molet jch hy oben, wy jchs gesehen hett. Got wende alle ding zum
besten.*
Albrecht Dürer.«

*»Der Traum vollendet sich im Tod«, dieser Titel von Odilon
Redon (1840 – 1916, franz. Graphiker und Maler) weist auf die
tiefen Beziehungen zwischen Traum und Tod hin. Mit hellseheri-
schem Ahnungsvermögen stellt Odilon Redon die Nachtseite von
seelischen Erfahrungen dar. Seine Visionen bringen die Ängste der
Menschen vor dem Unbekannten, den Geheimnissen des Jenseits
und des Totenreiches zum Ausdruck. Aus einem tiefen religiösen
Gefühl heraus spürt Redon den Träumen und Visionen nach und
macht sie uns mit besonderer Ausdruckskraft sichtbar. Während
in der Zeichnung aus dem Jahr 1886 aus der himmlischen Wolke
heraus die himmlische Welt in einem leeren Halbkreis angedeutet
wird, erscheint in der Lithographie »Kopf des Orpheus« ein
Jahr später der Totenschädel, den wir als Symbol des Selbst und
der Abrundung des Lebens deuten können. Zu dieser letzten
Ganzheit gelangen wir durch den Tod. Den Titel des Bildes
»Der Traum vollendet sich im Tod« möchte ich von dem Thema
dieses Buches her so deuten, daß wir in unseren Todesträumen
zunächst »kleine Tode« sterben und damit auf die große Erfahrung vorbereitet werden.*

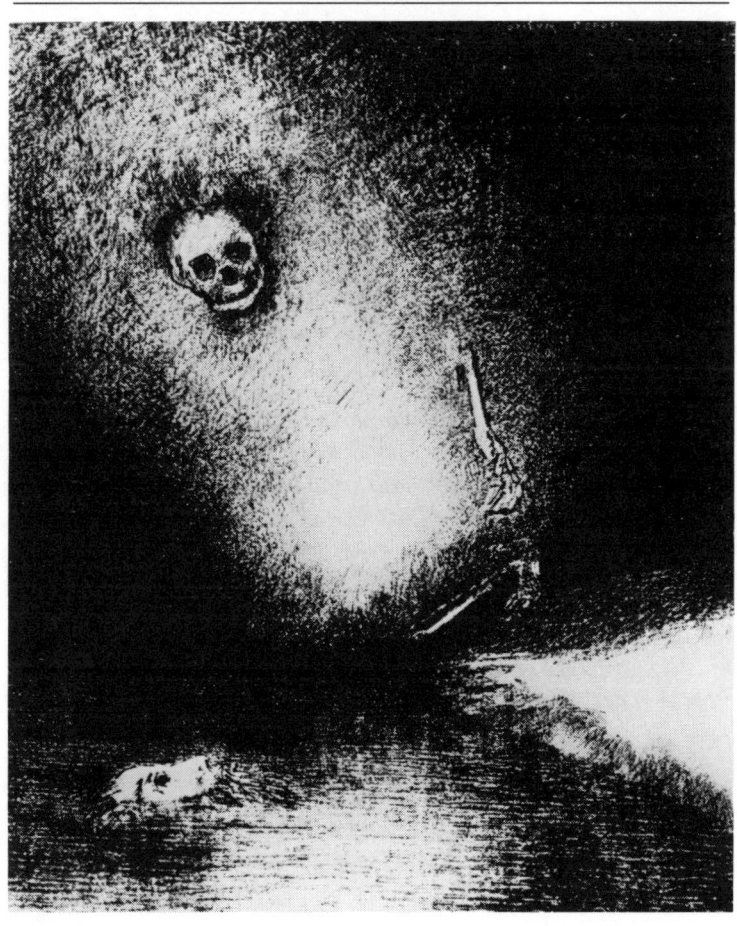

Der Traum vollendet sich im Tod
Odilon Redon, 1886, Zeichnung

Mit dem Bild »Kopf des Orpheus« hat Redon einen besonders tiefsinnigen Zusammenhang zwischen dem Aufscheinen eines kosmischen Lichtes in der Todeserfahrung hergestellt. Nach der altgriechischen Sage und dem Mythos ist Orpheus in die Unterwelt hinabgestiegen, um seine Gattin Eurydike durch seinen Gesang aus dem Totenreich zurückzuholen. Als Orpheus stirbt, wird er von den Musen bestattet, und sein Haupt schwimmt zur Insel Lesbos, wo es ein besonderes Orphisches Orakel gab. Ähnlich wie die Weisheit und die Wahrsagekunst des Orpheus im Orakel wieder erscheint und vergegenwärtigt wird, so können auch wir gelegentlich Wegweisungen von Verstorbenen in Todesträumen erhalten.

Im Unterschied zu der Lithographie »Der Traum vollendet sich im Tod«, wo im Vordergrund ein Schädel dargestellt ist und in der Lichterscheinung ebenfalls ein Totenschädel zu sehen ist, ist in dem vorliegenden Bild der Prozeß der Verklärung im Angesicht des Todes in einem Haupt dargestellt. Durch die Verwendung des mythischen Motivs macht Redon psychische Zustände in den Todeserfahrungen anschaulich und setzt sie zugleich in Beziehung zur kosmischen Welt. Gerade dort, wo nach allgemeiner menschlicher Erfahrung der Tod zum »Schwarzsehen« führt, läßt der Maler das Licht erscheinen.

Nach meinem Empfinden läßt uns Redon ein archetypisches Bild aus der Todeserfahrung »sehen«, wie es auch in manchen Todesträumen erscheint.

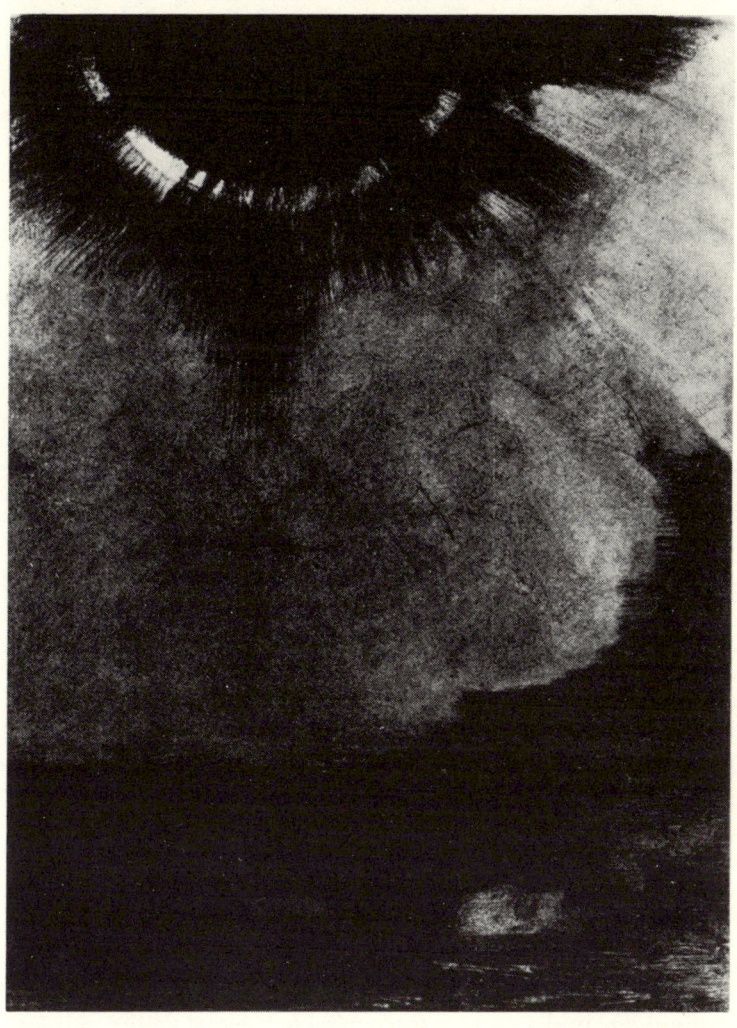

Kopf des Orpheus
Odilon Redon, 1887, Lithographie

Die Verklärung der verstorbenen Mutter

»Ich war mit Doris beim Wandern. Unerwartet war meine verstorbene Mutter dabei.
Plötzlich wurde sie von reißendem Wasser weggeschwemmt. Ich schrie, daß sie sich festhalten solle.
In der Ferne landete die Mutter im Haus eines Arztes. Dort fragte ich nach ihr. Es hieß, sie sei unten im Keller des Hauses. Dort saß meine Mutter schön warm eingepackt.
Die Mutter schien eingesalbt, und ihre Haut glänzte etwas. Ich nahm sie in großer Liebe in die Arme. Das war sehr schön.«

Dieser Traum wurde von einer Frau von Mitte 40 einige Tage nach dem Totensonntag geträumt. Die Träumerin war an diesem Gedenktage in die über 400 km entfernte Heimatstadt gereist, um das Grab der Mutter zu besuchen. Bei dem Aufenthalt in der Heimatstadt klang wieder vieles an von dem Abschied am Sterbebett der Mutter im Frühjahr dieses Jahres. Frau Sch. berichtete, daß sie schweren Herzens an die bevorstehende Advents- und Weihnachtszeit dachte, weil es das erste Jahr war, daß die Mutter nicht mehr lebte. Den Traum erlebte Frau Sch. als eine Begegnung mit der verstorbenen Mutter. Besonders die liebevolle Umarmung wirkte noch immer in ihr nach.

Zu den verschiedenen Szenen und Motiven des Traumes möchte ich einige Einfälle und Empfindungen der Träumerin wiedergeben, die mir für das Verständnis des Traumgeschehens besonders wichtig erscheinen. Doris, mit der Frau Sch. im Traum wandert, ist eine ehemalige Schulfreundin. Sie wird als sehr herzlich geschildert. Doris kam im dritten Schuljahr in die Klasse der Träumerin. Während der Pubertät litt Doris an kleinen Anfällen mit flüchtigen Bewußtseinstrübungen und redete dann »merkwürdige Dinge«. Als sie später heiratete und im Verlaufe der Jahre vier Kinder bekam, verloren sich diese Anfälle. Da jetzt die Kinder erwachsen sind, besucht sie an der Universität Vorlesungen und bildet sich weiter. Während Frau Sch. diese Erinnerungen berichtete, fiel ihr plötzlich ein, daß sie bereits vor neun Tagen ebenfalls von Doris geträumt hatte. Sie saß in diesem Traum am Bett der Träumerin.

Während Frau Sch. mit Doris auf der Straße wanderte, kam unerwartet die Mutter hinzu. Der Weg, der bisher zwischen Hügeln und Bergen dahinführte, wandelte sich plötzlich in einen so reißenden Strom, daß die Mutter darin fortgeschwemmt wurde. Die Träumerin schrie, daß die Mutter sich festhalten solle, um nicht gänzlich fortgetragen zu werden. Dann mündete die Szene auf einem Marktplatz. Hier befand sich das Haus des Arztes, in dem die verstorbene Mutter Zuflucht und Geborgenheit gefunden hatte. Nach der Vorstellung der Träumerin schien der Arzt auf solche Fälle wie die Mutter spezialisiert zu sein. Auch eine Schwester Ella, die frühere Gemeindeschwester der Mutter, tauchte beim Haus des Arztes auf. Während die Träumerin die Mutter suchte, sagte ihr eine Stimme: »Gehen Sie runter!« Etwas beängstigt fragte Frau Sch., ob dies bedeute: in die Totenwelt. Die Träumerin vermutet, daß die Mutter zur Läuterung im Hause des Arztes erst gefördert und gepflegt werden muß. Schließlich findet Frau Sch. die verstorbene Mutter im Keller des Hauses, warm eingepackt. Die Haut der Mutter scheint eingesalbt und glänzt etwas. In großer Herzlichkeit umarmt die Träumerin die Mutter.

Aus unserer gemeinsamen Besprechung und Bearbeitung dieses eindrucksvollen Traumes möchte ich vier Erfahrungen besonders hervorheben, die nach meinen Erfahrungen für zahlreiche Erscheinungsträume charakteristisch sind. Zum einen beginnen solche Träume häufig in der vertrauten Realität, die sich dann jedoch weitet zu einem Blick in die andere Welt. Während die Träumerin mit ihrer Schulfreundin Doris wandert, gesellt sich unerwartet die Mutter hinzu. Mancher wird bei diesem Motiv an die wandernden Jünger auf dem Weg nach Emmaus denken. Während sie miteinander auf dem Weg waren und über die erschreckende Kreuzigung Jesu redeten, erschien ihnen unerwartet der auferstandene Christus.

Die nächste Szene des Traums bringt die Angst und den besonderen Schrecken zum Ausdruck, wie sie häufig bei den Erscheinungen von Verstorbenen erlebt werden. Diese Begriffe werden im Traum in einer dramatischen Handlung dargestellt. Die unerwartet erschienene Mutter wird von einem reißenden Wasser weggeschwemmt. Das für die Träu-

merin beängstigend schnell fließende Wasser des Stroms ist
ein symbolischer Ausdruck für das intensive Zeiterleben. Im
Totenreich und im Umkreis des Todes fließt der Strom der
Zeit schneller. Es gibt viele Zeugnisse darüber, daß in den
Grenzsituationen des Lebens und bei den Begegnungen mit
Verstorbenen die Zeit eine besondere Intensität hat. Nicht
nur in den Träumen, sondern auch in biblischen Geschichten werden gelegentlich das intensive Zeitempfinden und die
damit verbundenen Ängste im Motiv eines reißenden Wassers dargestellt. Wiederholt taucht dieses Motiv in den Psal-
men auf, wenn ein Beter in seinem tiefsten Leid sich an Gott
wendet und schreit: »Gott, hilf mir; denn das Wasser geht
mir bis an die Seele. Ich versinke in tiefem Schlamm, da kein
Grund ist; ich bin im tiefen Wasser, und die Flut will mich
ersäufen« (Psalm 69, 2 ff.).

Auch die nächste Szene des Traums mit der Zuflucht im
Hause des Arztes finden wir im 23. Psalm, in dem es heißt:
»Und ich werde bleiben im Hause des Herrn immerdar.« Im
Hause dieses göttlichen Arztes ist die Verstorbene aufgehoben und gut versorgt. Hier glänzt ihre Haut. Das scheint ein
symbolischer Ausdruck für die beginnende Verklärung zu
sein. Erst an diesem Ort und zu diesem Zeitpunkt der begin-
nenden Verklärung ist eine Begegnung zwischen der Träumerin und der verstorbenen Mutter möglich. Die herzliche
Umarmung in großer Liebe wird als sehr schön erlebt. Jeder
einfühlsame Leser wird an dieser Stelle spüren, wie die
Worte hier versagen, um die beglückende Begegnung auch
nur andeutend zu beschreiben. Das eingangs genannte
starke Gefühl der Furcht und der Angst und die zuletzt emp-
fundene herzliche Liebe machten diesen Traum für Frau
Sch. zu einer persönlichen Begegnung mit der verstorbenen
Mutter.

Die »abschiedliche Existenz«

Jeder Mensch muß in seinem Leben die verschiedensten
Abschiede nehmen. Das dabei aufkommende Gefühl der
Trauer wird von vielen wie ein kleiner Tod empfunden. Vor
unserem letzten großen Tod sterben wir alle unzählige

kleine Tode, die zur stetigen Wandlung gehören. Durch diese Erfahrung werden das Abschiednehmen, die Trauerarbeit und auch der Neubeginn zu einem grundlegenden Lebensmuster für jeden Menschen. Diese Grunderfahrung bestimmt auch häufig das Thema und die Bilder unserer Träume. Diese Erfahrung macht verständlich, warum die Todesträume derart häufig geträumt werden und Menschen erschüttern und betroffen machen. Nach meiner Erfahrung bleiben aber viele Menschen in die gefühlsmäßige Ergriffenheit verstrickt und begreifen nicht den Sinn. Daher versuchen die Träume und insbesondere die Todesträume, uns in ihrer Bildersprache diesen Sinn begreiflich zu machen.

Für unser seelisches Wohlbefinden und unsere innere Balance scheint die Verarbeitung des Abschieds und die Überwindung der Trauer unbedingt notwendig. Hermann Hesse hat es gültig formuliert: »Wohlan denn, Herz, nimm Abschied und gesunde!« Oft können wir erst genesen und die seelische Gesundheit wiedererlangen, wenn wir auch mit dem Herzen Abschied genommen haben. Das »Herz« und die Seele sind zugleich auch die Wirkstatt unserer Träume. Die Traumarbeit gewinnt daher im Zusammenhang mit der Trauerarbeit eine ganz wichtige Bedeutung. Die oft zu beobachtende »Unfähigkeit zu trauern« (A. Mitscherlich) führt infolge der Störung dieser Trauerarbeit zur Beeinträchtigung der seelischen Entwicklung bis hin zu psycho-neurotischen Erkrankungen. Wer in den ersten Lebensjahren Mutter oder Vater verloren hat oder mehrfach persönliche Verluste erleiden mußte, reagiert oft besonders sensibel bei weiteren Abschieden im Leben.

Die Psychoanalytikerin Verena Kast hat im Anschluß an den Philosophen Weischedel den Begriff der »abschiedlichen Existenz« eingeführt und schreibt dazu: »Leben angesichts des Todes muß ›abschiedlich‹ gelebt werden; wir müssen immer bereit sein, Abschied zu nehmen, uns zu verändern, und immer auch bereit sein, unsere Geschichte als Geschichte von unendlich vielen Veränderungen in uns aufleuchten zu lassen, als die Ausfaltung unserer Identität.«[9]

In unseren Todesträumen »sterben wir ins Leben hinein«. Während viele Menschen meinen, daß mit dem Tod alles aus sei, erfahren andere in ihren Todesträumen, daß ein

neuer Lebensabschnitt beginnen kann. In solchen Ganz-
heitserfahrungen erlebt der einzelne, daß Leben und Sterben
nicht radikale Gegensätze sind, sondern eine Polarität, zwei
sich ergänzende Aspekte unseres Lebens. Wenn wir dies
annehmen und akzeptieren lernen, erwerben wir damit ein
wacheres Identitätsgefühl. Mit Identität meine ich in diesem
Zusammenhang die Erfahrung einer Ganzheit, aus der heraus Leben und Tod zu einer Gleichung werden. Auf symbolischer Ebene werden diese Polaritäten des Lebens zu einem
Gleichnis, wie es das chinesische Symbol von Yin und Yang
darstellt[10], in dem eines im anderen enthalten und aufgehoben ist. Identität erwächst aus dem Gefühl des Einssein mit
sich selber. Dazu gehören auch Offenheit für die eigene
Seele und ein Gefühl für die Tiefe als einem Einstieg zur
Totenwelt.

Diese Rückbindung an die verborgenen Lebensgründe
und Hintergründe wurde früher »Religion« genannt. Bei diesem Stichwort fällt den meisten sicher der Himmel ein oder
Gott. Durch den Umgang und die Erfahrungen mit Todesträumen habe ich gelernt, daß auch das Unbewußte und die
Unterwelt zu dieser Dimension des Lebens gehören. Was
früher viele Menschen »im« Himmel oder »unter« dem
Himmel gesucht haben, entdecken heute viele in der eigenen Tiefe. Vermutlich sind es Entsprechungen der einen
Wirklichkeit, von denen die Alchimisten und Mystiker ver-
gangener Zeiten sagten: »Himmel oben – Himmel unten . . .«
Was diese weisen Menschen wußten, dafür müssen uns erst
wieder die Augen geöffnet werden. Dies geschieht in den
Todesträumen, wenn wir uns selber als Gestorbene sehen
oder uns die Toten erscheinen. In diesen Bildern ahnen und
erfahren wir unsere abschiedliche Existenz.

In den Todesträumen und in den Erscheinungsträumen
von Verstorbenen erleben wir Grenzüberschreitungen von
der bewußten Tagwelt zur unbewußten Tiefe der Seele.
Nach tiefenpsychologischer Auffassung ist die Unterwelt ein
Gegenbild zur Oberwelt. Mit C. G. Jung können wir annehmen, daß es viele Entsprechungen zwischen dem Unbewußten und der Unterwelt gibt. Durch eigene Erfahrungen und
Forschungen kommt Jung zu dem Schluß: »Das Unbewußte
entspricht dem mythischen Totenland, dem Lande der

Ahnen.«[11] (Siehe auch im Symbolregister unter dem Stichwort »Totenland«.) Während in unserer Zeit viele Menschen durch die Science-fiction von fernen Welten fasziniert werden oder durch eine Flugreise in ein fernes Land dem grauen Alltag zu entkommen trachten, führt uns die Seele in den Todesträumen in eine entsprechende Gegenwelt, in die Unterwelt. Während das Bewußtsein und das nach »Heldentaten« strebende Ich sich gerne erheben, hält sich die Seele anscheinend lieber in der Unterwelt auf. Diese Beziehung zur Unterwelt und zur Tiefe gehört mit zur Ganzheit des Lebens und kann einerseits als beängstigend und erschreckend erlebt oder andererseits als heilsam und wohltuend empfunden werden. Ähnlich, wie die Menschen in früheren Zeiten das Labyrinth begingen, um eine Wiedergeburt zu erleben, oder man in anderen Kulturen durch die Einweihung und Initiation ein vollwertiges Mitglied der Gemeinschaft und des Stammes wurde, haben auch wir noch eine Ahnung und das innere Wissen, daß es bei den Unterweltsträumen meistens um die persönliche Verwandlung geht.

Viele Menschen sind unerfahren und ungeübt im Umgang mit der Bildersprache der Träume und werden durch die Erscheinungsträume von Verstorbenen geängstigt oder mißverstehen die Botschaft eines Verstorbenen. Diese Schwierigkeiten möchte ich an dem Beispiel einer 52jährigen Frau zeigen, die in einem Traumseminar von ihren Schuldgefühlen dem verstorbenen Mann gegenüber sprach und von einem Todestraum, den sie bisher mißverstanden hatte. Die Frau erzählte: »Einige Wochen vor dem Tod meines Mannes hat er mich gefragt, wie es um ihn stünde. Obwohl ich wußte, daß er sterben müsse, wich ich aus und sagte, daß ich den Arzt fragen werde. Seitdem hat mein Mann mich nicht mehr gefragt. Einige Tage vor seinem Tod hatte ich ein besonderes gefühlsmäßiges Erleben mit meinem Mann. Dabei hatte ich das Empfinden, ihm ohne Worte mitgeteilt zu haben, daß er sterben müsse. Ich spürte, daß mein Mann diese Wahrheit angenommen hatte. Sieben Wochen nach dem Tod meines Mannes erschien er mir im Traum. Ich träumte, in einen Wald zu gehen. Es wurde dunkler und dunkler. Ich ging einige Stufen eine Treppe hinunter. Dann hörte ich die Stimme meines Mannes, die sagte: ›Komm, ich möchte dir etwas zeigen!‹ Ich ahnte, wenn ich weiter runter gehe, wird es unten ganz hell werden. Dieser Traum war für mich eine Wende in meiner Trauerarbeit. Nach dem Tod meines Mannes ging es mir körperlich und seelisch schlecht. Ich war auf dem Wege, selber zu sterben. Obwohl nach diesem Traum mein Lebenswille wieder erwachte und ich mehr Lebensmut spürte, verstand ich den Ruf meines Mannes: ›Komm!‹ als Anruf zu sterben und zu ihm zu gehen. Wie anders kann ich sonst die Stimme im Traum verstehen?«

In der Gesprächsrunde unseres Traumseminars bat ich die Träumerin einige Male, den ganzen Satz aus dem Traum laut zu sagen: »Komm, ich will dir etwas zeigen!« Ich forderte die Träumerin auf, jedes Wort genau zu beachten und zu versuchen, die ganze Botschaft des Traumes zu verstehen.

Träumerin: »Mein verstorbener Mann will mir nur etwas zeigen.«

Hark: »Er will Sie also nicht in den Tod rufen, sondern etwas zeigen. Worauf möchte er Sie aufmerksam machen?«

Träumerin: »Da unten, bei ihm, ist es nicht dunkel, sondern hell. Ich wußte ja im Traum, wenn ich im Wald weiter runter gehe, wird es hell.«

Hark: »Welches Gewicht und welche Bedeutung hat für Sie jetzt das ›Komm!‹, das Sie beinahe in den Tod gezogen hätte?«

Träumerin: »Plötzlich höre und verstehe ich es durch den ganzen Satz ganz anders. Seit dem Tod meines Mannes vor sieben Monaten bin ich bei dem ersten Wort stehengeblieben. Ich hatte ja keinen Menschen und keinen Seelsorger, dem ich meinen Traum hätte erzählen können.«

Hark: »Mich macht persönlich diese Erfahrung sehr betroffen und auch kritisch gerade den sogenannten Seelsorgern gegenüber. Ich weiß, daß sie zwar im Studium viele Sprachen lernen müssen (Griechisch, Lateinisch und Hebräisch), aber kein Verständnis haben für die Bilder- und Symbolsprache der Träume. Wie soll ein Seelsorger ohne Kenntnis der Seelensprache hilfreiche und therapeutische Seelsorge treiben?«

Träumerin (seufzend und mit Erleichterung): »Wieviele Ängste und Gram hätte ich mir in den letzten Monaten ersparen können, wenn dieses Gespräch hätte früher stattfinden können.«

Nach einer Weile des Schweigens und der stillen Anteilnahme gab es eine rege Diskussion in unserem Traumseminar über die tiefe existentielle Bedeutung derartiger Träume und die Schwierigkeit, sie mit fachkundigen Therapeuten besprechen zu können. Gerade im Gespräch wird oftmals die Bedeutung und die Botschaft eines Todestraumes spontan bewußt und verständlich.

Besonders wenn Hinterbliebene sehr häufig von Verstorbenen träumen und dann den Tag über niedergeschlagen und deprimiert sind und viel weinen müssen, ist der Abschied von einem Toten sehr wichtig. So träumte Ruth, eine 57 Jahre alte Frau, dauernd von dem verstorbenen Mann. Meistens waren es schöne Träume von früheren glücklichen Zeiten. Dennoch mußte Ruth häufig nach solchen Träumen den ganzen Tag weinen, weil es eben nicht die Realität, sondern nur ein Traum gewesen war. Eines Nachts träumte sie, daß Al, ihr Mann, ihr sagte, er werde jetzt weggehen müssen, er habe seine eigenen Angelegenheiten zu erledigen. Ruth brach in Tränen aus und flehte ihn an, das nicht zu tun, denn sie könne ohne ihn nicht auskommen. Weil die Träumerin diesen Abschied ihres verstorbenen Mannes noch nicht akzeptieren konnte und wollte, forderte die Therapeutin Ann Faraday die Träumerin auf, ein Phantasiegespräch mit ihrem Mann zu führen und ihn dabei auch abwechselnd zu Wort kommen zu lassen. Der Dialog in einer Traumgruppe verlief dann so:

Ruth: »Bitte Al, geh nicht weg und laß mich nicht wieder allein. Es gibt so vieles, was wir noch zu tun haben – all das, was wir im Leben nie taten, so vieles ist unerledigt. Ich möchte dir sagen, daß ich dich liebe und all die Gelegenheiten wiedergutmachen will, bei denen ich dich verletzt und enttäuscht habe, und...«

Al: »Aber das hast du doch schon, Liebling. Ich verstehe es, ich verstehe es wirklich.«

Ruth: »Nein, du verstehst es nicht. Wenn du mich nur gewarnt hättest... ich wäre dann netter zu dir gewesen. Aber du hast es mir nicht gesagt (schluchzt), und jetzt ist es zu spät, es ist zu spät... woher hätte ich es wissen sollen? Jetzt habe ich ein schlechtes Gewissen für den Rest meines Lebens (wütend), und das ist deine Schuld. Du hättest mich warnen sollen.«

Al: »Aber, Liebling, ich wußte es doch auch nicht. Ich wollte nicht sterben.«

Ruth: »Und außerdem bist du weggegangen, ohne deine Angelegenheiten in Ordnung zu bringen. Ach ja, ich weiß, du glaubtest es, aber dem war nicht so. Und ich bin viel ärmer, als du glaubtest... so viel Steuern. Und die Einkommensteuer, der ganze Papierkram, der Umzug... plötzlich hatte ich so viel um die Ohren. Du machst dir keinen Begriff, wie hart das war.«

Al: »Das tut mir leid, Ruth. Ich hätte dir sagen müssen, wie man solche Dinge erledigt.«

Ruth: »Aber ich will nichts erledigen. Das ist deine Sache. Warum habe ich dich schließlich geheiratet? Ich will mich um solche Dinge nicht kümmern, ich mag das nicht.«

Al: »Aber, Liebling, so ist das Leben – wir alle müssen irgendwann erwachsen werden. Ich wünschte nur, ich hätte dich besser darauf vorbereitet.«

Ruth (weinend): »Aber ich brauche dich, Al. Ich bin einsam.«

Al: »Du wirst dir ein neues Leben aufbauen, neue Freunde finden. Ich weiß, du wirst das schaffen. Du *kannst* es, wenn du willst.«

Ruth: »Aber darum geht's ja gerade. Ich *will* nicht. Ich will *dich.* Du bist mein Leben... ich habe so auf dich gebaut. Ich kann dich nicht gehenlassen.«

Hier unterbrach ich sie: »Versuchen Sie zu sagen ›Ich *will* dich nicht gehen lassen‹.«

Ruth: »Ich will dich nicht gehen lassen... ich *will* dich nicht gehen lassen (wütend), du hast verdammt recht, ich will dich nicht gehen lassen. Warum sollte ich? Ich war immer da, wenn du *mich* brauchtest. Jetzt bist du an der Reihe, hier zu sein, wenn ich dich brauche, (schreit) aber nein, du bist jetzt an einem aufregenden neuen Ort und gehst neuen Erlebnissen entgegen in diesen herrlichen Gefilden, von denen der Pfarrer bei der Beerdigung sprach. Und nachher hatte er noch die Frechheit, zwei Stunden damit zu verbringen, mir zu sagen, wie glücklich du jetzt sein würdest, und ich sollte mich nicht um dich grämen, du mit deinem schönen neuen Leib. Und was ist mit mir? Das hatte ich ihn eigentlich fragen wollen. Was ist mit mir und diesem alten, arthritischen Körper? Mir steht kein neues Leben bevor – nur Einsamkeit, Krankheit und Alter. Wer wird sich um mich grämen? Du nicht, keiner. Ja, du hast das fein eingefädelt, kann ich nur sagen, du hast das fein eingefädelt.«

An diesem Punkt des Dialogs hämmerte Ruth mit den Fäusten auf ihre Knie, und jemand warf ihr ein Kissen zu. Sie ließ sich auf die Knie nieder, schlug wie wild auf das Kissen und erging sich in einer Tirade, bei der all der Schmerz und Zorn herauskam, die sie seit zwanzig Jahren aufgestaut hatte – und alles lief auf die Tatsache (oder das Gefühl) hinaus, daß sie ihm ihr ganzes Leben gewidmet habe und er sie jetzt einfach sitzen lasse. Er hatte den Vertrag gebrochen, der nur in ihrem Herzen bestand. Während sie weinte und das Kissen malträtierte, schrie sie: »Gib mir mein Leben zurück, Al, gib mir mein Leben zurück.«
Da ich das Gefühl hatte, daß das eine sehr heilsame Aussage sei, bat ich Ruth, sich wieder auf den Stuhl zu setzen und ihr Leben von Al zurückzufordern.

Ruth (sanft): »Gib mir mein Leben zurück, Al, all diese gestohlenen Jahre. Gib mir meine Jugend, mein Lachen, meine Freude zurück.«
Al: »Du hast sie ja noch, Liebling. Du hast sie immer gehabt. Ich habe sie dir nicht weggenommen. Du hast sie mir geschenkt. Du schienst sie mir schenken zu wollen.«
Ruth (weinend): »Das stimmt, das stimmt. Ich liebte dich, aber ich muß mich zurückfordern. Ich muß meine Selbständigkeit, meine Kraft und meine Liebe zurückfordern – denn vielleicht brauche ich sie für einen anderen (erstaunt). Ja, vielleicht (trotzig). Ich kann ohne dich leben. He, ich kann *wirklich* ohne dich leben« (Gelächter von der Gruppe).
Ich fragte sie, ob sie ihm jetzt Lebewohl sagen könnte.

Ruth (sanft): »Leb wohl, Al. Du wirst mir fehlen (weinend), so viel hätten wir noch tun können. Nun, es läßt sich
nicht ändern. Ich werde immer noch manchmal – oft – an
dich denken, aber ich werde dich gehen lassen. Leb wohl –
habe eine gute Reise. Sei vorsichtig.«[12]

Bei vielen Hinterbliebenen ist die Schwierigkeit zu beobachten, mit den sogenannten unerledigten Geschäften und
den Schuldgefühlen einem Verstorbenen gegenüber fertig
werden zu können. Besonders auch der Ärger und die Wut,
von einem Verstorbenen im Stich gelassen zu sein, sind sehr
tiefgreifende Gefühle, die oft verdrängt werden und dann zu
Depressionen oder psychosomatischen Störungen führen
können. Wie so häufig jedoch kommt es zur Wiederkehr des
Verdrängten aus dem Seelenleben, und damit werden auch
die Verstorbenen in unseren Träumen immer wieder lebendig. Sie erscheinen uns über Monate, Jahre oder sogar Jahrzehnte, bis die Seele endlich einen befriedigenden Abschied
genommen hat.

Todesträume als persönliches Totenbuch

Durch den langjährigen Umgang mit eigenen Todesträumen und denen meiner Analysanden bin ich auf die Idee
gekommen, die archetypischen Sinnbilder und Symbole dieser eindrucksvollen Träume als Seiten in einem noch zu
schreibenden Totenbuch zu verstehen. Mit Totenbuch
meine ich hier eine Sammlung von Erfahrungen und Todesträumen im Umkreis des Todes. Daran haben sicher viele
Generationen zu schreiben und ihre individuellen wie auch
kollektiven Erfahrungen einzubringen, ähnlich wie es vor
Jahrtausenden mit dem ägyptischen oder mit dem tibetischen Totenbuch[13] geschehen ist. Diese Totenbücher gaben
den Menschen in der damaligen Kultur und Religion hilfreiche und deutende Hinweise über den Weg der Seele durch
die jenseitige Welt. In gewisser Hinsicht können wir diese
Gebete und Symbole vergleichen mit einer Beerdigungs-
agende eines Pfarrers oder Priesters, nach der er das Beerdigungsritual zu halten hat. Gerade wenn wegen persönlicher
Trauer und seelischer Erschütterung kaum ein klarer

Gedanke zu fassen ist, ist es wichtig, daß derartige Agenden, Gebete und Texte das erschütterte Seelenleben der Betroffenen wieder neu ordnen und strukturieren helfen.

Mit meiner Anregung zu einem persönlichen Totenbuch kann ich nur erste Überlegungen und Erfahrungen einbringen, die unbedingt der Ergänzung durch andere Erfahrungen und der Erprobung durch viele Menschen bedürfen. Anstelle von theoretischen oder theologischen Überlegungen sollten es vor allem persönliche Erfahrungen, symbolische Handlungen oder eben Todesträume sein, die erste Bausteine bilden für ein derartiges Totenbuch in unserer Zeit.

So hatte zum Beispiel ein Verstorbener als Vermächtnis und letzten Wunsch hinterlassen, daß man bei seiner Beerdigungsfeier eine Zeitlang ganz einfach schweigend dasitzen solle, um in seinen Gedanken und Erinnerungen nochmals bestimmte Erfahrungen mit dem hier aufgebahrten Toten vor dem inneren Auge erscheinen zu lassen. Mir haben einige Teilnehmerinnen und Teilnehmer an dieser Beerdigung berichtet, wie eindrucksvoll und wichtig ihnen diese Minuten des Schweigens und des inneren Zwiegesprächs mit dem Toten für ihr Leben geworden sind. So fiel dem einen ein hilfreiches Wort ein, das er in einer besonders schwierigen Situation dem Verstorbenen als mutmachendes, wegweisendes Wort verdankte. Ein anderer mußte daran denken, wie ihm der Verstorbene in einer ganz konkreten finanziellen Not geholfen hatte. Es soll auch nicht verschwiegen werden, daß eine Frau gerade in diesen Minuten ihre Enttäuschung und ihre Haßgefühle nicht unterdrücken konnte und ihrer besonders heftig inne wurde, weil sie mit dem verstorbenen Onkel recht negative Erfahrungen gemacht hatte.

Diese wenigen Beispiele mögen genügen, um anzudeuten, welche persönlichen Erfahrungen wir im Angesicht eines Toten beim letzten Abschied machen können. Es ist zu wünschen, daß dieser Abschied bei der kirchlichen Beerdigungsfeier nicht nur durch die Verkündigung eines Geistlichen, durch die Musik und den Gesang der Gemeinde ausgefüllt wird, sondern daß sich mehr und mehr Menschen zu ähnlichen Wünschen durchringen.

In dem zu schaffenden und zu schreibenden persönlichen
Totenbuch sollte auch Raum sein für Sitten und Gebräuche
aus anderen Religionen und Kulturen, die uns hilfreich
erscheinen für die persönliche Trauerarbeit. Ich denke insbesondere an das jüdische Trauerritual, bei dem die Angehörigen tagelang die Totenklage halten und ihre seelische
Betroffenheit zum Ausdruck bringen. Die sogenannte
Totenwache, die in vielen ländlichen Gemeinden auch in
unserem Kulturkreis noch lebendig ist, scheint mir von größter Bedeutung zu sein.

Besonders wichtig scheint mir zu sein, die letzten Worte
oder die letzten Träume und Segenswünsche eines Sterbenden in der Familie zu besprechen und zu bedenken. In ihren
Aussagen stecken häufig überpersönliche Botschaften, weil
Menschen im Umkreis des Todes bereits mit kollektiven
Anschauungen und Träumen der Menschheit verbunden
sind. So hat Moody bei wiederbelebten Menschen Erscheinungen und innere Bilder zur Kenntnis bekommen, die den
kollektiven Bildern und Ursymbolen in den genannten ägyptischen oder tibetischen Totenbüchern sehr ähnlich sind.
Wenn wir eine große Zahl von Todesträumen und Bildern
des Todes im Umkreis des Sterbens sammeln würden, könnten wir andere Sterbende besser vorbereiten auf diesen letzten Schritt über die Schwelle in die jenseitige Welt.

Beim Übergang in die Totenwelt sehen viele Menschen
ein Licht, das ihnen leuchtet. Andere sehen eine engelhafte
Gestalt oder einen Verstorbenen, der ihnen erscheint und sie
erwartet. Zu den Ursymbolen im Angesicht des Todes
gehört ferner der Weg, die Straße oder eine letzte Fahrt mit
einem Schiff, das uns ans jenseitige Ufer bringt. Der Leser
wird in diesem Buch zahlreiche weitere Symbole und
Träume finden, die ihm verständlich machen, in welcher
Vielfalt und Vielgestaltigkeit die Seele diesen letzten Schritt
über die Schwelle vorbereitet und begleitet.

Wenn wir uns zu Lebzeiten mit derartigen Todessymbolen befassen und sie in unserem bewußten Leben verwur-
zeln, werden wir nach meiner Erfahrung dem Tod wissender
und hoffnungsvoller entgegengehen können. Mit Hilfe der
Todesträume und ihrer Symbole sind wir dann »im Bilde«
darüber, was uns widerfahren wird. Ich glaube, daß unsere

Seele beim Sterben wieder in das Bild hineingeht, aus dem unser Leben am Anfang entstanden ist. In diesem Zusammenhang erinnere ich an die Schöpfungsgeschichte der Bibel, nach deren Zeugnis der Mensch als Abbild oder als Ebenbild Gottes geschaffen wurde. Der Schöpfer hatte ein Bild, nach dem er den Menschen und die Menschen schuf. Und in dieses Bild werden wir wieder eingehen, wenn wir unseren Leib und diese Erde verlassen. In diesem Bild wird auch unsere Identität als Mensch und als einmalige Persönlichkeit für alle Zeit aufgehoben sein.

Ich kenne einen Menschen, für den zwei Dinge am schlimmsten sind bei dem uns alle bedrohenden atomaren Holocaust. Zum einen, daß durch die totale Vernichtung allen Lebens und aller Menschen auf Erden die unsterblichen Seelen der Toten nicht mehr in den Träumen der Menschen erscheinen können. Die Toten werden dann niemanden mehr haben, der ihrer gedenkt und sie beweint. Und zum anderen werden durch den atomaren Holocaust selbst unsere Friedhöfe und die geweihte Totenerde durch die gewaltige Überhitzung und atomare Verseuchung zerstört werden, so daß nach den Vorstellungen dieses Menschen selbst die Toten einen mehrfachen Tod sterben müssen. Damit würden der sonst in den Lebenden fortwirkende Segen und die Weisheit der Ahnen keine Wirkungsmöglichkeit mehr haben. Daher müssen wir sowohl um der Lebenden willen als auch um der Toten willen den atomaren Atomtod um jeden Preis verhindern.

Ein persönliches Wort an die Leserin, den Leser

Ich nehme jetzt einmal an, verehrte Leserin oder Leser, daß Sie sich nicht nur allgemein für dieses Thema interessieren, sondern vielleicht selber auch einen sehr beängstigenden Todestraum hatten und nach Verstehenshilfen suchen. Wenn Sie die folgenden Anregungen und Fragen für sich persönlich beantwortet haben, dann sollten Sie in dem Symbolregister (S. 209 ff.) unter den betreffenden Stichwörtern nachschlagen oder die Checkliste mit den 16 Fragen zum Selberdeuten von Todesträumen (S. 203 ff.) durchgehen. Stellen Sie sich jetzt also vor, Sie hätten im Freundeskreis Ihren Todestraum erzählt oder wären zur Besprechung bei einem Therapeuten, der an Sie die Frage richtet: »Welche Gefühle oder Empfindungen verändern sich zur Zeit in Ihrem Leben?« Es kann auch sein, daß Ihre Gefühle für einen bestimmten Menschen bereits »gestorben« oder wie tot sind. Das können Sie herausfinden, wenn Sie sich die geträumte Person wiederholt anschauen und überlegen, welche Erfahrungen und Emotionen sie miteinander verbinden.

Ein anderer wichtiger Aspekt im Träumen vom Tod kann sein, daß zu starre Einstellungen oder veraltete Lebensmuster sterben und sich dies im Traum widerspiegelt. Wenn Sie ein relativ konservativer Mensch sind, werden Sie dazu neigen, daß am besten alles so bleiben soll, wie es immer war. Doch Ihre Seele wird auf Dauer damit nicht zufrieden sein können und macht die notwendige Veränderung durch den Todestraum bewußt. Besonders wenn Sie ein stark diesseitig orientierter Mensch sind, kann der Traum Sie mit seinen erschreckenden Bildern in die Unterwelt führen. Bedenken Sie, daß diese Seite auch zu Ihnen gehört. Wenn Sie den Traum annehmen, wenn auch mit Bedenken oder Widerständen, und die notwendige und sinnvolle Verwandlung anerkennen, werden sich die Träume wieder ändern und andere Themen aufgreifen.

Versuchen Sie bei der Meditation Ihres Traumes zu erspüren, welche neuen und bisher unbekannten Seiten Ihres Charakters und persönlichen Wesens in den Bildern in Erscheinung treten. In den Träumen und besonders in den Todesträumen arbeitet die Seele unaufhörlich an unserer Bewußtseinserweiterung. Zu diesem seelischen Prozeß gehört auch die Durchleuchtung der Erscheinungsbilder des Todes. Wenn wir die Botschaft eines Todestraumes begreifen, können wir damit unsere Todesangst besser bewältigen.

Wenn Sie ein Todestraum des Nachts erschreckt hat, werden Sie vermutlich an den folgenden Tagen viel bewußter leben und sich vielleicht mehr als bisher Ihres Lebens erfreuen. Andererseits kann es auch geschehen, daß ein solcher Traum Ihren Lebenswillen nicht nur stärkt, sondern Sie beeinträchtigt und deprimiert. Registrieren Sie auch bei Ihrer Arbeit am Traum, welchen Satz und welche Botschaft ein Verstorbener vermittelt. Viele Träume sind in ihrer Bildersprache wie ein Brief aus einer anderen Welt. Wenn wir ihn verstehen, können wir künftig dem Tod anders begegnen und gegenüberstehen.

Besonders wichtig ist eine ganzheitliche Auseinandersetzung mit den Erscheinungsbildern der Toten und des Todes. Ganzheitlich will in diesem Zusammenhang sagen, daß Sie sich nicht nur Gedanken machen über einen Traum und den Kopf darüber zerbrechen, sondern daß Sie auch die Gefühle und die Stimmungen wahrnehmen und spüren. In den Träumen streckt die Seele ihre Fühler weit über das Bewußtsein hinaus aus. Was wir uns bewußt nicht denken können, zeigt uns die Seele mit den Bildern aus dem Unbewußten. Es sind besonders Verstehensmöglichkeiten in bildhafter Sprache, die uns häufig sehr tief berühren. Daher sollten Sie sich auch fragen, welche Sinnesempfindungen im Traum vor allem angesprochen wurden.

Was haben Sie gesehen und wie wirkte es auf Sie? Konnten Sie sich körperlich wie sonst im Leben bewegen, oder waren Sie vor Angst und Schrecken wie versteinert? Auch das Anfassen und Berühren von Menschen, Tieren oder Dingen ist oftmals eine intensive Sinneserfahrung.

Schließlich sollten Sie auch Ihre Phantasie und das Ahnungsvermögen zur Entschlüsselung Ihres Traumes einsetzen. Wenn Sie ein sogenannter Realist sind, wird Ihnen die Vorstellungskraft für die Traumbilder zunächst etwas schwerfallen. Aber indem Sie einen beeindruckenden Traum behalten haben und sich mit ihm beschäftigen, sind Sie ja bereits »im Bilde« darüber, was hier mit Ahnungsvermögen gemeint ist.

Zahlreiche weitere Fragen mit Erläuterungen zum Selberdeuten von Todesträumen finden Sie am Ende des Buches. Durch die Fragen können Sie zu weiteren Gedanken über den Traum angeregt werden. Wenn Sie das Symbolregister mit den häufig vorkommenden Bildern und Symbolen in Todesträumen anschauen, werden Sie sicher weitere Verstehensmöglichkeiten für Ihren Traum finden.

Wandlung und Wiedergeburt in Todesträumen

Wenn wir in unseren Träumen mit dem Tod konfrontiert werden, wenn uns verstorbene Angehörige begegnen oder Tote aus früheren Jahrhunderten erscheinen, werden wir gefühlsmäßig stark berührt und betroffen. Während sonst die Toten meist als kalt und erstarrt empfunden werden, geht von ihrem Erscheinungsbild in den Träumen meistens eine außerordentlich belebende Wirkung aus, die sich im seelischen Erleben zeigt oder sogar in wissenschaftlichen Erkenntnissen ihren Ausdruck finden kann wie zum Beispiel in der Analytischen Psychologie C.G. Jungs. In den Bildern und Symbolen des Todes werden uns besondere Lebensimpulse zuteil. Dies erscheint für den Verstand oft merkwürdig oder gar paradox, vom seelischen Erleben dagegen werden diese Bilder häufig als positiv empfunden. Während unser Ich-Bewußtsein und der Verstand meistens ängstlich reagieren, wenn wir an den Tod denken, haben die Seele und ihr zentrales Energiezentrum, das Selbst, eine positive Beziehung zu den Erscheinungsbildern des Todes. Diese Reaktionen helfen uns zu verstehen, warum gerade die Todesträume für die Wandlung und Wiedergeburt des Menschen von großer Bedeutung sind.

Wenn die Tiefenpsychologie von Wandlung spricht, meint sie damit sowohl eine innere Veränderung und Verwandlung in der Lebenseinstellung als auch die daraus folgenden Konsequenzen im Lebenswandel. Ein wichtiger Aspekt des seelischen Wandlungsprozesses ist die Annahme und Anerkennung seiner selbst mit den eigenen Schwächen und den unabänderlichen Schwierigkeiten. Durch diese Selbstbeja-

hung und diese Selbstliebe (die nicht zu verwechseln ist mit
narzißtischer Selbstbezogenheit) erhält die bei vielen Menschen vorhandene Selbstverachtung oder gar ein Selbsthaß
ein notwendiges Gegengewicht. Was bei der Wandlung und
der seelischen Wiedergeburt im einzelnen geschieht, liegt
noch weitgehend im dunkeln. C. G. Jung nimmt an, daß den
Wandlungsprozessen ähnliche innerseelische Erfahrungen
zugrunde liegen wie den Wirkungen des Yoga oder den Initiationen bei den Naturvölkern, und schreibt dazu: »Wir wissen zwar heute, daß es geistig bedingte Wandlungsprozesse
in der Seele gibt, die auch zum Beispiel den aus der Psychologie der Naturvölker bekannten Initiationen oder den durch
Yoga bedingten Zuständen zugrundeliegen. Aber es ist uns
noch nicht gelungen, ihre eigentümliche Gesetzmäßigkeit
festzustellen. Wir wissen nur, daß ein großer Teil der Neurosen auf einer Störung dieser Prozesse beruht. Es ist der psychologischen Forschung nicht gelungen, das vielfach ver-
schleierte Bild der Seele zu enthüllen, denn es ist unnahbar
und dunkel wie alle tiefen Lebensgeheimnisse.«[14] Besonders
zu denken gibt, daß die Störung des Wandlungsprozesses zu
Neurosen führt. Durch meine eigene therapeutische Praxis
kann ich Jungs Erfahrungen nur bestätigen. Von dem großen
Ausmaß der psycho-neurotischen Schwierigkeiten in unserer Gesellschaft lassen sich bedenkliche Rückschlüsse ziehen
auf die gestörten Wandlungen und Veränderungen der Menschen in unserer Zeit.

Die geistig-seelische Wandlung ist nach Jungs Auffassung
die Auswirkung einer tiefen Ergriffenheit und einer Urerfahrung und ist nicht durch Methoden machbar, wie er in
einem Brief schreibt: »Die große Frage, die unermeßliche
Hoffnung und die befreiende Ekstasis der Urerfahrung
erstarren dann aber bald in einer vorwiegend intellektuellen
Bemühung: man sucht die Wirkung des Urerlebnisses, die
geistige Wandlung, mittels einer Methode zu erreichen. Die
Tiefe und Intensität der ursprünglichen Ergriffenheit wird
auf diese Weise nie erreicht. An ihre Stelle tritt eine leiden-
schaftliche Sehnsucht. In einer über die Jahrhunderte sich
erstreckenden Anstrengung wird ein und dasselbe Ziel ver-
folgt: man sucht die Ursituation der lebendigen Erfahrung
wiederherzustellen. Unbegreiflicherweise scheint man nicht

zu verstehen, daß die Ursituation eine spontane Ergriffenheit, eine aus dem eigenen Innern brechende Ekstase war, also gerade das Gegenteil von dem, was man selber tut, das Gegenteil einer als Methode betriebenen Nachahmung.«[15]

Nach meinen Erfahrungen bewirken die Todesträume mit ihren oft eindrucksvollen Bildern oder Handlungen eine symbolische Todesstimmung, die zur geistigen und seelischen Wiedergeburt hinführt. Ähnlich wie die Geburt den Menschen ins Leben stößt, so eröffnet die Wiedergeburt neue und ganzheitliche Erlebensmöglichkeiten. Wenn in dem seelischen Wandlungsprozeß die veralteten Lebensmuster und Persönlichkeitsstrukturen sterben, kommt es zur Geburt eines neuen Selbst. In der Wandlung und Wiedergeburt werden die bisherigen Einstellungen, Orientierungen und Werte verwandelt. Dies ist in der Regel keineswegs nur eine verborgene innerseelische Angelegenheit, sondern kommt auch im Lebenswandel und/oder in wichtigen Erkenntnissen zum Ausdruck.

C. G. Jungs Todeserfahrungen

Die schwer zu beschreibenden Vorgänge der Wandlung und Wiedergeburt möchte ich an den Erfahrungen C. G. Jungs verdeutlichen. Jung gewann gegen Ende seines dritten Lebensjahrzehnts durch die Begegnung mit dem Tod wichtige Einsichten und Erkenntnisse. In der Krisenzeit der Lebensmitte hatte er wiederholt erschreckende Phantasien und Todesträume, in denen zum Beispiel Menschen in Verbrennungsöfen getan wurden, die jedoch noch lebten, oder andere Schreckensbilder des Todes. Wie Jung in seinen »Erinnerungen« vermerkt, gipfelten diese Phantasien und Bilder in dem folgenden Todestraum:

»*Ich war in einer Gegend, die mich an die Alyscamps bei Arles erinnerte. Dort befindet sich eine Allee von Sarkophagen, die bis auf die Merowingerzeit zurückgehen. Im Traum kam ich von der Stadt her und sah vor mir eine ähnliche Allee mit einer langen Reihe von Gräbern. Es waren Postamente mit Steinplatten, auf denen die Toten aufgebahrt waren. Dort lagen sie in ihren alter-*

tümlichen Kleidern und mit gefalteten Händen wie in alten Grab-
kapellen die Ritter in ihren Rüstungen, nur mit dem Unterschied,
daß die Toten in meinem Traum nicht in Stein gehauen, sondern
auf eine merkwürdige Weise mumifiziert waren. Vor dem ersten
Grab blieb ich stehen und betrachtete den Toten. Es war ein Mann
aus den dreißiger Jahren des 19. Jahrhunderts. Interessiert schaute
ich mir seine Kleider an. Plötzlich bewegte er sich und wurde
lebendig. Er nahm die Hände auseinander, und ich wußte, daß
das nur geschah, weil ich ihn anschaute. Mit einem unangenehmen
Gefühl ging ich weiter und kam zu einem anderen Toten, der in
das 18. Jahrhundert gehörte. Da geschah das gleiche: als ich ihn
anschaute, wurde er lebendig und bewegte die Hände. So ging ich
die ganze Reihe entlang, bis ich sozusagen in das 12. Jahrhundert
kam, zu einem Kreuzfahrer im Kettenpanzer, der ebenfalls mit
gefalteten Händen dalag. Seine Gestalt schien wie aus Holz
geschnitzt. Lange schaute ich ihn an, überzeugt, daß er wirklich
tot sei. Aber plötzlich sah ich, daß sich ein Finger der linken Hand
leise zu regen begann.

Träume wie dieser und das wirkliche Erleben des Unbewußten
führten mich zu der Einsicht, daß diese Relikte jedoch keine abge-
lebten Formen sind, sondern zur lebendigen Psyche gehören. Meine
späteren Forschungen bestätigten diese Anname, und im Laufe der
Jahre entwickelte sich daraus die Archetypenlehre.«[16]

Jung hat in diesem Traum erlebt, daß die Toten lebendig
werden, wenn wir nach ihnen sehen. Sie sehen uns an und
vermitteln uns Einsichten und Erkenntnisse, wenn wir
unsere Aufmerksamkeit auf sie richten. Der Schatz an Erfahrungen und Erkenntnissen, den sie mit ins Grab genommen
haben, wird wieder lebendig, wenn wir mit unserem
Ahnungsvermögen und der Intuition nach ihnen Ausschau
halten.

Diesen und andere Todesträume konnte Jung nicht mit
kühlem Verstand registrieren und analysieren, sondern sie
bewirkten eine starke seelische Ergriffenheit bis hin zu dem
Gefühl der Desorientierung. Ihm kam sogar der Gedanke,
daß bei ihm eine psychische Störung vorliegen müsse. Als er
sein Leben überdachte, wurden Kindheitserinnerungen
lebendig, wie er zum Beispiel als Zehn- oder Elfjähriger mit
Bausteinen gespielt und daraus Häuser und Schlösser gebaut

hatte. Aus diesen Einfällen und Meditationen zog er den Schluß, daß seine Seele ihm sagen wolle, er solle wieder spielen wie ein Kind. Obwohl es sein männliches Selbstbewußtsein kränkte und sein Wissen als Psychiater demütigte, begann er am Ufer des Zürichsees mit Steinen zu spielen und baute daraus Häuschen, ein Dorf und sogar eine Kirche mit einem besonderen Stein als Altar.[17] Diese Arbeit ergänzte Jung später durch das Malen von Bildern, das Bearbeiten von Steinen und durch das Aufschreiben seiner Phantasien in den sogenannten aktiven Imaginationen. Auf diese Weise und auf diesem Weg entdeckte Jung seinen persönlichen Mythos und vor allem auch seine tiefenpsychologischen Erkenntnisse, wie zum Beispiel die erwähnte Archetypenlehre.

Im Verlauf der nächsten Monate hatte Jung weitere Todesträume, in denen er in Höhlen weilte und Leichen an sich vorüberschwimmen sah. Ferner erschienen ihm ein riesiger schwarzer Skarabäus, eine rote neugeborene Sonne und ein unendlich langer Blutstrom. Zunächst war er von diesen Bildern aufs tiefste bestürzt. Später erkannte er in diesen Bildern das Psychodrama von Tod und Wiedergeburt. Besonders der ägyptische Skarabäus ist ein Symbol für die Wiedergeburt. Zu dem Prozeß der geistigen Wandlung und der seelischen Wiedergeburt durch die Schreckensbilder von Totengebeinen und von einem symbolischen Tötungsritual gehört der folgende Siegfried-Traum, den Jung am 18. Dezember 1913 notierte:

»Ich fand mich mit einem unbekannten braunhäutigen Jüngling, einem Wilden, in einem einsamen, felsigen Gebirge. Es war vor Tagesanbruch, der östliche Himmel war schon hell, und die Sterne waren am Erlöschen. Da tönte über die Berge das Horn Siegfrieds, und ich wußte, daß wir ihn umbringen müßten. Wir waren mit Gewehren bewaffnet und lauerten ihm an einem schmalen Felspfad auf.

Plötzlich erschien Siegfried hoch oben auf dem Grat des Berges im ersten Strahl der aufgehenden Sonne. Auf einem Wagen aus Totengebein fuhr er in rasendem Tempo den felsigen Abhang hinunter. Als er um eine Ecke bog, schossen wir auf ihn, und er stürzte, zu Tode getroffen.

Voll Ekel und Reue, etwas so Großes und Schönes zerstört zu haben, wandte ich mich zur Flucht, getrieben von Angst, man könnte den Mord entdecken. Da begann ein gewaltiger Regen niederzurauschen, und ich wußte, daß er alle Spuren der Tat verwischen würde. Der Gefahr, entdeckt zu werden, war ich entronnen, das Leben konnte weiter gehen, aber es blieb ein unerträgliches Schuldgefühl.«[18]

Jung wurde durch diesen Traum stark beunruhigt und dazu gedrängt, ihn unbedingt zu verstehen. Siegfried verstand er als ein Symbol für den eigenen heldenhaften Willen. Der Traum zeigte Jung, daß er sich nicht mehr mit dem Helden und mit dem Heldenhaften in sich selber identifizieren sollte. Deswegen mußte Siegfried, der Held im Traum, umgebracht werden. Der Ekel und die Reue sowie die Schuldgefühle am Ende des Traumes zeigten an, daß der Ich-Wille und das Ich-Ideal vom Helden nur unter größter seelischer Erschütterung geopfert werden können. Den niedergehenden Regen deutete Jung so, daß damit die Spannungen zwischen dem Bewußtsein und dem Unbewußten sich zu lösen begannen.

In seinen Phantasien, aktiven Imaginationen und Todesträumen stieg Jung als Seelenforscher immer wieder in die Tiefe hinab und sagt dazu: »Ich hatte das Gefühl, ich sei im *Totenland*« (kursiv vom Verfasser). Ein alter Mann mit weißem Bart, den Jung später als den Archetypus des alten Weisen bezeichnete, und ein schönes junges Mädchen (die Anima) wurden zu stetigen Begleitern bei der Seelenreise ins Totenreich. Was Jung zunächst in Metaphern und mythologischen Bildern beschrieb, hat er später in tiefenpsychologischen Begriffen über die Archetypen und das kollektive Unbewußte ausgedrückt. Für unseren Zusammenhang ist besonders die Gleichsetzung von mythologischem Totenland und dem Unbewußten interessant: »Die Seele, die Anima, schafft die Beziehung zum Unbewußten. In gewissem Sinne ist es auch eine Beziehung zur Kollektivität der Toten; denn das Unbewußte entspricht dem mythischen Totenland, dem Lande der Ahnen.

Wenn also in einer Phantasie die Seele verschwindet, so heißt das, sie habe sich ins Unbewußte oder ins ›Totenland‹

zurückgezogen. Das entspricht dem sogenannten Seelenverlust, einem Phänomen, das man bei den Primitiven relativ häufig antrifft. Im ›Totenland‹ bewirkt die Seele eine geheime Belebung und gibt den anzestralen Spuren, den kollektiven Inhalten des Unbewußten, Gestalt. Wie ein Medium gibt sie den ›Toten‹ die Möglichkeit, sich zu manifestieren. Darum erschienen sehr bald nach dem Verschwinden der Seele die ›Toten‹ bei mir, und es entstanden die ›Septem Sermones ad Mortuos‹.«[19]

Was C. G. Jung als Pionier der Tiefenpsychologie zugestoßen ist und was er als Verstehenshilfe für viele Menschen beschrieben hat, widerfährt jedem in der Lebensmitte oder im Alter angesichts des Todes. Aus seinen Todesträumen und Urerfahrungen hat Jung eine »Landkarte des Unbewußten und des Totenreiches« entwickelt, die für die Deutungen unserer Todesträume hilfreich ist. Die Beachtung der Todesträume und die Auseinandersetzung mit den Kräften des Unbewußten ist für jeden Menschen von schicksalhafter Bedeutung. Wenn sich die Wandlung nur in der Bilderwelt ereignet, bleibt unser persönliches Leben unverändert und ungewandelt. Die Leben gestaltende Traumkraft wird verschwendet, wenn deren Botschaft nicht im alltäglichen Leben verwirklicht wird. Die Weisheit der Ahnen und die verborgenen Schätze im Totenland (= Unbewußtes) bleiben tote Bilder, wenn wir sie nicht durch unser Ahnungsvermögen bergen und zu persönlichen Einsichten und Ansichten machen.

*In manchen Träumen weist ein abgehackter Baum darauf hin,
daß sich im Leben des Träumers etwas grundlegend ändern muß.
Besonders in den Krisen der Lebensmitte träumen viele Menschen
von Bäumen, die vom Sturm gerüttelt werden, umknicken oder
vom Feuer verzehrt werden. Diese inneren Bilder sind meistens
mit starken seelischen Erschütterungen verbunden und künden
die begonnene Wandlung an. Einen solchen Wandlungstraum
hatte auch König Nebukadnezar, doch weil er die Botschaft nicht
verstand und seine Lebenseinstellung nicht änderte, endete er im
Wahnsinn.*

*»Ich, Nebukadnezar, lebte ohne Sorgen in meinem Hause und
glücklich in meinem Palaste. Da hatte ich einen Traum, der mich
erschreckte; Gestalten, die ich auf meinem Lager schaute, und
Erscheinungen, die ich vor Augen sah, ängstigten mich... Was ich
auf meinem Lager vor mir sah, war dies: Ich schaute, und siehe,
ein Baum stand mitten auf der Erde; der war sehr hoch. Der
Baum wuchs und wurde stark, sein Wipfel reichte bis an den
Himmel, seine Krone bis ans Ende der ganzen Erde. Sein
Laubwerk war schön, und er trug Früchte die Fülle, Nahrung
für alle war an ihm. Unter ihm fanden Schatten die Tiere des
Feldes, in seinen Zweigen wohnten die Vögel des Himmels, und
von ihm nährte sich alles Lebende. Dann sah ich in den
Gesichtern, die mir auf meinem Lager vor Augen traten, wie ein
Wächter, ein Heiliger, vom Himmel herabstieg; der rief mit
mächtiger Stimme und gebot: Hauet den Baum um und schneidet
seine Zweige ab, schlagt sein Laub herunter und zerstreuet seine
Früchte! Das Getier fliehe unter ihm weg und die Vögel aus
seinen Zweigen.«*

Der Traum des Nebukadnezar
Aus dem Speculum humanae salvationis
Codex Palatinus Latinus 413, Vatikan. 15. Jh.

Der Todestraum als Wiedergeburt

Der Prozeß der seelischen Entwicklung und der Selbstverwirklichung wird in den Träumen häufig mit Bildern des
Sterbens und des Todes dargestellt. Viele Menschen, die
keine Erfahrung haben im Umgang mit Symbolen und mit
der Deutung von Traumbildern, kommen auf den Gedanken,
daß derartige Träume den nahenden Tod ankündigen. Viele
Ängste und Sorgen könnten vermieden werden, wenn wir
die Bilder des Todes als Symbole für eine seelische Wiedergeburt verstehen lernten. Die Volksweisheit hat diesen
Aspekt des Todessymbols aufbewahrt in der Deutung: »Wer
vom Tode träumt, wird lange leben.« Zu Recht wird hier die
Todessymbolik als Bild für die seelische Wiedergeburt des
Menschen verstanden.

In der Tiefenpsychologie C.G. Jungs wird dem seelischen
Prozeß der Individuation und der Selbstverwirklichung
große Beachtung geschenkt. Die Individuation ist ein psy-
chologischer Reifungs- und Wandlungsvorgang. Die Ausge-
staltung und Differenzierung der inneren Erfahrungen im
Traum dienen der Entwicklung der individuellen Psyche. Im
Individuationsprozeß stellt das Individuum eine Beziehung
her zwischen dem Bewußtsein und dem Unbewußten. Dieser seelische Wachstums- und Wandlungsprozeß verläuft in
der Regel in jedem Menschen autonom, ähnlich wie der
körperliche Wachstums- und Alterungsprozeß. Durch Blok-
kierungen und Hemmungen sowie durch eine Vielzahl von
seelischen Erkrankungen kann dieser Wachstumsprozeß
beeinträchtigt werden. Die Aufhebung und Beseitigung dieser Symptome geschieht durch einen schmerzlichen Prozeß
des Leidens und des seelischen Sterbens. Die Symptome
sind zumeist nur eine Fehlform des ganzheitlichen Symbols
als eines verborgenen Lebensmusters, das es zu verwirkli-
chen gilt.

Die Ganzwerdung der Person ist eine Aufgabe des ganzen
Lebensweges. Den langen Weg der Selbstverwirklichung
können wir in zwei Etappen einteilen. Auf dem ersten Teil
des Weges bis zur Lebensmitte ist es wichtig, seinen Platz im
Leben zu finden. Es ist eine Anpassung an die sogenannte
äußere Realität mit den verschiedenen Aufgaben, die das

Leben an uns stellt. Zu der schulischen Bildung kommt eine
berufliche Ausbildung oder ein Studium. Auch die Entwicklung der Beziehungs- und Liebesfähigkeit ist eine wichtige
Aufgabe in dieser Lebensphase. Infolge eines mangelnden
Urvertrauens und der zuwenig erlebten Liebe in der frühen
Kindheit können die seelischen Erlebnismöglichkeiten und
die Liebesfähigkeit erheblich beeinträchtigt und gestört werden. Diese Problematik zeigt E. Herzog am Beispiel einer
30jährigen Verkäuferin, in deren Träumen die Todessymbolik
in verschiedenen Bildern zum Ausdruck kam. Die Begegnung mit dem Tod bewirkte eine entscheidende Wende und
Wandlung in ihrer Beziehungsunfähigkeit. Bisher hatte die
junge Frau ihre seelische Leere durch häufig wechselnde
Männerbeziehungen zu kompensieren versucht. Doch die
sexuellen Kontakte konnten nicht als beglückend und als
befreiend erlebt werden. Im Lauf der Jahre stellten sich
zunehmend seelische Zwänge ein, die den unbefriedigenden
Beziehungen und Berührungen Einhalt zu gebieten schienen.

Besonders erschreckt wurde die junge Frau durch einen
Traum von vier schwarzen Hunden, von denen sie wußte,
daß sie Vorboten der Russen seien. Die Träumerin befand
sich dann zusammen mit anderen Menschen in der Gewalt
der Feinde. Sie sollte irgendwelche Erkundungsaufträge für
diese ausführen und mußte sich von ihrem Freund trennen.
»Es ist ein schmerzlicher, doch schöner Abschied, denn wir
wissen: Obwohl wir getrennt sind, gehören wir doch zusammen!«[20] Die im Traum gebotene Trennung von dem derzeitigen Freund veranlaßte die Patientin dazu, ihre häufig
wechselnden Beziehungen zu überdenken. Der Erkundungs-
auftrag für die Feinde im Traum konnte von der Träumerin
zunehmend als Hinweis verstanden werden, über ihre Angst
und Feindseligkeit den Männern gegenüber nachzudenken.
Die Russen und die schwarzen Hunde im Traum waren Ausdruck für die unbewußte Triebhaftigkeit. Die während des
Krieges geborene Träumerin hatte wie so viele Mädchen
und Frauen Berichte von russischen Soldaten verinnerlicht,
die Frauen vergewaltigt haben. Diese Phantasien waren
zugleich ein Ausdruck der eigenen ungezügelten Sexualität.
Auch die vier Hunde im Traum erinnern an diese »tierhafte

Seite« im Menschen. Der Hund ist in vielen Träumen auch ein Sinnbild des Instinkts, der warnt, daß im unbewußten Seelenleben etwas nicht in Ordnung ist. Daher sind es im Traum auch gerade vier Hunde, die auf die gestörte ganzheitliche Beziehung aufmerksam machen.

Auf manchen Bildern der Einhornlegende sind vier Hunde dargestellt, die der Erzengel Gabriel an der Leine hält. Sie tragen auf den Darstellungen die Namen: Misericordia, veritas, justitia und pax (das heißt: Barmherzigkeit, Wahrheit, Gerechtigkeit und Friede). Die Legenden und Mythen vom Einhorn sagen, daß dieses starke und unbändige Tier im Schoße einer Jungfrau gefangen und gewandelt werden kann. In derartigen Bildern erscheinen wie in den vier schwarzen Hunden Symbole für die beginnende seelische Wandlung.

Unsere Überlegungen zu den Bildern aus der seelischen Tiefe wollen nicht darauf hinaus, daß aus der triebstarken und bindungslos lebenden jungen Frau eine keusche Jungfrau werden solle. Doch die Bilder können und wollen zu Sinnbildern werden, die dieser natürlichen Seite des Lebens einen Sinn geben.

Die vier schwarzen Hunde im Traum machen schließlich noch auf einen wichtigen Aspekt des Todes aufmerksam. Die Farbe Schwarz ist uns allen ja vertraut als Farbe der Trauer und des Todes. Schwarze Hunde in unseren Träumen können schließlich auch Ausdruck eines Todesdämons in Hundegestalt sein. Viele werden die mythologische Geschichte von Kerberus, dem Höllenhund, kennen, der die Verstorbenen in die Unterwelt eintreten läßt, aber sie so bewacht, daß niemand zurückkehren kann. Der Höllenhund ist der Hüter an der Schwelle zur Totenwelt. Schwarze Hunde in unseren Träumen können darauf hinweisen, daß wir in einer wichtigen Schwellensituation unserer persönlichen Entwicklung und Wandlung stehen.

Die sogenannte Totenwelt als ein symbolischer Ausdruck für das Unbewußte und die Tiefen der eigenen Seele kommt auch in einem Traum einer anderen Frau zum Ausdruck:

»Ich komme nach Hause und schließe die Wohnungstür auf. Wie ich eintrete, habe ich das Gefühl, als ob jemand da wäre. Ich

schaue erst in den Gang, dann in die Küche. Da ist niemand. Dann sehe ich in mein Zimmer, und dort ist ein alter Mann drin, über 60, der sieht aus wie der Tod. Er ist als Einbrecher eingestiegen. Voller Entsetzen renne ich aus der Wohnung, aber ich kann die Tür nicht absperren von außen, und ich läute bei meinen Nachbarn und rufe um Hilfe. Aber da läßt sich niemand blicken, und keiner macht mir auf. Ich bin ganz allein, und – dann gehe ich in meine Wohnung zurück, wo der Unheimliche ist, in mein Zimmer.«

Die Träumerin hat das Gefühl, daß in ihrer Wohnung jemand anwesend sei. In ihrem Zimmer sieht sie einen alten Mann, der aussieht wie der Tod. Er ist als Einbrecher in den persönlichen Lebensbereich der Patientin eingestiegen. Zu ihm muß die Träumerin hingehen. Keiner hilft ihr und steht ihr bei, so wie wir alle im Angesicht des Todes allein dastehen werden. Der Einbrecher im Traum ist eine Schattengestalt, die dunkle Persönlichkeitsanteile der Träumerin ihr selber bewußt werden läßt, die sie bisher auf die Männer projiziert hat. Wenn sie lernt, sich mit dieser dunklen Seite in sich selber auseinanderzusetzen und diese als zu sich gehörig anzuerkennen, werden auch die Männer in der Realität etwas von ihrer Brutalität und sexuellen Grausamkeit verlieren und damit menschlicher werden. Die Begegnung mit dem Mann, der aussah wie der Tod, und mit den schwarzen Hunden bewirkte im Leben der Träumerin von innen heraus eine Änderung und Wandlung. Was dem Bewußtsein der Patientin so schien, als wäre es der Tod, bewirkte im Lauf der Zeit neue Erlebensmöglichkeiten und ließ sie die Liebe positiver erleben.

Die Symbolik des Sterbens und des Todes bekommt in der zweiten Lebenshälfte eine neue Bedeutung. Während diese Symbolik in der ersten Lebenshälfte dazu führt, daß die neurotischen Verstrickungen aufgegeben werden und »sterben«, geht es in der zweiten Lebenshälfte mehr um die Erfahrung des ewigen Stirb und Werde und damit um eine Anpassung an innere Notwendigkeiten der Wandlung. Die treibende Kraft in diesem Prozeß ist das Selbst als eine umfassende Wirklichkeit, die das Ich und das Bewußtsein des Menschen umschließt. Während das Ich des Menschen Angst hat vor

dem Sterben und der Wandlung, sind diese für das Selbst
eine naturgegebene Notwendigkeit. Aus den Quellen des
Selbst tönt zuweilen eine Stimme, die den Träumer tröstet,
wenn es um diesen Prozeß des Sterbens geht wie in dem
folgenden Traum:

*»Auf dem Wege zum Friedhof… Eine Stimme tröstet mich bei
dem schweren Gang mit den Worten: ›Wo es grün ist, wo Sträucher
und Bäume wachsen, geht man gerne hin!‹*

*Ich betrete auf einem breiten Hauptweg den Friedhof durch ein
weiß gestrichenes Holztor. Gleich zur Linken harkt meine Frau
zwei Gräber. Das Grab meiner verstorbenen Schwester Annegret
und das Grab von A. (M) O. (Diese Buchstaben stehen auf dem
anderen Grabstein.)*

*Als ich vor den Grabstein meiner Schwester trete, stehe ich wie
vor einem Altar und sehe folgendes Altarbild: In eine aufsteigende
Rauch- oder Wolkensäule hat der Maler Menschengestalten einge-
fügt. Greise, weise Männer wie Prophetengestalten und meine
Schwester werden aufgehoben.*

*Den herumstehenden Kindern deute ich dies so, daß die Verstor-
benen in einen höheren, geistigen Stand versetzt werden.«*

Dieser Traum eines Theologen (Jahrgang 1927) markiert
einen wichtigen Wendepunkt in seiner seelsorgerlichen
Arbeit und Erfahrung. In seinem pfarramtlichen Dienst trat
er den Weg zu den Beerdigungen auf dem Friedhof immer
mit gewissen Ängsten an. Von Kindheit an hatte er besonders während der Kriegszeit durch mehrere Todesfälle in der
eigenen Familie Verlustängste bekommen, die bei den Beerdigungen stets aufs neue aktualisiert wurden. Zu diesen
Schwierigkeiten gehörte auch der Tod der Schwester, als der
Analysand neun Jahre alt war. Die Beerdigung der Schwester
war für ihn deswegen auch so erschreckend und beängstigend, weil er einige Monate zuvor furchtbare Todesängste
durchlitten hatte.

Dazu berichtete der Träumer folgendes Erlebnis: Ein
Spielgefährte hatte ihm einen Apfel geschenkt. Nachdem er
den Apfel gegessen hatte, erzählte der Freund, daß der Apfel
vergiftet gewesen sei und er in drei Tagen sterben müsse. Er
glaubte diese Schauergeschichte und erlebte in den folgenden drei Tagen schlimme Ängste. In der Nacht vor dem

dritten Tag erreichten sie ihren Höhepunkt. Stundenlang
betete er um sein Leben und machte mancherlei Verspre-
chungen an den lieben Gott, daß er immer ein braver und
frommer Junge sein wolle, wenn er nicht sterben müsse. Da
der Analysand dem Spielgefährten Verschwiegenheit gelobt
hatte, sprach er weder mit seiner Schwester noch mit der
Mutter oder mit Angehörigen über sein Problem. Im weiteren Verlauf der Analyse wurde dem Träumer klar, daß seine
Ängste und Befürchtungen vor den Beerdigungen mit diesem traumatischen Erlebnis in der Kindheit zu tun hatten.
Zu den beiden Buchstaben A und O auf dem anderen Grabstein fiel dem Träumer die Symbolik von Alpha und Omega
ein als Sinnbild für den Anfang und das Ende aller Dinge.
Für den Träumer war es wichtig, daß die persönliche Todeserfahrung und der Abschied von der verstorbenen Schwester im Traum ergänzt wurden durch eine allgemeine Todessymbolik wie in den Buchstaben Alpha und Omega. Als der
Träumer vor dem Grabstein seiner Schwester stand, wandelte sich das Bild zu einem Altarbild. In einer aufsteigenden
Rauch- oder Wolkensäule sah er Greise und weise Männer
wie Prophetengestalten. Auch seine Schwester wurde darin
aufgehoben. Das Aufheben meint hier im Sinne des Träumers nicht eine räumliche »Himmelfahrt«, sondern eine
Überführung in einen »höheren, geistigen Stand«, wie es in
der letzten Traumszene den Kindern erklärt wird. Während
am Anfang des Traumes eine unpersönliche Stimme die tröstenden Worte ausspricht, ist es am Ende die Stimme des
Träumers selber, die die Erkenntnis und Einsicht für die
anderen formuliert.

Der gleiche Analysand hatte gegen Ende der Therapie
einen ihn ganz besonders beeindruckenden Kirchentraum,
von dem hier nur ein Motiv wiedergegeben werden soll.
Dieser Traumteil lautet:

»Ich gehe rechts um das neuentdeckte Kirchenschiff herum. Der
Kirchhof ist hier von Brennesseln und Gestrüpp überwuchert. An
der Südseite der Kirche entdecke ich eine rundbogene gußeiserne
Türe in der Kirchenwand, wie zu einem Backofen. Solche Platten
mit einem Relief sind mir von alten Kachelöfen bekannt. Ich denke
mir, daß es wohl der Backofen von einem der Amtsvorgänger,

Pastor Kühnemund, sei, der die Pfarrei von 1859–1865 innehatte.
Von Neugier getrieben, öffne ich die seit langem geschlossene Türe.
Zu meinem Erstaunen sehe ich in der Asche ein glühendes Kohlen-
feuer. In der Asche sehe ich Menschenschädel. Fasziniert sehe ich
in die glimmende Glut. Der Eindruck ist furchtbar. Mit einem
starken Gefühl der Betroffenheit erwache ich.«[21]

Nachdem der Analysand im Traum die Kirche verlassen
hatte, gelangte er auf den Kirchhof, den Friedhof neben
der Kirche. Seine Aufmerksamkeit richtete sich nicht auf
die Gräber und die Kreuze zwischen dem wuchernden
Gestrüpp, sondern auf die rundbogene gußeiserne Türe in
der Kirchenwand. Dann öffnete der Träumer die Türe zu
einem bisher verborgenen Bereich. Merkwürdig erscheint,
daß er bereits im Traum anfängt zu denken und annimmt,
daß es der Backofen von Pastor Kühnemund sei. Doch als er
die kleine eingerostete Türe tatsächlich öffnete, versagte sein
Denken. Ihn faszinierten die Totenschädel in dem glühenden Kohlenfeuer. In sein seelisches Erleben scheint etwas
überzuspringen von der feurigen Glut. Dies zeigt die starke
gefühlsmäßige Betroffenheit, mit der der Träumer erwachte.
Für manchen Leser(-in) könnte das Faszinierende und
Geheimnisvolle an diesem Traum noch nicht hinlänglich
deutlich geworden sein. Darum will ich aus den Erfahrungen
des Analysanden und zur Symbolik der Totenschädel noch
weitere Verstehenshilfen geben. Der Träumer hatte bisher
überwiegend als intellektueller Geisteswissenschaftler gelebt
und sein Ahnungsvermögen sowie sein reichhaltiges seelisches Erleben erst durch die Analyse entdeckt und bewußt
erlebt, genaugenommen wiederentdeckt. In seiner Her-
kunftsfamilie wurden die Träume und die Seele nämlich sehr
beachtet und in das Leben einbezogen. Durch die übliche
Schulbildung und durch das Studium wurde er gründlichst
seiner Bilderwelt entfremdet (wie so viele Menschen in unserer Zeit). Es galt nur das intellektuelle Wissen etwas und
wurde entsprechend benotet. Von seelischer Wandlung und
Wiedergeburt und von Seelsorge hatte er nur etwas in intellektuellen Begriffen gehört. Daher wurde der Traum als so
ergreifend erlebt, weil er hier die Türe zu einer bisher ver-
schlossenen Dimension öffnete.

Tiefenpsychologisch betrachtet, können wir dieses Motiv auch als ein Opfer der Denkfunktion verstehen. Nach der Jungschen Typologie war der Analysand im Grunde seines Wesens ein intuitiver Mensch. Doch das Ahnungsvermögen mit einer besonderen Offenheit für die Ahnen (siehe Symbolregister) und für die Bilderwelt des Unbewußten war durch die »intellektuelle Ver-Bildung« überformt worden. Indem der Träumer die Totenschädel seiner Amtsvorgänger und der Ahnen sieht und davon ergriffen wird, wird damit auch sein Ahnungsvermögen wieder lebendig. Durch die Einbeziehung der wiederentdeckten Intuition erhalten die entwickelten intellektuellen Fähigkeiten eine wichtige Ergänzung. Der Träumer selber faßte die glühenden Schädel als Symbol seiner Ganzwerdung auf. Jung hat durch seine Forschungen zur mittelalterlichen Alchimie gezeigt, daß der Schädel ein Wandlungssymbol ist. Das alchimistische Gefäß soll rund sein wie der Schädel, damit das, was in dem Gefäß entsteht, ebenfalls »rund« und vollkommen sei[22]. Die Kugelgestalt des Schädels ist sowohl in der Alchimie als auch in der Bildersprache der Seele oftmals ein Symbol des Selbst. Zu diesem Zentrum in sich selbst hat der Analysand durch seinen Traum wieder den Zugang gewonnen.

Neue Identität durch Träume vom Tod

»Wer vom Tod träumt, wird lange leben«, sagt die Weisheit einer volkstümlichen Redensart. Um lange leben zu können, müssen wir uns jedoch auf einen stetigen Wandlungsprozeß einlassen. Veränderungen sind jedoch meistens recht mühsam oder machen sogar angst. Aus diesen und manchen anderen Gründen verbleiben viele Menschen in den eingefahrenen alten Gleisen und sind dafür, daß alles beim alten bleibt. Diese konservative Haltung wird im seelischen Erleben häufig noch durch eine regressive Einstellung verstärkt. Regression meint in diesem Zusammenhang, sich vom Leben und von der Auseinandersetzung mit anderen Menschen zurückzuziehen und sich selber genug zu sein. Wenn wir nichts ändern wollen oder können, werden uns häufig Träume dazu motivieren. Nach meinen Erfahrungen verlangt die Seele nach dem Sterben veralteter Lebensmuster und zeigt dies insbesondere im Traumtod an. Häufig kommen solche Todesträume in Zeiten der angeschlagenen Gesundheit und vor allem während der Krankheit, wenn wir also ansprechbar und offen sind für das Stirb und Werde. Auch wenn in der Familie oder im Bekanntenkreis Krankheiten oder ein Todesfall eingetreten sind, scheint für die Seele ein besonders günstiges Klima für die Inszenierung eines Todestraumes gegeben zu sein. Es ließen sich noch zahlreiche weitere begünstigende Lebenssituationen nennen, wie Lebenskrisen oder Beziehungsschwierigkeiten.

Der folgende Todestraum von Frau H. zeigt eine tiefe Identitätskrise an. Sie spürt, daß sich in ihrem Leben und in ihren Beziehungen etwas grundlegend ändern muß oder, wie es in der Bildersprache des Traumes heißt: »Es steht fest, daß ich sterben muß.« Wie bei den üblichen Beerdigungsvorbereitungen wird im Traum sogar der Text der Todesanzeige besprochen und der Beerdigungstermin festgelegt. Mit solchen Motiven zeigt die Seele, was jetzt konkret dran ist im Leben. Anmerken möchte ich noch, daß die Träumerin zum Zeitpunkt des Traumes 47 Jahre alt ist. In den letzten Jahren fühlte Frau H. sich nicht nur in ihrem Beruf als Sozialarbeiterin, sondern auch in der Familie, in der sie sich bis dahin stark anpaßte, zunehmend überfordert. Sie hat drei Kinder im Alter von 19, 17 und 13 Jahren zu versorgen. Von ihrem Ehemann fühlte die Träumerin sich in ihren seelischen Bedürfnissen oftmals nicht verstanden. Die Schwierigkeiten und vor allem die Veränderungsmöglichkeiten sind in dem folgenden Traum wie folgt inszeniert worden:

»Es steht fest, daß ich sterben muß. Wir (Klaus und ich) besprechen den Text der Todesanzeige und legen den Tag der Beerdigung auf den kommenden Donnerstag. Den Text der Todesanzeige mit einer Adressenliste geben wir an eine Art Behörde, die dann die Anzeigen zu verschicken hat.

Ich liege im Bett, wache auf, und mir wird klar, daß ich nicht sterben werde, jedenfalls nicht pünktlich zum festgesetzten Termin. Eine wasserklare, aber dickflüssige Masse fließt aus meinem Mund heraus. Ich fühle mich elend und krank, spüre aber, daß ich nicht sterben werde. Ich schleppe mich durch den Flur in die Küche, esse einen Brocken trockenes Brot. Das Essen ist mir ein Beweis, daß ich leben werde. Ich bin ganz verzweifelt, weil doch schon alles für meine Beerdigung vorbereitet ist und ich nun Unannehmlichkeiten machen werde. Endlich treffe ich Klaus, teile ihm meine Befürchtung mit, er beruhigt mich, meint, man solle abwarten, es werde sich schon alles klären.

In einem Raum mit vielen Spielsachen, hauptsächlich Stofftieren, und mit roten Früchten, wahrscheinlich Kirschen, treffe ich Barbara. Sie spürt meine Not und will mich zum Reden bringen. Aber ich weine nur ganz verzweifelt. Dann stelle ich ganz erschrocken fest, daß schon Dienstag ist, und kann nun endlich Klaus veranlassen, bei der Behörde anzurufen. Er erfährt, daß die Anzeigen schon verschickt sind.«

Frau H. hatte diesen Traum während eines Kuraufenthaltes. Bei ihren täglichen kleinen Spaziergängen gelangte sie immer wieder an die Grenzen ihrer Leistungsfähigkeit, indem sie Herzbeschwerden bekam und nicht weitergehen konnte. Das machte ihr angst. Sie hatte während dieser Zeit viel Muße, über ihr Leben und ihre innere Situation nachzudenken. Auch die Beziehung zu ihrem Mann machte ihr in der Zeit sehr zu schaffen. Durch seinen Besuch während der Kur wurde der Träumerin seine völlig andere Lebensweise und seine vitale Persönlichkeit besonders stark bewußt. Sie hatte das Gefühl, daß sie seine zupackende und dynamische Art fast erdrücke. In ihren Gedanken und Reflexionen beschäftigte sich Frau H. während der Kur besonders mit der schwierig gewordenen Ehebeziehung. Sie fragte sich: »Akzeptiere ich noch immer Beziehungsformen, die so nicht mehr stimmig sind für mich? Ist meine weitgehende Anpassung an die Situation nicht mehr positiv zu bewerten, sondern mehr als Resignation? Mit der Todesanzeige im Traum sehe ich angezeigt, daß diese Anpassungen zu Ende sein sollen. Ich plane die notwendige Veränderung zusammen mit Klaus, den ich damit in die Verantwortung hineinziehe. Als der Plan mißlingt, entzieht sich mein Mann und läßt mich in meiner Verzweiflung allein.«

Zu den auslösenden Beweggründen dieses Traumes gehörte insbesondere die Auseinandersetzung mit dem eigenen Tod und der eigenen Sterblichkeit. Frau H. erzählte, daß sie während ihres Kuraufenthaltes das Grab von Marie Luise Kaschnitz in der Nähe des Kurortes in Bolschweil aufge- sucht habe. Sie hatte ferner in diesen Tagen vieles von der Autorin gelesen, die sich ebenfalls stark mit dem Thema Tod auseinandergesetzt hat. Zu dem existentiellen Verständnis des Todes ist der Träumerin in jenen Tagen das Symbol des Weizenkorns wichtig geworden, das in die Erde gelegt wird, stirbt und dann reiche Frucht bringt. Für sie ist der Tod nicht das endgültige Ende, sondern eine Wandlung zu neuem Leben.

Da Frau H. durch ihre langjährigen Erfahrungen in der Meditation und durch den persönlichen Umgang mit Träu- men viele Erfahrungen gesammelt hatte, konnte sie die Bil- dersprache ihrer Seele verstehen und auch ihre Träume sel- ber deuten. Daher nutzte sie auch die Zeit ihrer Kur, um durch das Aufschreiben ihrer Einfälle und Reflexionen den Traumsinn zu verstehen, und schrieb in ihr Traumtagebuch folgende Empfindungen und Gedanken:

»Am lebhaftesten und am besten kann ich mich identifi- zieren mit der Situation im Traum in der Nacht, als ich aufwache und erkenne, daß ich nicht sterben werde. Ich spüre – auch jetzt – sehr deutlich ganz stark physisch mein Unbehagen darüber. Leben erscheint mir als Mühsal, Ster- ben bedeutet Erlösung. Obwohl ich mich seit langem immer wieder mit dem Tod und dem Sterben befasse – in der Lite- ratur hauptsächlich –, kann ich mich nicht daran erinnern, daß ich mir jemals im Wachzustand ernstlich gewünscht hätte zu sterben. Andererseits macht mir der Gedanke an den Tod auch keine Angst. Im Traum ist das bevorstehende Sterben eine klare Sache, gut geregelt und akzeptabel. Ich stelle mir vor, daß ich mit diesem Sterben im Traum eine Veränderung, eine Wandlung, einen neuen Anfang anstrebe. Am wenigsten kann ich damit umgehen, daß ich nicht ster- ben soll, nicht pünktlich wie verabredet. Hier macht mir zu schaffen, daß ich ›Unannehmlichkeiten mache‹. Mir wird klar, daß ich in meiner Rücksichtnahme auf andere Leute wohl etwas zu weit gehe, eigene Interessen hintanstelle und daß ich daran wohl etwas ändern müßte.«[23]

In weiteren Einfällen zu ihrem Traum sagt Frau H.: »Bedingt durch meine Herzbeschwerden, ist der Traum eine

Auseinandersetzung mit dem Thema Sterben; auch im Wachzustand befasse ich mich damit. Bei der Bearbeitung des Traumes kommen mir aber noch andere Gedanken. Zu dem Donnerstag als dem Tag, der für meine Beerdigung festgesetzt ist, fällt mir der germanische Gott Donar ein, er ist der Gott des Donners, des Gewitters, aber er mußte dem Christengott weichen, seine Eiche (mein Lebensbaum?) wurde gefällt. Weiter fällt mir zu Donnerstag ein: Fron›leichnam‹, also auch Jesus mußte sterben. Das Fest Fronleichnam dient der Verehrung des heiligen Brotes: ›Wer dieses Brot ißt, wird in Ewigkeit leben.‹ Ferner fällt mir ein, daß ich in dem Traum einen Brocken trockenes Brot esse und daß mir danach klar ist: Ich werde leben. Weiter zu Donnerstag: Christi Himmelfahrt! Also nochmals die Verheißung: Nach dem Tod neues Leben. An einem Dienstag wird mir im Traum klar, daß ich nicht sterbe. Also ist es noch nichts mit dem neuen Leben, erst heißt es noch dienen, Dienst tun (= Dienstag). Also harte Mühsal – nicht einfach aufgeben, sich bequem in den Sarg legen und warten, was dann kommt! Selber tun!

Die Flüssigkeit, die aus meinem Mund herausfließt – wasserklar und dickflüssig: Hier fällt mir ein, daß es Samenflüssigkeit sein könnte – obwohl diese ja anders aussieht. Indem etwas aus mir herausfließt, was mein Mann mir eingegeben hat, weicht die Todesgewißheit von mir. Lähmt er mich so stark? Sicher ist das nicht seine Absicht, aber ich erlebe es so im Traum. Mir fällt noch eine andere Deutung ein: Indem ich die Samenflüssigkeit abstoße, könnte ich signalisieren: Ich will keine Kinder mehr gebären, ich will auch nicht mehr für meine Kinder dasein, auch nicht mehr für meinen Mann! Ich will endlich selber leben. Ich will ich selbst sein. Wer bin ich eigentlich?«

Mit der wasserklaren, aber dickflüssigen Masse, die aus dem Munde der Träumerin herausfließt und sie an Samenflüssigkeit erinnert, hat es noch eine besondere Bewandtnis. Während die Träumerin sich einerseits elend und krank fühlt, vermittelt ihr andererseits die Samenflüssigkeit das Gefühl, daß sie nicht sterben werde. Im Traum wird das Essen des Brotes zu einem Beweis dafür, daß die Träumerin leben werde. Da in den tiefgreifenden Lebenskrisen die Seele

häufig auf archetypische Grundmuster zurückgreift, haben
wir zu fragen, ob hinter der Samenflüssigkeit noch eine
andere Bedeutung steckt als die angesprochene sexuelle. Ich
habe in den symbolischen Phantasien der Alchimisten eine
weiterführende Verstehensmöglichkeit für den Samen gefunden. Bei den verschiedenen Autoren der Alchimie wird der
Same »sperma mundi« (Weltensame) genannt. Der alchimistische Arzt Paracelsus (1493–1541) nennt die Samenflüssigkeit auch den »Samen animal Iliastri«, was so viel bedeutet
wie Samen der Seele des Iliaster. Unter dieser Namensbe-
zeichnung, die durch zehn ähnlich merkwürdig klingende
Namen variiert wird, soll ein grundlegendes Lebensprinzip
und Geheimnis angedeutet werden. Andere Alchimisten
sprechen vom »männlichen Samen der Gestirne«, worunter
wir die geistigen Einflüsse verstehen können, wie sie von der
Astrologie bei den Sternzeichen angenommen werden.
Auch die Götter Merkurius und Hermes können bei den
Alchimisten als »Samengeist« bezeichnet werden. Tiefenpsychologisch können wir diese merkwürdig und
geheimnisvoll anmutenden Vorstellungen und Phantasien
verallgemeinernd als Individuationsprinzip deuten. Mit der
Selbstverwirklichung in dem Sinne, daß die Wirkungen des
Selbst und des wahren Selbstbildes akzeptiert werden,
scheint die Träumerin noch ihre Schwierigkeiten zu haben.
Indem die Samenflüssigkeit aus dem Munde herausfließt,
zeigt die Seele einen unbewußten und tiefen Widerstand
gegen die geistige Wandlung an.

Die Träumerin ahnt, daß ihr der Traum verschlüsselt sagt,
daß sie sich in einem Wandlungsprozeß befinde. Mit der
Todesanzeige und dem Sterben werden ihr ein anderes
Leben und neue Lebensmöglichkeiten angezeigt. Deutlich
spürt die Träumerin, daß dies ein schmerzlicher Prozeß sei,
gleichsam ein Sterben. Doch sie will sich daran nicht mehr
hindern lassen, auch nicht durch die Beschwichtigungen
ihres Mannes. Frau H. faßt ihre Einsichten zur Selbsterkenntnis folgendermaßen zusammen: »Mein Ich will, ausgedrückt in dem Sterbewunsch, alte, verklebte, für mein Leben
nicht mehr wichtige Bindungen und Beziehungen auflösen,
um in einen Raum neuer (innerer) Freiheit zu kommen, um
neue, tiefere Lebensformen finden zu können. Daraus kön-

nen dann auch veränderte, lebensvollere Beziehungen zu meinen Mitmenschen, auch zu meinem Mann, entstehen. Der ›Brocken trockenes Brot‹, den ich im Traum esse und der mir beweist, daß ich nicht sterben werde, erscheint mir als ein besonderes Traumbild. Mir fällt ein das Bild vom Brot des Lebens – in der Bibel in vielfacher Form dargestellt und ausgedrückt. Ein ›Brocken‹ Brot ist etwas, das man Bettlern und Hunden hinwirft – ich fühle mich ja auch elend wie ein Hund. Das Weizenkorn fällt mir wieder ein, das nur Frucht bringt, wenn es in die Erde fällt und stirbt. An dieser Stelle wird mir deutlich die Ambivalenz, die sich durch den ganzen Traum zieht: das Sterben-Wollen und Leben-Müssen. Mir wird klar: Diese Spannung zwischen Leben und Sterben läuft im Seelischen als ein ständiger Prozeß ab, wobei Sterben bedeutet: loslassen, sich fallen lassen, sich einlassen auf Unbekanntes, um frei zu werden für neue Erfahrungen, neues Leben. Genau dieses drückt sich aus im Symbol des Weizenkorns und im Symbol des Brotes.«

Die Begegnung mit der Freundin Barbara und die Stofftiere versteht die Träumerin selbst als eine Aufforderung, die Gefühle mehr zu beachten. Aufgrund dieser Szene versucht Frau H., etwas liebevoller und freundlicher mit sich selber umzugehen und ihre kindlichen und zärtlichen Gefühle, die in den Stofftieren dargestellt sind, zu beachten und zu leben. Auch mit einer gewissen zwanghaften Festlegung der Beerdigung setzt sich die Träumerin kritisch auseinander. Nachdem alles für die Beerdigung vorbereitet ist und auch an die Behörde die Anzeigen verschickt worden sind, befürchtet Frau H. durch den aufgehobenen Tod Unannehmlichkeiten, anstatt sich des Lebens neu zu freuen. Auch über die mehrdeutige Bedeutung ihres Ehemannes Klaus hat die Träumerin sich Gedanken gemacht. Frau H. sieht ihn nicht nur in der realen Rolle als Ehepartner, sondern auch als inneren Partner, den wir in der Tiefenpsychologie bei der Frau den Animus nennen. In der zweiten Traumszene erscheint diese geistige innere Einsicht in einer positiven Weise. Nachdem die Träumerin ihre Befürchtungen über die Unannehmlichkeiten und die gewandelte Situation mitgeteilt hat, beruhigt er sie, indem er meint: Man solle abwarten, es werde sich schon alles klären!

Nach längerem Meditieren und Nachdenken über den Traum faßte Frau H. die Botschaft für sich so zusammen: »Der Traum will mir sagen, daß ich in mir die Bereitschaft, mich zu ändern, stärker entwickeln soll. Da der Todeswunsch so stark ist, scheint sich eine grundlegende Wandlung anzukündigen. Diese vollzieht sich nicht ohne ›Schmerzen‹. Mir wird klar, daß ich mich nicht passiv dem überlassen darf, was auf mich zukommt. Ich muß Initiative entwickeln. Ganz wichtig ist sicher, daß ich meine ›inneren Bilder‹, die Sprache meiner Seele, beachte. Wichtig ist aber auch, daß ich im Kontakt mit anderen, besonders mit meinem Mann, ganz klar meinen Standpunkt vertrete und meine Erwartungen ausdrücke.«

Die persönlichen Erfahrungen und das Beispiel von Frau H. mögen gezeigt haben, daß die Bilder und die Symbolik des Sterbens nicht den konkreten Tod anzeigen, sondern den Sterbe- und Wandlungsprozeß in der ehelichen Beziehung. Dies besagt nicht schicksalhaft, daß die bestehende Ehe keine Zukunft und keine Chance habe. Der Traum zeigt lediglich an, daß es so wie bisher nicht weitergehen kann. Wie im Traum die Eheleute gemeinsam den Text der Todesanzeige besprechen und die weiteren Formalitäten einleiten, sollten sie auch in der Realität in einer günstigen Stunde miteinander ihre Schwierigkeiten besprechen und die anstehende Wandlung annehmen.

Aus unzähligen Eheberatungen weiß ich, daß viele Paare und Partner in der Lebensmitte die notwendigen Wandlungen nicht erkennen und daher auch nicht anerkennen können. Viele meinen, daß einzig eine Trennung oder Scheidung die Lösung bringe. Doch die ungelösten persönlichen Konflikte führen häufig auch in den nächsten Beziehungen zu Schwierigkeiten. Die Verlagerung der ungelösten Probleme auf neue Partner oder gar die Erwartung von Lösungen durch den Scheidungsrichter oder die erträumten besseren gesellschaftlichen Bedingungen sind letztlich keine Lösungen und erübrigen nicht den schmerzlichen Prozeß des persönlichen Stirb und Werde.

Wandlung nach dem Yin-Yang-Prinzip

Die Wandlung in Todesträumen vollzieht sich zumeist nicht spektakulär, sondern eher im Verborgenen und im Innersten der Seele. Sie ist kein Geschenk des Augenblicks, sondern ein lebenslanger Prozeß auf dem Weg der Individuation. Auf diesem Weg gibt es Meilensteine und Wegweiser, die eindrucksvoll anzeigen, daß die Richtung stimmt, in die man unterwegs ist. Diese Erfahrungen möchte ich am Traum eines Ehepaares aufzeigen, das ich bei einem meiner Traumseminare kennenlernte. Als wir das Thema »Wandlung in Todesträumen« bearbeiteten, stellte es mir bereitwillig seine Träume in der Hoffnung zur Verfügung, daß auch andere Menschen dadurch Verstehenshilfen und Wegweisung empfangen. Ich habe dieses Angebot gerne aufgenommen, weil zum einen die Traumbilder besonders eindrucksvoll sind und Herr S. außerdem einige Bilder mit dem Symbol von Yin und Yang (S. 87) zur Verfügung stellte, die dem Leser die Polarität und dennoch die Zusammengehörigkeit von Leben und Tod, von Sterben und Werden anschaulich machen.

Da vielen Lesern vermutlich die tiefere Bedeutung dieser Symbolik nicht vertraut ist, möchte ich einleitend einige Erklärungen dazu geben. Yin bezeichnet die Kräfte des Weiblichen in jeder Frau und das seelische Leben in jedem Mann (Anima). Obwohl das Wesen des sogenannten Weiblichen und des Männlichen sehr vielschichtig ist, verbindet doch jeder bestimmte Erfahrungen damit und hat dazu gewisse Vorstellungen. Wir können sagen, daß Yin das weiblich Empfangende ist gegenüber dem männlich-drängenden Yang. Yin ist das intuitive Erfassen gegenüber dem diskursiven Denken. Durch die Polarität von Yin als Symbol für das Unbewußte und Yang als Symbol für das Bewußtsein erhält das Leben seine Balance und seine Spannung. In unserem persönlichen Leben und in unserer Welt gibt es unzählige Polaritäten, die auf ein sinnvolles Zusammenspiel angewiesen sind, wie Körper und Geist, Herz und Kopf, Gefühl und Gedanken, Inneres und Äußeres, Unteres und Oberes, Linkes und Rechtes, Sein und Haben, auch Wirklichkeit und Ideal, Geist und Materie, Helles und Dunkles, Menschliches

und Göttliches, Männliches und Weibliches. Die Frage ist
nun, ob in unserer Gesellschaft eine gesunde Balance zwischen Männern und Frauen besteht. Erlaubt die vorherr-
schende Denkweise ein Gleichgewicht zwischen Ruhe und
Tätigkeit, zwischen Leistung und Entspannung, zwischen
Körperlichem und Geistigem?

»Polarität, oder Aktion und Reaktion, sehen wir überall in
der Natur; in Dunkelheit und Licht, in Hitze und Kälte; in
der Ebbe und Flut; im Männlichen und Weiblichen; im Ein-
und Ausatmen der Pflanzen und Tiere; im Rhythmus des
Blutes, der Ströme und der Töne; in den zentrifugalen und
zentripetalen Kräften; in der Elektrizität, den galvanischen
Strömen und der chemischen Affinität. Sobald das eine
Ende einer Nadel magnetisiert wird, entsteht im anderen
Ende die entgegengesetzte Kraft. Wenn der Südpol anzieht,
stößt der Nordpol ab. Alles in der Natur ist geteilt, so daß
jedes Ding eine Hälfte ist, die durch ein anderes Ding
ergänzt werden muß: Geist und Materie, Mann und Frau,
subjektiv und objektiv, innen und außen, oben und unten,
Bewegung und Ruhe, ja und nein ... Das ganze System der
Dinge ist in jedem Teil repräsentiert. In jedem Lebewesen
erinnert uns etwas an die Ebbe und Flut des Meeres, an den
Tag und die Nacht, an Mann und Frau.«[24]

Jeder von uns hat Anteile von Yin und Yang in sich.
Frauen haben meistens die Anteile von Yin im Bewußtsein
und leben danach, während Anteile von Yang (als »Animus«
der Frau) bewußt zu machen, ins Leben zu integrieren sowie
in die zwischenmenschlichen Beziehungen einzubringen
sind. Männer dagegen leben mehr nach dem Yang-Prinzip in
der Realität und sollten lernen, das Yin (die »Anima«) zu
spüren. Viele Mißverständnisse in den zwischenmenschlichen Beziehungen und im Eheleben könnten behoben werden, wenn man auf den anderen nicht seine unbewußten
Anteile projizierte und an ihm kritisierte, was man bei sich
selber klären sollte.

Die Symbolik von Yin und Yang kann auch lehren, die
Gesetzmäßigkeiten des Träumens und besonders der Todesträume besser zu verstehen. Einige Verstehensmöglichkeiten
möchte ich hier nennen:

– Wenn Yin oder Yang in unserem bewußten Leben zu einseitig ausgeprägt ist, dann scheinen die Traumkraft und der Selbstregulierungsprozeß in der Seele dafür zu sorgen, daß auch die verdrängte und unterdrückte Seite zum Zuge kommt. Diese ausgleichende Wirkung in unseren Träumen nennen wir tiefenpsychologisch die Kompensation.

– Wenn unsere Träume stetig an der Ganzwerdung unseres Lebens arbeiten, müssen manche Einseitigkeiten und Übertreibungen des bisherigen Lebensstils abgebaut werden und »sterben«. In den Todesträumen, die unsere Wandlung bewirken, wird dies häufig in dramatischer Weise vor Augen geführt.

– Wenn Sie bisher in Ihrem bewußten Leben recht spontan, kreativ und intuitiv sowie phantasievoll gelebt haben und damit das Yin-Prinzip vorherrschend war, dann werden Sie voraussichtlich in vielen ihrer Träume in Entscheidungssituationen stehen und schnelle Entschlüsse fassen müssen oder Gefahren erforschen und beherrschen müssen. Darin kommt dann das Yang-Prinzip zum Tragen.

– Es kann aber auch sein, daß die Kräfte des Yang unser bewußtes Leben beherrschen, indem Sie zum Beispiel sehr sachlich orientiert sind und vieles willensmäßig beherrschen. Der nach dem Yang-Prinzip lebende Mensch hat den Drang, die Außenwelt zu erforschen und mit Erkenntnissen sowie abstrakten Ideen zu experimentieren. In diesem Falle muß die Traumkraft daran arbeiten, einiges von Yang zu schwächen und in Todesträumen »sterben« zu lassen.

– Ganzheitlich und zufrieden kann derjenige leben, in dem Yin und Yang miteinander harmonieren und eine gewisse Balance der beiden Aspekte angestrebt wird. Von einem solchen Menschen gehen positive Schwingungen aus, die sich auch in Beziehung zu anderen Menschen als hilfreich oder gar heilend auswirken.

Viele Menschen suchen für ihre Auseinandersetzung und Beschäf-
tigung mit dem Sterben und dem Tod nach hilfreichen Sinnbil-
dern und Symbolen. Für Herrn S., über dessen Todeserfahrung
und Wandlung in diesem Kapitel ausführlich berichtet wird,
wurde die östliche Symbolik von Yin und Yang wegweisend. Die
kosmischen Urkräfte und Polaritäten treten als Yin (weibliches
Element) und als Yang (männliches Element) auf allen Lebens-
gebieten in Erscheinung. Das Symbol schreibt keine starren
Rollenverteilungen zwischen Männern und Frauen fest, sondern
bringt die vielschichtigen Wechselbeziehungen zwischen Kopf und
Herz, Gedanken und Gefühlen, zwischen Körper und Geist,
zwischen Bewußtsein und Unbewußtem in jedem Menschen zum
Ausdruck. Auch die Beziehungen zum Seelenbild der Frau
(»Animus«) und dem Seelenbild des Mannes (»Anima«), die
häufig auf einen geliebten Menschen projiziert werden, können in
diesem Symbol dargestellt werden. Da vielen Menschen derartige
seelische und erotische Erfahrungen und Projektionen weitgehend
unbewußt sind, vollzieht sich die Wandlung häufig in seelischen
Tiefen, für die Jona im Bauche des Fisches ein Sinnbild ist.
Zu diesen im Fallbericht von Herrn S. näher beschriebenen
Erfahrungen sind Yin und Yang im Fisch ein sinnvolles Symbol.

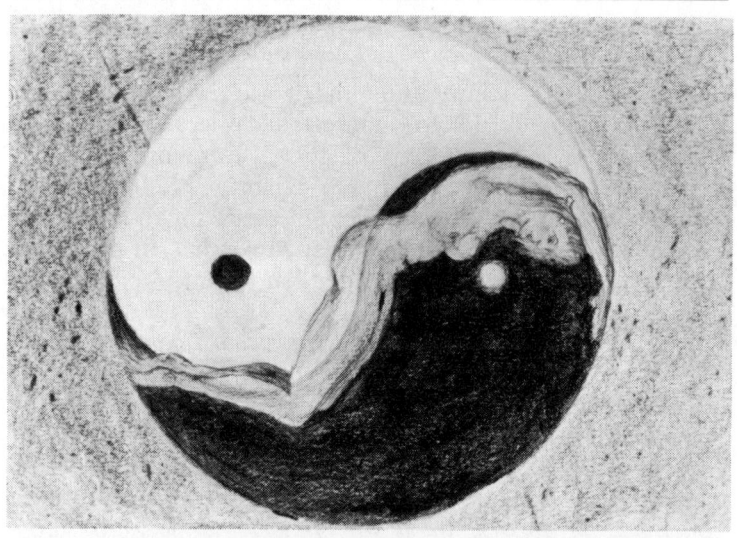

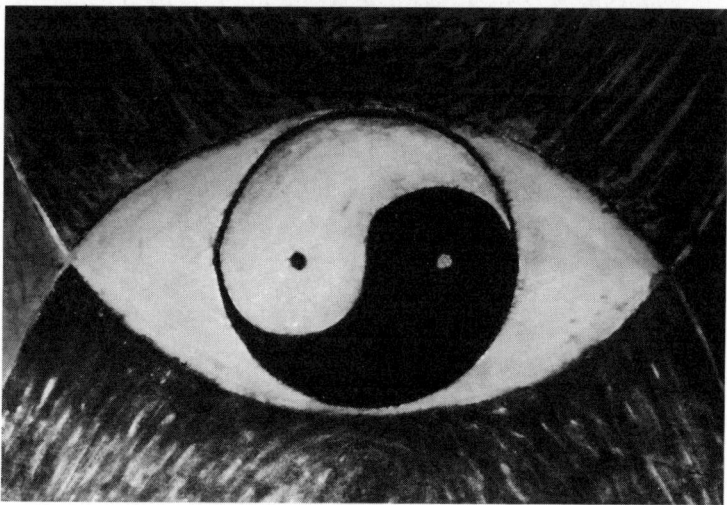

Zwei Zeichnungen von Herrn S.

Wir wenden uns jetzt der Bedeutung dieser Symbolik in den Erfahrungen und Problemen des Ehepaares S. zu. Herr S. hat sein »Beziehungsdilemma«, wie er es persönlich nennt, in dem Bild (S. 87) dargestellt. Wie sich unzählige Menschen zwischen gegensätzlichen Bestrebungen aufreiben, so bemühte sich Herr S, ein 62jähriger Lehrer, bisher vergeblich, sich von seiner geliebten Freundin zu lösen und sich seiner Ehefrau wieder ganz zuzuwenden. In der Silvesternacht hatte Herr S. den folgenden Traum:

»Ich bin gestorben, nehme aber wahr, wie ich begraben werde: ohne Sarg, in normaler Kleidung, in der Erdgrube, ein längliches Tuch über mir ausgebreitet, auf das Schaufel um Schaufel die Erde geworfen wird. Von den Füßen an aufwärts hüllt mich die Muttererde mehr und mehr ein. Das tut aber gar nicht weh. Es ist wie Heimkehr – endlich – in volle Geborgenheit. Ich fühle mich wohlig eingehüllt. Im übrigen nehme ich mit den geschlossenen Augen durchaus die einzelnen Beerdigungsteilnehmer wahr, die aber für mich gesichtslos bleiben.«

Als erstes berichtet Herr S. zu seinem Traum, daß er sowohl seine Ehefrau als auch seine Freundin in gleicher Intensität liebe. Trotz vieler Anläufe und Versuche, sich von der geliebten Freundin zu trennen und ausschließlich der unverändert geliebten Ehefrau zu gehören, gelingt dies nicht. Die Geliebten beschreiben diese Not mit den Worten: »Wir sind schon viele Tode gestorben!« Besonders bedeutsam ist für Herrn S., daß er diesen Traum zum Jahreswechsel hatte und von daher von seiner Seele besondere Wegweisung erhoffte. Zu Beginn des neuen Jahres hatte ihn zunehmend Trauer befallen, weil er in diesen Stunden in der Familie von seiner geliebten Freundin getrennt war und es auch nicht wagte, sie zu Neujahr anzurufen und ihr gute Wünsche mitzuteilen.

Zu dem Begräbnis ohne Sarg und zu dem länglichen Tuch, das über den Träumer ausgebreitet ist, fällt ihm ein, daß er früher öfter gesagt habe: »Wenn ich sterbe, möchte ich in meiner aus dem letzten Krieg mitgebrachten Zeltbahn, nicht in einem Sarg begraben werden! Sie muß heute noch irgendwo in unserem Hause herumliegen.« Ferner kommt Herrn S. zu dem Traum in Erinnerung, daß er seit Kindertagen eine panische Angst davor hat, scheintot begraben zu werden. Dazu fällt ihm von damals eine Gruselgeschichte ein, wie eine junge Gräfin gestorben war und ihr trauernder Gemahl nach etlichen Tagen im Familienmausoleum sehen muß, daß der Deckel des Sarkophags einen Spalt verschoben ist und die weiße Hand der Verstorbenen herausragt. Dies war auch noch illustriert, so daß er heute noch das Bild sehr lebendig vor Augen hat.

Herr S. hat in dem Traum das Empfinden einer Gelöstheit von Leib und Seele und einer völligen geistigen Entspannung, in einem Maße, das er sich oft wünscht, aber leider in der Realität zu selten erreicht. In seinem gesamten Körpergefühl empfindet er sich als gut. Häufig übt der Träumer auch am Tage meditatives Sitzen mit dem Wunsch, die geträumte innere Ruhe auch in der Realität zu erfahren. Oft beeinträchtigt ihn darin sein dynamisches Denken und seine Ich-Persönlichkeit, die von seinem Meditationsmeister als ungewöhnlich stark entwickelt angesehen wird. Offensichtlich wird im Traum diese Extravertiertheit, die sich im Leben häufig als Getriebensein und Unruhe ausdrückt, durch die Geborgenheit und die Ruhe im Grabe kompensiert. Das Traummotiv mit den geschlossenen Augen will sagen, daß Herr S. trotz der stark in Erscheinung tretenden Extraversion auch über eine bisher weitgehend unbewußte Introversion verfügt, die sich durch die Konzentration des Interesses auf innerseelische Vorgänge auszeichnet. Da Herr S. persönliche Kenntnisse im Umgang mit Träumen hatte, faßte er seine eigene Deutung wie folgt zusammen:

»Der in der Grabgrube liegende Mensch bin sicherlich ich selber, der zwar tot ist, aber alles noch wahrnimmt. Auch der alltägliche Anzug könnte ich sein: Ich will sein, wie ich bin, ›normalerweise‹ bin. Das signalisiert möglicherweise, daß ich gerne ›am Leben‹ bliebe. Das über mich gebreitete Tuch bedeutet, alles zu sehen, ohne daß es den Anschein danach hat, genau wie die im Tode geschlossenen Augen, die alles wahrnehmen. Die anderen Sinne sind an der Wahrnehmung nicht beteiligt. Ein wenig Schwierigkeiten macht mir die Identifikation mit den wahrgenommenen Trauernden. Gewiß tue ich einiges dazu, mich zur Ruhe zu bringen und nicht ›zuviel‹ zu sehen. Ich erkenne weder meine Frau noch meine Freundin noch meine Kinder oder Freunde. Es zeigt sich auch kein Priester, obgleich nach meiner Lebenseinstellung ein Begräbnis ohne kirchlichen Segen undenkbar ist. Es bleiben als Fazit also etliche Komponenten meines Traumes undeutlich und undeutbar. Allein die erfahrene Ruhe bleibt wichtig. In meinem Beziehungsproblem und in meiner familiären Belastung wird eines Tages sicherlich Friede und Ruhe einkehren. Das hoffe ich nicht nur, sondern ahne es mit einer ziemlichen Gewißheit als eintretend. Ich weiß auch, daß ich das nicht sonderlich steuern und ›machen‹ kann, obwohl ich gerne plane, organisiere und bewerkstellige. Besser vielleicht ausgedrückt: Ruhe wird eintreten, wenn ich ›sterbe‹, das heißt alles loslasse. Die stoische Ataraxie hat mir schon früh in meinem Leben imponiert, und an der indischen Weisheit fasziniert mich, daß der Weise, wenn er wahrhaft weise ist, weder von Freude noch von Leid im Wesenskern getroffen werden kann.«

Der Konflikt des Ehepaares S. spiegelt sich auch in den Träumen von Frau S. Auch sie hat einen Traum vom Tod – zehn Tage nach dem Traum von Herrn S.:

»Ich erlebe – wie in einem Film – einen großen Raum mit vielen Menschen und einigem Durcheinander, das ich nicht näher beschreiben kann. Ich kann auch nicht sagen, ob es sich um das Feiern eines Festes handelt. Rechts vorne im Bild steht eine Liege, auf der ein siebzehn- bis zwanzigjähriges geistig behindertes Mädchen stirbt. Es wird mit dem Namen Karin gerufen (Name eines mongoloiden Kindes, mit dem ich in meiner Arbeit Kontakt habe). Äußerlich gleicht sie nicht diesem Kind, sondern sie ist zart, schön, durchsichtig und rosig. Mir fallen ihre wunderschönen Hände auf. Ein Mann spielt eine Rolle, den ich nicht sehe, der aber in einer Beziehung (Vater?) zu dem Mädchen steht. Es ist ein sehr viel älterer Mann. Die Zeit des Sterbens ist eigentlich längst vorbei, und das Mädchen lebt immer noch. Ich denke beim Zuschauen, daß das ein schlechtes Sterbezimmer ist. Dann sehe ich den Boden des Raumes von sehr zarten Wasseradern oder -flächen durchzogen, die mich an zerschmelzenden Schnee erinnern. – Das Mädchen stirbt, ›als es gar nicht dran ist‹, von keinem Menschen beachtet und wahrgenommen, und ist auf einmal tot! Dann zer-

rinnt das Bild von dem Raum vor meinen Augen, wie das Wasser auf der Erde, und es zeigt sich die Diele einer Wohnung, quadratisch. Rechts vorne im Bild ist eine Tür zu einem Raum, und davor liegt das tote Mädchen auf der Erde, wunderschön, erlöst in seinen Zügen. Wieder fallen mir die Arme und besonders die Hände auf. Übrigens liegt es mit dem Kopf in Richtung Wohnungstür. Jetzt bin ich mit in der Wohnung, und es schaudert mich, weil die Dielen des Bodens bei jedem Schritt knarren und sich die Tote dann jeweils verschiebt oder bewegt. Ich bin mir absolut nicht sicher, ob das Mädchen tot ist, oder ob es noch lebt. Ich gehe durch die Tür in das rechteckige Zimmer und lasse die Tür etwas offen. Im Raum sind drei, vier Menschen, die ich nicht kenne. Ich spreche sie nicht an, aber ich denke, daß das Mädchen begraben werden sollte. Da sehe ich, daß sich die ›Tote‹ in den Türspalt geschoben hat, und ihr rechter Arm reicht in das Zimmer hinein. Ihre Hand ist noch zarter und zaghafter, aber sie scheint jemanden locken zu wollen, oder sie tastet nach Berührung. Durch die Tür sehe ich auf die Diele. Dort, wo die Tote gelegen hatte, ist ein rechteckiges Grab ausgehoben, sehr tief, mindestens zwei bis drei Meter tief. Ich trete vor das Grab und schaue lange stumm hinein, und ich spüre, daß das Grab mich fasziniert, ja anzieht.«

Da der Traum in seiner Anschaulichkeit und Bildhaftigkeit nahezu für sich selber spricht, möchte ich mich hier mit wenigen Hinweisen aus den Deutungen der Träumerin begnügen. Das Durcheinander zu Beginn des Traumes steht mit den beruflichen und persönlichen Problemen der vier erwachsenen Kinder (drei Söhne und eine Tochter zwischen 32 und 26 Jahren) in Beziehung. Auch das Anschauen des Films »Das Boot« hat das Empfinden für die Familienkonflikte intensiviert. Ferner waren der Träumerin am Vortage die Hände einer jungen verstorbenen Kollegin besonders aufgefallen und hatten sie in ihrer Phantasie beschäftigt. Diesen Impuls vertieft der Traum in dem wiederholt auftauchenden Motiv der schönen Hände. Frau S. erinnert sich, früher ein sehr zartes Kind gewesen zu sein mit solchen schönen Händen. Ihr erster Lehrer, ein älterer Mann, hatte ihr manchmal zärtlich über die Hände gestrichen, weil er sie so schön fand. Dies hatte er auch der Mutter von Frau S. erzählt. Diese Erfahrungen von positiven »Streicheleinhei-

ten« werden bei dem bestehenden Beziehungsdilemma in
Erinnerung gerufen, um das Selbstwertgefühl zu stärken.

In dem siebzehn- bis zwanzigjährigen sterbenden Mädchen, das besonders zart, schön und durchsichtig ist, sieht
die Träumerin ihr Selbstbild. Sterbeerfahrungen haben auf
dem Weg der Kontemplation, den die Träumerin seit etwa
zwanzig Jahren geht, eine ganz besondere Bedeutung. Auch
die zarten Wasseradern und Wasserflächen auf dem Boden
des Raumes, die Frau S. an schmelzenden Schnee erinnern,
sowie die gesamte Symbolik des Wassers sind wichtige Sinnbilder im Bereich der Meditation. Der ältere Mann im
Traum wird mit dem Vater in Beziehung gesetzt, zu dem die
Träumerin eine gute und stille Beziehung hatte, wie sie es
nennt. Der Mutter jedoch konnte Frau S. nur schwer nahe-
kommen, jedenfalls nicht so nahe, wie sie es als Kind ge-
braucht hätte. Die Mutter war sehr häufig kränklich, und die
Träumerin mußte schon früh Mutters Stelle einnehmen. Von
daher ist es verständlich, daß die Träumerin sich mehr mit
dem Vater und mit dem Lehrer identifizierte, der ihr zärtlich
über die Hände streichelte. In die Reihe der geistigen Per-
sönlichkeiten, die insbesondere auch den Animus in der
Träumerin ansprechen, gehört auch der verehrte Meditationsmeister. Die zahlreichen geistigen Anregungen und spirituellen Erfahrungen in den letzten zwanzig Jahren drohen
unter den familiären Schwierigkeiten mit den Kindern und
den Beziehungsschwierigkeiten mit dem Ehemann immer
wieder zu ersticken und zu sterben. Diese Tragik kleidet der
Traum in das Bild des sterbenden Mädchens. Es ist für die
Träumerin ein Sinnbild für ihre Seele. Wörtlich sagt sie:»Ich
bin das behinderte Mädchen, das stirbt, das Veränderung in
sich erfährt. Ich bin zart und suche mit meiner Hand nach
Wärme und Nähe. Vielleicht ist das Grab auch der Lebensabschnitt, der hinter mir liegt. Durch den Tod und die
Wandlung habe ich einen gesunden Kopf, der denken und
entscheiden kann.«

Während Frau S. bisher überwiegend gefühlsmäßig reagiert hatte, wurde sie durch diesen Traum darauf aufmerksam, daß ihre geistige Entwicklung und ihr Denkvermögen
und damit der Animus in ihr entwickelt werden sollten. So
verstanden will der Traum nicht sagen, daß das geistig

behinderte Mädchen sterben soll, sondern daß die geistige Behinderung, die die Seele von Frau S. auf ihrem spirituellen Weg durch die genannten Schwierigkeiten wiederholt erfährt, sterben beziehungsweise beendet werden soll. Nach der altägyptischen Traumsymbolik bedeuten die Hände das Streben nach Wahrheit und Erkenntnis. Auf den gleichen Zusammenhang werden wir im hebräischen Kultur- und Sprachbereich aufmerksam. Dort gehören das Wort für Hand (jd) und der Begriff für Erkenntnis (jdh) zu einem gemeinsamen Wortfeld. Genau diese Suche nach der Wahrheit erfüllt die Träumerin seit über zwanzig Jahren mit großer Leidenschaft auf ihrem spirituellen und meditativen Weg.

Als persönliche Botschaft des Traumes faßt Frau S. für sich zusammen: »Sterben geschieht für mich nicht am stillen Ort, auch nicht in der Kontemplation, es geschieht im Alltag, im Wirbel, und dann, wenn es nicht erwartet wird. Ich erinnere mich an die ›Marktplatzgeschichte‹ aus dem Zen, in der es heißt: ›Laß deine Wünsche (nach Geborgenheit und Verstehen in der Ehe) los, damit im Sterben und Loslassen Neues wachsen kann.‹ Ich soll nicht unbedingt meine Hand zurückziehen, sie soll ausgestreckt bleiben... die offene Hand! Im dunklen Raum, im Grab, wird Ruhe geschenkt und Auferstehen erwartet. Vielleicht soll ich auch in meinen Aktivitäten sterben, die immer wieder suchend und werbend eingreifen wollen, manchmal auch zwingend, um die Ehe zu retten und zu heilen. Laß die Hand, die nicht mehr selbst ergreifen kann, sondern ergriffen werden muß, die einzige Brücke sein.«

Erfahrungen wie diese und das Sterben im Traum erinnern an Geschichten, in denen diese grundlegende menschliche Erfahrung ebenfalls thematisiert ist. Die Träumerin bringt das sterbende Mädchen mit der biblischen Geschichte von der Auferweckung der Tochter des Jairus in Beziehung. Mir fiel als Analogie zu dem Traum der Mythos vom Tod der Hainuwele ein.

»Auf Ceram, einer der Molukkeninseln, lebt bis zum heutigen Tage noch die tiefsinnige mythische Erzählung vom Tode der Hainuwele. Darin wird berichtet, wie bei den Menschen der Vorzeit, aus einem Baum geboren, das göttliche

Mädchen Hainuwele erschienen war. Aus der Fülle ihres wunderbaren Reichtums, den sie immer neu hervorbrachte, überschüttete sie die Menschen mit köstlichen Geschenken. Zuerst waren sie auch entzückt, endlich aber wurde ihnen der Überfluß des Beschenktwerdens unheimlich, als ob dadurch das Gleichgewicht ihres Lebens verwirrt würde. – Die neun Familien der Menschen hielten einmal den Großen Maro-Tanz ab, bei dem in neun Nächten jedesmal eine neunfache Spirale getanzt wurde. In der Mitte der Spirale saß diesmal immer Mulua Hainuwele und beschenkte die Tänzer. Nach dem achten Tanze aber beschlossen sie heimlich, das Mädchen zu töten. Es wurde eine Grube gegraben, und in der neunten Nacht drängten die Tanzenden das Mädchen hinein und stampften im Tanze die Erde über ihr fest. Der Vater des Mädchens suchte sie am anderen Morgen und grub sie aus; er zerstückelte ihren Leib und vergrub die Teile um den ganzen Tanzplatz herum. Die vergrabenen Stücke aber verwandelten sich in Dinge, die es damals auf der Erde noch nicht gab, insbesondere in die Knollenfrüchte, von denen die Menschen seitdem hauptsächlich leben.

Nur die Arme der Hainuwele hat er nicht mit vergraben; diese brachte er vielmehr zu Mulua Satene, einem göttlichen Mädchen, das damals noch über die Menschen herrschte.

Mulua Satene war böse über sie, weil sie getötet hatten. Darum baute sie an dem Tanzplatz ein großes Tor, das aus einer neunfachen Spirale bestand, so wie die Menschen beim Maro-Tanz aufgestellt waren. Dann versammelte sie alle Menschen an der einen Seite des Tores, sie selber aber stellte sich auf einen Bananenstamm auf der anderen Seite, und sie sagte zu ihnen: ›Ich will jetzt von euch gehen. Zuvor aber müßt ihr Menschen durch das Tor zu mir kommen. Wer durch das Tor hindurchgeht, der bleibt Mensch.‹ Diejenigen aber, die nicht durch das Tor hindurchgingen, wurden damals zu Tieren oder zu Dämonen des Waldes. So entstanden die Schweine, Hirsche, Vögel und Fische und die vielen Dämonen ...

Mulua Satene aber hielt einen Arm der getöteten Hainuwele in jeder Hand und berührte damit jeden, der durch das Tor zu ihr kam. Seitdem müssen die Menschen sterben und eine beschwerliche Totenreise antreten, wenn sie Mulua

Satene wiedersehen wollen. Und seitdem, so berichtet ein ergänzender Mythos, können die Menschen auch heiraten, das heißt, seit es den Tod ›gibt‹, gibt es auch Zeugung und Geburt bei den Menschen.«[25]

Dieser Mythos bringt ähnlich wie der Traum von Frau S. zum Ausdruck, daß Tod und Wandlung zum Leben gehören. Eine besondere Parallele zwischen Mythos und Traum ist die Betonung der Arme und der schönen zarten Hände. Sie werden zu einem vermittelnden Symbol zwischen dem göttlichen Mädchen im Mythos beziehungsweise zu dem rechteckigen Zimmer, das wohl als ein neu eröffneter Seelenbereich erscheint.

Mancher wird sich fragen, ob die Ähnlichkeit der Symbole im Mythos und im Traum zufällig sind. Nach tiefenpsychologischer Anschauung beruhen derartige Analogien darauf, daß sie ihre gemeinsamen Wurzeln im sogenannten kollektiven Unbewußten haben. Dies ist die allen Lebenden und den verstorbenen Ahnen gemeinsame Quelle des Seins und der Anschauungsformen, aus der die Traumbilder kommen.

Meinungen über Tod und Wiedergeburt

Ähnlich, wie es über die Bedeutung der Träume allgemein die unterschiedlichsten Auffassungen und gegensätzlichsten Meinungen gibt bis hin zu der Äußerung: »Träume sind Schäume«, dürfte dies auch bei den Todesträumen der Fall sein. Um so erstaunter war ich, daß sich von 633 Personen, die ich befragte, 391 Frauen und 96 Männer an ihre Todesträume erinnerten. Rund die Hälfte der Frauen und Männer sind der Auffassung, daß diese Träume ein Hinweis auf noch nicht gelöste Probleme seien, auf die »unerledigten Geschäfte«, wie E. Kübler-Ross sagt. Insbesondere der geträumte Tod von einem lebenden Menschen ist nur bei 15% der Frauen und bei 10% der Männer ein Wahrtraum, der auf den tatsächlichen Tod hinweist. Nach Auffassung von 77% der Frauen und 87% der Männer sind derartige Todesträume Bilder für persönliche Ängste, Depressionen und für die Auseinandersetzung mit dem eigenen Tod.

In manchen Todesträumen und mythologischen Vorstellungen über das ewige Stirb und Werde, wie zum Beispiel der mythischen Erzählung vom Tod des göttlichen Mädchens Hainuwele auf Ceram, einer der Molukkeninseln (siehe S. 94), ist die Hand oder der Arm das zentrale Symbol. Ähnlich träumt auch Frau S. vom Tod eines etwa 20jährigen Mädchens, das seine zarte Hand ausstreckt und nach einer Berührung tastet. Aus den Empfindungen, Einfällen und Einsichten zu dem Traum geht hervor, daß die Träumerin zum einen wegen ihrer schönen und zarten Hände manche »Streicheleinheiten« empfangen hat, und zum anderen, daß die ausgestreckte Hand, »die nicht mehr selbst ergreifen kann, sondern ergriffen werden muß«, in der aktuellen Lebenskrise zu einer Brücke zum Ehepartner werden könnte.

Manchmal wird eine von sich selber wegweisende Hand oder eine nach uns sich ausstreckende (»Geister«-)Hand auch empfunden wie ein Anruf des Todes. Dies ist wohl der Sinn der Hand in Käthe Kollwitz' Selbstprotrait.

Ruf des Todes, Selbstporträt,
Käthe Kollwitz, Achtes Blatt der Folge »Tod«, 1934–1937

Als Ergänzung zu meinen Ausführungen und Beispielen möchte ich noch einige Ansichten von anderen Autoren zum Thema folgen lassen. Unter den Tiefenpsychologen sind es vor allem jene, die sich der sogenannten transpersonalen Psychologie zuordnen, die von Tod und Wiedergeburt berichten. Stanislav Grof (siehe auch im Symbolregister unter Spiritualität und Wiedergeburt-Symbole) macht auf die Ähnlichkeiten zwischen Geburt und Tod aufmerksam, daß der Beginn des Lebens seinem Ende gleicht. Nach seiner Erfahrung kommt es durch die Wiedergeburt zu einer Erweiterung des Bewußtseins und zu einer Erfahrung der Einheit mit dem Leben und der gesamten Schöpfung. Auch das zeitliche Bewußtsein kann sich weiten, so daß es sogar zur Begegnung mit den Ahnen und mit den Verstorbenen kommen kann. Mehrfach nimmt der Autor Bezug auf die Archetypenlehre von C. G. Jung und sagt dann: »Gegenwärtig habe ich wenig Zweifel, daß solche Erfahrungen Phänomene sui generis darstellen, die im tiefen Unbewußten ihren Ursprung haben, in Bereichen, die von der klassischen Freudschen Psychoanalyse nicht erkannt bzw. nicht anerkannt wurden. Ich bin überzeugt, daß sie sich nicht auf die psychodynamische Ebene zurückführen lassen und mit dem Freudschen Begriffsapparat nicht angemessen zu erklären sind.«[26]

Ähnliche Gedanken spricht Ken Wilber in seiner Wegbeschreibung zum Selbst über den Tod aus, indem er schreibt: »Tod ist der Zustand, keine Zukunft zu haben.«[27] Für Wilber ist die Gegenwart »ein Zusammenfallen von Gegensätzen, eine Einheit von Geburt und Tod, Sein und Nichtsein, Leben und Sterben... Aber der Mensch akzeptiert, indem er sich ausschließlich mit seinem Organismus (der Urgrenze) identifiziert, nur die Hälfte von Geburt-und-Tod. Die Todeshälfte wird abgelehnt. Der Tod ist in der Tat genau das, was er nun mehr als alles andere fürchtet. Und da der Tod der Zustand ist, keine Zukunft zu haben, bedeutet es, wenn der Mensch den Tod ablehnt, in Wirklichkeit, daß er sich weigert, ohne Zukunft zu leben.«[28] Damit wir jedoch im Bilde sind über das, was auf uns zukommt, inszeniert die Seele die Traumbilder und insbesondere die Bilder vom Tod.

Auf den Zusammenhang zwischen Todessymbolik und Unterwelt mit dem Unbewußten macht auch J. Hillman aufmerksam. Für diesen Autor sind die Träume das Werk des Todes, und jeder Traum ist ein Schritt in die Unterwelt, eine Erinnerung an den Tod. Diese Auffassung führt keineswegs zur Lebensverneinung, sondern gerade zur Identität, wie ich auch mit meinen Fallbeispielen zu zeigen versuchte. Dazu schreibt Hillman: »Wenn die Psyche sich der Unterwelt nähert – eine Perspektive und nicht notwendig der tatsächliche Tod –, entwickelt sich ein immer stärkeres Gefühl für die Selbigkeit, für eine Identität der Gegensätze, wobei die Behandlung die Krankheit ist, die Heilung die tiefere Wunde und das neugeborene Kind der Tod. Hier und dort sind nicht mehr zu unterscheiden. Es gibt nur das Bild.«[29] Mit Bild meint der Autor nicht eines der unzähligen Bilder und gestaltwerdenden Dinge in unserer Welt, sondern das Urbildhafte, das wir ahnen, wenn wir in besonderen Augenblicken ganz im Bilde sind. Ferner meint er mit der »Selbigkeit« jenes höhere Selbst, in dem die scheinbaren Gegensätze von Leben und Tod aufgehoben sind.

Damit will ich es bewenden lassen und im nächsten Kapitel auf die eindrucksvollen und merkwürdigen Schattenbilder aus dem Totenreich eingehen.

Schattenbilder aus dem Totenreich

Der persönliche und der archetypische Schatten

Das Erscheinen von Verstorbenen in unseren Träumen hat nicht nur die Funktion, den Abschied von einem verstorbenen Menschen und den damit verbundenen Trauerprozeß seelisch zu verarbeiten, sondern es verhilft auch zur Bewußtwerdung des persönlichen »Schattens«. Das Erscheinungsbild eines Verstorbenen wird dann als Einkleidung einer bisher unbewußten Erfahrung und eines verborgenen seelischen Inhaltes verwendet. Die Verstorbenen sind in den Träumen häufig Schattenbilder, die aus der dunklen Tiefe der Seele stammen und uns ins Bild setzen über eine bisher unbekannte Seite unseres Lebens. Die Herkunft und die Abstammung dieser Schattenbilder aus unserer Tiefe möchte ich vergleichen mit den Wurzeln eines Baumes. Wie der Baum mit seinem Stamm und seiner Krone eine für uns sichtbare Seite hat und mit seinen Wurzeln in der dunklen Erde wächst, so zeigen uns die Schattenbilder die verborgenen Keime der werdenden Persönlichkeit. Wie der Körper unlöslich zur Person gehört, so gehört der Schatten zum Seelenleben. Wir alle kennen die alltägliche Erfahrung, daß unser Körper einen Schatten wirft, wenn wir in der Sonne gehen. Übertragen wir diese Erfahrung auf das seelische Erleben, insbesondere wie es in Träumen inszeniert wird, so begegnen wir auch in dieser Dimension des Lebens unserem Schatten.

Chumbaba, eine Symbolgestalt aus dem Gilgamesch-Epos, ist ein abschreckender Dämon, der den heiligen Zedernwald der Göttin beziehungsweise das magische Jenseitsreich der Unterwelt bewacht. Diese mythischen Jenseitsbereiche beschreiben wir heute mit tiefenpsychologischen Begriffen als das Unbewußte oder als das bisher Ungewußte. Diese dunkle Tiefe unserer Seele kommt durch die Träume, insbesondere durch die Todesträume zu Bewußtsein.

Das Gesicht des Wächters Chumbaba ist wie ein Labyrinth gestaltet und bekam durch dieses Aussehen für die Menschen vor viertausend Jahren eine abschreckende und furchterregende Bedeutung (siehe Symbol: Labyrinth). Zu dem Wächter Chumbaba sind aus dem biblischen Bereich die Cherube (Genesis 3,24) eine Parallele. Sie bewachen den Zugang zum Paradies, damit die vertriebenen Menschen nicht die Hand nach dem Lebensbaum ausstrecken.

In unserer Zeit haben viele Menschen zwar die Angst vor Geistern und Dämonen verloren, doch es gibt neue Formen der Angst, zum Beispiel vor der Macht des Unbewußten und vor der Begegnung mit der lebendigen Seele. Diese neuen Formen der Angst können auch eine der Ursachen sein für die weitverbreiteten Schlafstörungen in unserer Zeit. Während die Menschen mit einem gesunden »Urvertrauen« sich der Nacht und dem Schlaf überlassen können, haben Menschen mit Schlafstörungen nicht diese Gelassenheit. Sie müssen angsterfüllt aufpassen und wachen, um nicht in Alpträumen einem Todesdämon wie Chumbaba oder einem anderen »Schreckgespenst« zu begegnen.

Der Wächter Chumbaba
Sumerisches Relief

Mit dem Schatten werden in der analytischen Psychologie alle verdrängten und unangenehmen Persönlichkeitsanteile bezeichnet, die dem Individuum als unvereinbar mit der bewußten Lebensform und seinen Wertvorstellungen erscheinen. In der Regel verhalten sich die Schattenbilder kompensatorisch zu der bewußten Lebenseinstellung. Ist jemand zum Beispiel zu beherrscht, oder bemüht er sich um eine sehr korrekte Anpassung, so kann er im Traum recht unbeherrscht oder gemein sein. Stets zeigt uns der Schatten die andere Seite unseres Lebens, die auch zu uns gehört. Die Bewußtmachung des Schattens und die Auseinandersetzung mit diesen Persönlichkeitsanteilen ist für die Reifung und Selbstverwirklichung sehr wichtig.

Der Schatten ist im tiefenpsychologischen Sinne nicht nur die Summe unserer verdrängten Triebe und Lebensmöglichkeiten, sondern auch ein dunkler Bildkomplex im Seelenleben. Die Schattenbilder, insbesondere wie sie uns in den Erscheinungen von Verstorbenen begegnen, sind der eigentliche Mutterboden unserer Seele. Verallgemeinernd möchte ich sagen, daß uns die Seele in den Träumen in den vertrauten Bildern unseres realen Lebens und des bewußten Erlebens erscheinen kann und andererseits als »Schattenseele«, wenn sie uns Informationen aus der dunklen und geheimnisvollen Tiefe übermitteln will. Wie ein Mensch, der in der Sonne geht, seinen Schatten wirft, so entwirft sich die Seele in den Schattenbildern aus der Tiefe.

In der Psychotherapie ist häufig zu beobachten, daß Analysanden dann von Verstorbenen träumen, wenn wichtige Schattenanteile zur Bewußtwerdung anstehen. Was wir uns bewußt und aus moralischen Gründen in der Realität selten oder niemals gestatten würden, das vollbringt nicht selten die »Schatten«-Persönlichkeit in unseren Träumen. Zur Veranschaulichung möchte ich den Traum einer 49jährigen Patientin wiedergeben, die sich wegen ihrer akuten Angstzustände in Therapie begeben hatte. Der Traum lautet:

»Ich gehe mit meinem Bruder und meiner Schwester in Flußrichtung einen Strom entlang. Zu beiden Seiten neben dem Weg befinden sich mit Blut und Schmutz beschmierte ekelhafte Dinge, etwas wie zwischen menschlichem Embryo und Puppe. Mein Bru-

der versucht vergeblich, meiner Schwester die Sicht darauf zu ersparen. Meiner Schwester und mir wird beinahe körperlich übel vor Ekel. Er sagt, er wolle vorausgehen und etwa vorhandene weitere solche Dinge aus dem Weg räumen.«

Dieser Traum wurde von einer recht rational und intellektuell betonten Patientin mitgeteilt[30]. Sie stammte aus einer Lehrerfamilie und hatte noch drei Geschwister. Nach dem Studium der modernen Sprachen fand sie eine verantwortungsvolle Anstellung bei einer internationalen Organisation. Die verdrängten Seiten ihres bisherigen Lebens kamen in den für sie ekelhaften Bildern des Schmutzes und des Blutes sowie des Embryos und der Puppe zum Bewußtsein. Das Bild des Flusses zeigt aber die Hinwendung zum seelischen Bereich. Als Tochter aus gutem Hause war sie gewohnt, alle schmutzigen Dinge aus ihrem realen Leben fernzuhalten und sich vor allem in der sogenannten reinen geistigen Höhenluft zu bewegen. Doch hinter ihren hohen Ich-Idealen kam die andere Seite des Lebens, das Selbst und die Seele, oft zu kurz. Diese werden im Traum als Puppe und in dem menschlichen Embryo[31] als einem Bild für die wachsende und werdende Persönlichkeit dargestellt. Es wurde der Träumerin sehr schwer, diese Persönlichkeitsanteile anzuschauen, anzunehmen und schließlich zu integrieren. Im Verlauf von einigen Behandlungsstunden konnte die Patientin anerkennen, daß in den sie beängstigenden Bildern ihre noch ungelebten Möglichkeiten enthalten waren. Sie lernte sehen, daß ihr Schatten eng mit ihrer bisher unterdrückten Gefühlswelt verbunden war, die hier in den ekelhaften Dingen, insbesondere in der embryonalen Natur, erscheint. In der Therapie ist häufig zu beobachten, daß in den sogenannten ekelhaften Dingen wichtige schöpferische Keime enthalten sind, die es ins Leben zu integrieren gilt.

Nach diesem Beispiel nun eines mit Schattenbildern aus dem Totenreich. Es handelt sich um den Traum eines 42jährigen Psychologen, der durch eine längere Analyse umfangreiche Erfahrungen im Umgang mit seinen Träumen gesammelt hatte. Er hatte in der Nacht vor dem Volkstrauertag den folgenden Traum:

»Ich treffe drei Neger in einer Wohnsiedlung. Sie fragen mich, ob ich mich erinnere, daß ich ihnen vor einem Jahr zur Umschulung geholfen habe. Leider hätten sie bisher noch keine Arbeit und Anstellung gefunden. Ich bin etwas betrübt darüber, daß meine Bemühungen noch keine Früchte getragen haben.

Ich treffe bei einer Familienfeier meine verstorbene Mutter wieder. Sie ist nach einer längeren Reise heimgekehrt. Auch Irma und Heinz sind dabei. Ich reiche der Mutter die Hand und gebe ihr einen Kuß auf die Wange. Sie küßt mich nicht, und ich empfinde sie wie tot. Sie sagt etwas kalt und vorwurfsvoll: ›Du hättest mich auch mal grüßen lassen können.‹ *Dieser Vorwurf bereitet mir Schuldgefühle. Gleichzeitig empfinde ich Ärger und bin nicht mehr so deprimiert wie in den ersten Jahren nach dem Tod der Mutter. Auffallend war noch, daß der tote Schäferhund ebenfalls bei der Mutter war und wie tot in ihrem Schoße lag. Seine Fußkrallen waren ganz lang gewachsen und bogen sich wie kleine Hörner um die Pfoten. Im Hintergrund leuchtete noch ein rotes Warnlämpchen auf wie bei unserer Heizung.«*

Der Träumer, Herr A., erzählte, daß er in den zurückliegenden Jahren häufig von Negern geträumt und sie als seine dunklen Traumbrüder akzeptieren gelernt habe. Während er in früheren Träumen vor ihnen und anderen dunklen Gestalten weggelaufen sei, wie es so häufig in unseren Alpträumen geschieht, wenn wir vor angsterregenden Gestalten weglaufen, habe sich dies durch die Auseinandersetzung und Annahme seines persönlichen Schattens geändert. Seitdem habe er vor den dunklen nächtlichen Besuchern keine Angst mehr. Wörtlich sagte Herr A.: »Die Neger sind meine Schattenbrüder und machen mich auf neue Lebensmöglichkeiten aufmerksam.« Doch der Traum weist uns auch auf einen Konflikt im Umgang mit dem Schatten hin. Obwohl er sich länger um die Integration seiner Schattenanteile bemüht habe, erinnern die Neger im Traum ihn jetzt daran, daß sie derzeit nicht integriert seien. Zwar habe der Träumer ihnen vor einem Jahr zur Umschulung geholfen, doch sie hätten keine Arbeit und keine Anstellung gefunden. Diese Szene will sagen, daß sich Herr A. zwar in der Vergangenheit intensiv mit seinem Schatten auseinandergesetzt hat, dies jetzt aber erneut tun muß.

Neu an diesem Traum ist für Herrn A. besonders, daß sein Schatten nicht nur in männlichen Personen, wie in den Negern, abgebildet wird, sondern nun auch in Gestalt seiner verstorbenen Mutter als Schatten aus dem Totenreich erscheint. Wir hatten uns im Traumseminar ausführlich mit der Bedeutung von Todesträumen und dem Erscheinen von Verstorbenen in Träumen als Verkleidungen für unsere Schattenprobleme beschäftigt. Diese Betrachtungsweise war für Herrn A. spontan sehr einleuchtend geworden. Er sagte, daß ihm dieses Verständnis ein neues Licht aufgesteckt habe, so wie das rote Licht am Ende des Traumes aufleuchtete. Die Bedeutung der Warnlampe bei der Heizung konnten wir in unserem Gespräch verständlich machen. Zunächst berichtete Herr A. Erfahrungen aus jüngster Zeit mit dem roten Lämpchen an seiner Zentralheizung, das auf eine Störung der Anlage aufmerksam macht. Im übertragenen Sinne verstand Herr A. dieses Bild aber auch als warnenden Hinweis auf das rechte Verständnis seines Erscheinungstraumes. In den ersten Wochen und Monaten nach dem Tod seiner Mutter war er durch ihr Erscheinen in seinen Träumen stets sehr betroffen gewesen. Später jedoch bekam er mehr Abstand, und die Träume hörten schließlich ganz auf. Doch die im Traum erschienene Mutter hatte ihn nicht nur betrübt, sondern oft auch fasziniert und neugierig gemacht auf den Sinn derartiger Erscheinungen. Fast magisch hatte er zu glauben begonnen, daß Verstorbene wirklich in Träumen erscheinen, und hatte dabei völlig ignoriert, daß es sich hier auch um ein Bild seines eigenen Schattens handeln könnte. Daran wurde er jetzt durch das Aufleuchten des Warnlämpchens erinnert.

Die Mutter beklagte sich im Traum darüber, daß Herr A. sie zu wenig habe grüßen lassen. In seinen Beziehungen ist für den Träumer das Ausrichtenlassen eines Grußes ein sehr wichtiges persönliches Zeichen. Im Vorwurf der Mutter hört er die verinnerlichte Stimme seines eigenen Gewissens. Für Herrn A. ist es besonders wichtig, daß er auf die vorwurfsvolle Traumstimme ärgerlich reagieren kann. Während er früher auf das verinnerlichte Bild der Mutter und ihre Anschauungen bei ihrem Erscheinen in Träumen deprimiert reagiert und damit die Empfindungen und Gefühle noch intensiver verinnerlicht und auf sich selbst bezogen hat, kann er jetzt durch das Gefühl des Ärgers seine Stimmung besser zum Ausdruck bringen.

Zu dem Schäferhund im Traum erzählt Herr A., daß er einige Wochen nach dem Tod der Mutter hatte getötet werden müssen, weil er vor Traurigkeit und andererseits auch aus Altersschwäche nicht mehr fressen wollte. Tagtäglich war der Hund zur Tür gerannt, wenn es klingelte, offensichtlich in der Erwartung der Mutter, die ihn stets versorgt und gepflegt hatte. Eine derartige Anhänglichkeit und die besondere Treue und Hundeliebe sind ja aus zahlreichen Erfahrungen hinlänglich bekannt. In der Phantasie des Träumers ist der Schäferhund das Begleittier seiner Mutter. Für den Träumer war es hilfreich, daß ich ihn auf die symbolische Bedeutung des Hundes in Jungs Untersuchung über die Trennung und Zusammensetzung der seelischen Gegensätze in der Alchimie aufmerksam machte. Viele alchimistische Autoren haben mit Hilfe von Tieren, Pflanzen, Metallen oder chemischen Stoffen versucht, bestimmte Wandlungsprozesse anschaulich zu machen. Es ist das besondere Verdienst von C. G. Jung, diese alchimistischen Prozeduren tiefenpsychologisch entschlüsselt und gedeutet zu haben und darin Prozesse für die seelische Wandlung des Menschen zu sehen. So erwähnt Jung zum Beispiel einen alchimistischen Autor namens Aratus, der besonders den Hund als ein Symbol für den psychischen Prozeß verwendet und ihm die Bedeutung eines Richters der Toten zuschreibt[32]. Im Traum scheint sich die Seele an derartige Urbilder und Symbole zu erinnern und damit eine bestimmte Botschaft zu vermitteln.

Die symbolische Bedeutung des Hundes ist uns besonders bekannt aus der griechischen Mythologie. Der sogenannte Höllenhund Kerberus geleitet die verstorbenen Seelen ins Totenreich. So wie im Mythos bestimmte Tiere über bestehende Grenzen hinübergeleiten, geschieht es nicht selten bei Träumen mit einem archetypischen Traummuster. Der Schäferhund im Traum erinnert Herrn A. einerseits an die tiefe Verbundenheit zwischen der Mutter und diesem Tier und ist andererseits ein Seelen- und Totentier für die verstorbene Mutter. Er ist ein Symbol für die Überschreitung der

Grenze zwischen Leben und Tod. Herr A. hat das Erscheinen seiner verstorbenen Mutter in diesem Traum als eine Totenmaske und als Verkleidung für einen bisher verborgenen Anteil seiner eigenen Seele gesehen und verstanden.

Die Schattenbilder aus dem Totenreich sind nicht nur Symbole für den persönlichen Schatten in unserem Leben, sondern in der Überlieferung der Menschheit und in den religiösen Vorstellungen oft auch ein Sinnbild für die Vergänglichkeit des menschlichen Lebens. So heißt es im 39. Psalm: »Sie (die Menschen) gehen daher wie ein Schemen (Schatten) und machen sich vergebliche Unruhe; sie sammeln und wissen nicht, wer es einnehmen wird.« Ähnlich klagt Hiob über die Nichtigkeit des Menschen: »Der Mensch, vom Weibe geboren, lebt kurze Zeit und ist voll Unruhe, geht auf wie eine Blume und fällt ab, flieht wie ein Schatten und bleibt nicht« (Hiob 14,1). Der gleiche Hiob bezeugt eine dunkle Traumerfahrung: »Zu mir hat sich ein Wort gestohlen, geflüstert hat es mein Ohr erreicht. Im Grübeln und bei Nachtgesichten, wenn tiefer Schlaf die Menschen überfällt, kam Furcht und Zittern über mich und ließ erschauern alle meine Glieder. Ein Geist schwebt an meinem Gesicht vorüber, die Haare meines Leibes sträuben sich. Er steht, ich kann sein Aussehen nicht erkennen, eine Gestalt nur vor meinen Augen, ich höre eine Stimme flüstern...« (Hiob 4,12 ff.).

C. G. Jung hat sich mit der Gestalt des Hiob unter tiefenpsychologischen Gesichtspunkten besonders intensiv auseinandergesetzt. Im Hinblick auf die Auseinandersetzung mit dem Schatten möchte ich abschließend eine Passage aus einem Brief Jungs an den englischen Theologen Victor White folgen lassen:

»Hiob ist ganz der angesehene Hebräer seiner Zeit. Er befolgt das Gesetz, und sein Gott sollte – auf Grund des Bundes – das gleiche tun. Angenommen, Hiob sei neurotisch, wie sich aus Andeutungen im Text leicht ableiten läßt, so leidet er an einem bedauerlichen Mangel an Einsicht in seine eigene Dissoziation. Er macht eine Art Analyse durch, wenn er Elihus weisen Ratschlägen folgt. Wovon er hören und was er erkennen wird, sind die verdrängten Inhalte seines persönlichen Unterbewußtseins, seines Schattens,

aber nicht die göttliche Stimme, wie Elihu meint. Sie deuten
leise an, daß auch ich Elihus Irrtum begehe, insofern ich
mich vor allem auf Archetypen beziehe und den Schatten
übergehe. Man kann den Schatten nicht übergehen, außer
man bleibt neurotisch, und solange man neurotisch ist, hat
man den Schatten übergangen. Der Schatten ist das Hin-
dernis, das uns am wirksamsten von der göttlichen Stimme
trennt. Darum gehört Elihu, obwohl er grundsätzlich die
Wahrheit spricht, zu jenen törichten Jungianern, die ihrer
Auffassung nach den Schatten umgehen und auf der Suche
nach Archetypen sind, d.h. nach den ›göttlichen Entsprechungen‹ – für die personalistische Theorie übrigens nur
getarnte Ausweichmöglichkeiten.

Wenn es Hiob gelingt, seinen Schatten zu schlucken, wird
er tief beschämt sein über das Geschehene: er wird einsehen,
daß er nur sich selbst anzuklagen hat, denn es waren seine
Selbstgefälligkeit, Tugendhaftigkeit, Buchstabengläubigkeit
etc., die all das Unglück über ihn brachten. Die eigenen
Unvollkommenheiten hat er nicht gesehen, sondern Gott
angeklagt.«[33]

Ich halte diesen Hinweis auf den Schatten für sehr wichtig. Was Hiob bei Gott einklagt, sollte er bei sich selber
beklagen. So wie wir bei anderen Menschen zumeist die
kleinen Fehler erkennen und die größeren Schwierigkeiten
bei uns selber verdrängen, projiziert Hiob seine Probleme auf
Gott. Doch selbst diese Projektionen können hilfreich werden, wenn wir sie als Entwürfe für neue Handlungsmöglich-
keiten verstehen lernen. Auch auf dem Wege zur Selbsterkenntnis und Selbstverwirklichung können wir noch vor der
Wahrheit fliehen. Zu einer Ausweichmöglichkeit kann nach
Jungs Auffassung auch eine lediglich intellektuelle »Suche
nach Archetypen« werden. Statt seinen Schatten zu »schluk-
ken« und zu integrieren, wie empfohlen wird, kann man sich
unverbindlich mit archetypischen Bildern beschäftigen.
Doch damit bleibt man nach therapeutischer Erfahrung
»neurotisch«. Gerade die noch unbewußten Schattenanteile
verhindern die Ganzwerdung und Heilung des Menschen,
ähnlich wie die »Sünde« nach christlicher Auffassung den
Menschen von Gott trennt. Wer die Auseinandersetzung mit
dem Schatten und dessen Bewußtmachung umgeht, macht

damit weite Umwege zu sich selbst. An diese unbequeme Wahrheit können uns auch die Schatten aus dem Totenreich erinnern. Ebenso wie sie abgeschnitten sind von den Lebenden, können sie andererseits als Verkleidungen des Schattens auch befreit und erlöst werden.

Durch Tiersymbole zur Unterwelt

Ein 39jähriger Eheberater berichtet den folgenden Traum:

»Es erscheint mir ein übergroßer Schweinekopf in einem dunklen Licht. Im Hintergrund meines Traumbildes sehe ich den düsteren Himmel mit dunklen Wolken. Dann bin ich auf dem Heimweg von N. in meinen Heimatort. Ich sitze im Wohnzimmer meines Elternhauses mit Leuten aus unserer Traumgruppe an einem Tisch. Als ich dann hochgucke und nach rechts blicke, sehe ich dort meine verstorbene Mutter am Tisch sitzen. Sie guckt mich freundlich, aber zugleich auch etwas befremdlich an. Ihr Gesicht ist verjüngt und etwas geschminkt. Besonders die schwarz geschminkten Augenbrauen fallen mir auf. Sie sitzt an einer weiß gedeckten Tafel zusammen mit meinem Bruder, dessen Frau und dessen Sohn.«

Dieser Traum wurde in der Nacht zwischen Allerheiligen und Allerseelen geträumt. Nachdem die vor zweieinhalb Jahren verstorbene Mutter dem Träumer in den ersten Wochen und Monaten wiederholt erschienen war, hatte er in den letzten zwei Jahren nicht mehr von der Mutter geträumt. Durch das Traumseminar war der Träumer sehr dazu motiviert worden, wieder verstärkt auf seine Träume zu achten. Hinzu kam seine Neugier, ob die genannten Feiertage von Allerheiligen und Allerseelen von ihrer tiefsinnigen Symbolik her sein Traumleben würden anregen können. Als erstes erinnerte sich der Träumer, Herr G., daß er in den Tagen nach dem Tod seiner Mutter auch in N. war und als Protestant erstmalig in seinem Leben in der Marienkirche zu Maria gebetet und in seiner Trauerarbeit um den Tod der Mutter dadurch Trost und Stärkung erfahren hatte. Als die-

ser Traum in der Gruppe besprochen wurde, fiel dem Träumer zu dem verjüngten Gesicht der Mutter mit den dunklen
Haaren und den schwarzen Augenbrauen sogleich eine dun-
kelhaarige Kollegin aus der Gruppe ein, Frau L. Zusammen
mit einigen anderen Frauen und Männern hatten sie am
Abend zuvor in einem Weinkeller in fröhlicher Runde bei-
einander gesessen und über persönliche Erlebnisse und
Erfahrungen geplaudert. Dabei war Herr G. Frau L. gefühlsmäßig recht nahe gekommen. Besonders ihre großen dunklen Augen, die geschminkten schwarzen Augenbrauen und
ihr warmer und seelenvoller Blick hatten Herrn G. stark
berührt. Für ihn war es daher naheliegend und sehr einsichtig, daß das Angesicht seiner Mutter die beschriebenen Züge
von Frau L. trug.

Der Träumer erzählte ferner, daß er in der ersten Traumszene durch den Schweinekopf hindurchgegangen sei und
damit den Zugang zur Mutter gewonnen habe. Ihm sei es
beim Träumen so ergangen, daß er durch das Näherkom-
men vom Kopf des Schweines schließlich nur noch den Rüssel des Tieres gesehen habe. Während ihn der schwarze
Kopf mit den dunklen Borsten an ein Wildschwein erinnerte,
sei ihm durch das Herannahen der Rüssel vorne weiß
erschienen wie beim Hausschwein. Deutlich habe er die
Vorderansicht des Rüssels wie eine große runde Scheibe
gesehen. Die Nasenlöcher weiteten sich bei der zunehmenden Annäherung, die Herr G. wie ein Heranholen von
Objekten bei einer Fernseh- oder Filmkamera erschienen, zu
so großen Öffnungen, daß sie wie zwei Tunneleinfahrten im
Gebirge erschienen. Dieses Motiv erinnerte Herrn G. an
Urlaubsfahrten in den Süden, wenn er durch einen Tunnel in
den Alpen in das jenseitige Land fuhr. Damit verglich er
schließlich auch diesen Durchgang durch den Schweinerüssel in die Welt der Toten, in der ihm seine verstorbene
Mutter erschien. Zu dem von Wolken verhangenen Himmel
fielen dem Träumer Bilder des Malers Nolde ein, der oft
die düstere Stimmung einer Küstenlandschaft darstellte.

Für mehrere Gruppenmitglieder war es besonders eindrucksvoll, daß gerade in der Nacht zwischen Allerheiligen
und Allerseelen sich ein derartiger Traum einstellte. Obwohl
es der Gruppe bewußt war, daß diese katholischen Feiertage

im Kalender standen, gab es bei den evangelischen Teilneh-
mern keinen tieferen Bezug dazu, und keiner von den ande-
ren hatte einen derartigen Erscheinungstraum. Als wir in der
Gruppe das Thema Träume vom Tod besprachen, stellte
sich aber heraus, daß fast alle schon derartige Träume
gehabt hatten. Besonders beeindruckt war die Gruppe von
dem Zusammenhang zwischen dem Schweinekopf und dem
Erscheinen der verstorbenen Mutter. Zu der Symbolik des
Schweines fiel einigen Teilnehmern(-innen) der Begriff
»Glücksschwein« ein als Bezeichnung für Maskottchen und
Anhänger, die Glück bringen sollen. Auch die Redensart
»Schwein haben«, wenn man bei einem Verkehrsunfall oder
einem anderen dramatischen Ereignis Glück gehabt hat,
wurde genannt. Einer Teilnehmerin fiel als Parallele zu dem
Schweinekopf der Pferdekopf als Orakel im Märchen von
der Gänsemagd ein. Ähnlich wie das Mädchen im Märchen
durch den Kopf des getöteten Pferdes Fallada an die tote
Mutter erinnert wurde, erinnert der Schweinekopf in unse-
rem Traum nicht nur an die verstorbene Mutter von Herrn
G., sondern ist vor allem der Zugang zur Totenwelt der
Verstorbenen.

Nach den Einfällen des Träumers und den Phantasien von
einigen Gruppenteilnehmern(-innen) möchte ich noch
einige tiefenpsychologische und symbolische Verstehensmöglichkeiten zu dem Traum anfügen. Im Hinblick auf diesen Traum scheint es mir besonders interessant, daß noch
heute auf Borneo, in Kenia und anderswo das Schwein unter
religiösen Zeremonien geschlachtet und geopfert wird. Das
Blut des Tieres wird dann beim Opfer über die Betenden
gesprengt. In diesem Ritual dient das Schwein als Bote zum
höchsten Gott dieses Stammes und schafft die Verbindung
zu den Ahnen. Auf dem Hintergrund dieses Rituals ist es
daher nicht verwunderlich, wenn in dem vorliegenden
Traum der Schweinekopf eine Tür oder ein Tor ist zum
Erscheinen der verstorbenen Mutter. Wir nehmen in der
Tiefenpsychologie an, daß den genannten Ritualen und auch
den dazugehörigen Mythen die gleiche Struktur zugrunde
liegt wie dem Traum, der aus der Seelentiefe von Herrn G.
aufsteigt.

Von Schweinen und Wildschweinen wird nach meinen Erfahrungen recht häufig geträumt. Wenn ich in meinen Traumseminaren die Tierträume bespreche und nach diesem Symbol frage, bestätigen dies etwa Dreiviertel aller Träumer (-innen). In den Gesprächen wird dann deutlich, welch eine vielschichtige Bedeutung das Schwein in den Träumen haben kann. Es kann Ausdruck von Triebhaftigkeit und Sexualität sein, häufig wird in diesem Zusammenhang von »Schweinerei oder Sauerei« gesprochen.
In manchen Träumen kann es auch ausgesprochen als »Glücksschwein« erscheinen oder auf die tiefe Verbundenheit mit der Mutter und der mütterlichen Welt aufmerksam machen. In dem mitgeteilten Traum ist der Durchgang durch den Schweinekopf sogar der Zugang zur verstorbenen Mutter. Diese Beispiele zeigen, daß die Große Mutter als archetypisches Symbol in unserer Seele schlummert und in unseren Träumen als Urbild des Lebens erscheint. So kann der Gottesdienstbesucher im Limburger Dom durch das Anschauen der Wandmalerei zu der nährenden Mutter Erde in Beziehung treten. Im Altertum war für viele Menschen die Große Göttin Isis das Ursymbol für das Mütterliche und Weibliche. Das Schwein war das Opfertier für die Erdgöttin, zum Beispiel Demeter oder eine Göttin der Unterwelt. Auf der Terrakotta trägt Isis das mystische Gerät der Leiter im Arm, die ich als Symbol des Überstiegs und der Beziehung zur jenseitigen Welt deuten möchte.

*Die nährende Mutter Erde
Zeichnung nach einer Wandmalerei im Limburger Dom, ca. 1235*

Isis auf einem Schwein; Terrakotta

Der überdimensional große weiße Schweinerüssel, der die besondere Aufmerksamkeit des Träumers anzieht, ist als das sogenannte große Runde anzusehen, das in der östlichen Symbolik auch als Mandala bezeichnet wird. Abgesehen von der vielschichtigen Symbolbedeutung des Mandalas verstehen wir in der analytischen Psychologie C.G. Jungs darunter ein ganzheitliches Symbol der Mitte und der psychischen Totalität. Auf dem Wege der Selbstverwirklichung und im Prozeß der Ganzwerdung werden häufig solche Mandalas geträumt, die als magischer Kreis oder Quadrat erscheinen. Bei der Herstellung eines neuen psychischen Persönlichkeitszentrums, das nicht mit dem Ich identisch ist, sondern aus dem Selbst hervorgeht, sind solche Bilder ein vereinigendes Symbol, in dem Gegensätzliches, Diesseitiges und Jenseitiges, miteinander verbunden wird. In diesem größeren Zusammenhang ist das Schwein ein Symboltier der Großen Mutter, die eine Gottheit des Lebens und zugleich des Todes ist. Die Gegensätze von Leben und Tod sind in ihr aufgehoben; so wie sie das Leben gebiert, zieht die Göttin es in Grab und Tod wieder an sich. Eindrucksvoll ist dieser Zusammenhang zwischen dem Schwein und der Großen Mutter[34] beziehungsweise der Göttin abgebildet in einer Terrakottafigur, auf der wir Isis auf einem Schwein sitzen sehen (siehe Abbildung). In den Zeiten des Matriarchats und des Mutterrechts wurde das Schwein als heilig angesehen, wie es zum Beispiel im Demeter-Mythos zum Ausdruck kommt. In diesem griechischen Mythos ist das Schwein das charakteristische Opfertier der Göttin Demeter. In den Mysterien von Eleusis wird das Schwein auch »Delphax« genannt, was soviel wie Uterustier heißt. Wie die Gebärmutter der Ort ist, an dem das werdende Leben wächst, so ist die Erde, das Grab oder sind Höhlen ein weihevoller Ort des Übergangs von der diesseitigen Welt in die jenseitige. Im Traum von Herrn G. und in den Mythen und Riten scheint es einen gemeinsamen anordnenden Faktor zu geben, den wir Archetypus nennen. Ähnlich wie im Umkreis des Todes kommt dieser anordnende Faktor in Träumen und anderen grundlegenden Erfahrungen unseres Lebens zum Ausdruck. Unsere kleine rationale Welt und die kollektiven Vorstellungen von Diesseits und Jenseits sowie unsere Erinnerungen an

die Verstorbenen und das Erscheinen von Verstorbenen in
unseren Träumen werden durch den Archetypus zu einer
ganzheitlichen Wirklichkeit.

Bewußtseinserweiterung durch Todesträume

Die Todesträume und die Erscheinungen von Verstorbenen in unseren Träumen haben häufig eine bewußtseinserweiternde Kraft. Während unser alltägliches Leben und das
sogenannte normale Erleben gekennzeichnet sind durch vertraute Erfahrungen und bekannte Muster, kommen wir
durch Todesträume in eine Grenzerfahrung. Solche Träume
sind begleitet von einer starken emotionalen Kraft und einer
psychischen Erschütterung. Die zumeist erschreckende
Begegnung mit dem Tod hat zugleich eine erweckende Wirkung. Mit Erweckung ist hier eine Erfahrung gemeint, die
sich ein Stück weit vergleichen läßt mit dem Klingeln des
Weckers morgens, wenn wir aus dem Schlaf in das helle
Tagesbewußtsein eintreten. So können uns die Todesträume
wachrütteln und eine spirituelle Dimension, eine philosophi-
sche Erkenntnis oder religiöse Erfahrungen eröffnen, die bisher durch Alltägliches verstellt waren. Es scheint so zu sein,
daß in dieser Erfahrung der Wiedergeburt und der Öffnung
für eine ganzheitliche Wirklichkeit die zuvor verdeckten
archetypischen Lebensmuster zum Tragen kommen. Stanislav Grof beschreibt, daß sich dieser spirituelle und religiöse
Erfahrungsbereich selbst Atheisten und Materialisten eröffnet: »Nach meiner Erfahrung gelangt jeder, der diese Ebene
erreicht, zu überzeugender Einsicht in die tiefe Bedeutung
der spirituellen und religiösen Dimensionen der universalen
Ordnung. Selbst eingefleischte Materialisten, positivistische
Wissenschaftler, Skeptiker und Zyniker, ja selbst kompromißlose Atheisten oder auch Religionshasser, wie etwa marxistische Philosophen, interessieren sich plötzlich für spirituelle Entwicklung, sobald sie diese Ebene in sich selbst
erfahren haben.«[35] Die hier gemeinte religiöse und spirituelle
Dimension muß nicht identisch sein mit den offiziellen
kirchlichen und christlichen Glaubensvorstellungen unserer
Kultur. Die bewußtseinserweiternde Funktion der Todesträume kann auch ein sogenanntes kosmisches Bewußtsein

eröffnen, in dem sich der einzelne als ein Teil des Ganzen erfährt. Es können ferner Erfahrungen und Begegnungen sein mit göttlichen Gestalten und religiösen Symbolen anderer Kulturen. Häufig ist mit dieser Bewußtseinserweiterung ein intuitives Verstehen der universalen Symbole der Menschheit und eine tiefe Liebe zu allem Geschaffenen verbunden. Ein so erweckter Mensch wird zu einer doppelten Wahrnehmung fähig. Zum einen erkennt er sich selber, die anderen Menschen und die Dinge so, wie sie wirklich sind. Und zum anderen wird der Erweckte fähig, hinter den Erscheinungsbildern der Dinge das Urbild zu erahnen. Durch das aufgebrochene kosmische Bewußtsein können jetzt das Vordergründige und das Hintergründige zusammengesehen werden. Diese ganzheitliche Sehensweise führt bei den Erscheinungsträumen von Verstorbenen dazu, daß zum einen diese verstorbenen Angehörigen gesehen und erinnert werden, wie wir sie zu Lebzeiten gekannt oder verkannt haben, und zum anderen erscheinen sie in einem überirdischen Licht und in einer vollendeten Ganzheit. Dies geschieht unter anderem in der Weise, daß kranke Menschen uns als geheilt und völlig normal erscheinen, häufig auch verklärt in einem überirdischen Licht.

Wahrträume vom bevorstehenden Tod

Das Zwischenreich der Seele

Die Träume vom Tod machen wiederholt auf die sogenannte räumliche Ausdehnung der Seele aufmerksam.
Die lebendige Seele ist nicht eindeutig an einen bestimmten
Sitz im Leibe, zum Beispiel an das Herz, gebunden. Nach den
Anschauungen von Ureinwohnern anderer Kulturen kann
die Seele als sogenannte Bauchseele auch in dieser Dimension des Leibes wohnen. Gerade diese Anschauung gewinnt
durch die psychosomatische Medizin eine große Plausibili-
tät, nach der starke seelische Empfindungen, zum Beispiel
die Wut oder die Angst, sich gerade in den Eingeweiden und
im Bauchbereich äußern. Nach meiner Untersuchung von
nahezu 400 Personen über Fragen der seelischen Krankheits-
ursachen spüren 88% der Frauen Wut im Bauch, und bei der
Patientengruppe der Männer sind es sogar 95% der Befragten[36]. An diesem Untersuchungsergebnis wird deutlich,
welch ein hohes Potential an seelischen Energien und Kräften sich gerade in diesem sensiblen Körperbereich nieder-
schlägt.

Die Seele läßt sich nicht eindeutig in einem Organ des
Körpers oder an einem bestimmten Ort lokalisieren. Aufgrund ihrer fließenden Intensität scheint sie ausgedehnt und
zwischen den verschiedenen Organen gleichzeitig anwesend
und wirksam zu sein. Mit dem Begriff der Intensität möchte
ich auf einen gewichtigen psychodynamischen Faktor im
seelischen Erleben aufmerksam machen. Aufgrund von zahlreichen Erfahrungsberichten von sterbenden Menschen, die

Elisabeth Kübler-Ross, Moody und andere Autoren mitteilen, wird eindrucksvoll deutlich, daß die Seele im Umkreis des Todes von einer besonderen Intensität bewegt ist. Intensität ist eine Ausdrucksform der psychischen Energie. Der Intensitätsfaktor bestimmt auch den Übergang der seelischen Energie von einer einzelnen Person auf andere Menschen und Gegenstände. Damit wird zugleich die Ausdehnung der psychischen Phänomene beschrieben. Das Reich der Seele ist nicht begrenzt auf den Körper und wird nicht durch die Haut abgeschlossen. In den Beziehungen zwischen Menschen wird die Seele in vielfältigen positiven und negativen Stimmungen erfahren. Wir alle kennen das Erlebnis, wie sich zum Beispiel das Gefühl der Liebe ausbreitet und die Gemeinschaft erwärmt wie Sonnenstrahlen. Auch negative Empfindungen wie Mißtrauen und Haß können sich zwischen den Menschen ausbreiten und die Atmosphäre vergiften.

Die genannte Ausdehnung des Seelischen in den zwischenmenschlichen Beziehungen sollte nicht zu konkret als räumliche Ausdehnung verstanden werden. In vielen seelischen Erfahrungen werden die vertrauten Beschränkungen von Raum und Zeit oftmals relativ. C. G. Jung weist in seinem Aufsatz »Seele und Tod« ausdrücklich darauf hin, daß die Seele die Schranke der Raumzeitlichkeit durchbrechen kann, und schreibt dazu: »Die raumzeitliche Bewußtseinsbeschränkung ist eine dermaßen überwältigende Tatsache, daß jede Durchbrechung dieser fundamentalen Wahrheit eigentlich ein Ereignis von höchster theoretischer Bedeutung ist, denn es wäre damit erwiesen, daß die Raumzeitbeschränkung eine aufhebbare Bestimmung ist. Die aufhebende Bedingung wäre die Psyche, welcher also mithin die Raumzeitlichkeit höchstens als relative, bedingte Eigenschaft anhaften würde. Gegebenenfalls aber könnte sie die Schranke der Raumzeitlichkeit auch durchbrechen, und zwar notwendigerweise vermögens einer ihr wesentlichen Eigenschaft relativer Raum- und Zeitlosigkeit. Diese, wie es mir scheint, sehr naheliegende Möglichkeit ist von so unabsehbarer Tragweite, daß sie den forschenden Geist zu größter Anstrengung anspornen sollte.«[37] Die genannten Sterbeerfahrungen und die von mir bearbeiteten Erschei-

nungsträume von Verstorbenen sowie das Vorausahnen der
Seele vom nahenden Tod sind nach meiner Auffassung als
eine derartige Durchbrechung der sonst herrschenden und
begrenzenden Raumzeitlichkeit zu verstehen. So wie die
Seele bei vorausgeträumten Ereignissen und Todesfällen die
Zukunft vergegenwärtigt, vermag sie infolge ihrer besonderen Intensität und Ausweitung im Angesicht des Todes auch
Anteil zu haben sowohl an der diesseitigen als an einer jenseitigen Welt. In Ermangelung eines zutreffenden Begriffes
spreche ich daher von dem Zwischen oder dem sogenannten Zwischenreich der Seele.

Das Zwischenreich ist uns auch aus zahlreichen Sagen
und Märchen bekannt. Es ist eine Art magisches Reich oder
Jenseitswelt, in der sich die Handlungen und die Wandlungen der Gestalten ereignen. Wenn wir uns in Gedanken und
in der Phantasie mit einem Märchenhelden einlassen, werden wir mit ihm zu Wanderern zwischen zwei Welten. Einerseits gehören sie wie auch wir dem Diesseits an, und andererseits erfahren wir mit ihnen Jenseitiges. Der bekannte
Märchenforscher Max Lüthi referiert Auffassungen über die
Jenseitswelt, die aus dem Totenglauben und dem Toten-
brauch abgeleitet sind. Bei den dunklen und schwarzen
Totengestalten in den Sagen und in unseren Träumen ist
eine derartige Verstehensmöglichkeit besonders einsichtig.
Über das Erscheinen der Totengeister in den Sagen und
anderen Erfahrungen schreibt Lüthi: »Die charakteristi-
schen Vertreter der jenseitigen Welt aber sind in der Sage die
Totengeister. Denn unser eigentliches Diesseits liegt diesseits des Todes, und jenseits des Todes liegt das uns erwar-
tende Jenseits. In der Volkssage wird die Scheidelinie
schmerzhaft scharf gezogen. Das Jenseitige ist örtlich oft
ganz nah, aber wesensmäßig ist es durch einen Abgrund von
den lebendigen Menschen geschieden. Die Totengeister
sind unheimlich und gefährlich, ebenso ein namenloses
Etwas, das irgendwie nach uns zu greifen scheint. Ein großer
schwarzer Hund, der einem unversehens vor die Füße
springt, eine Weile vorausläuft und dann bei einem Weg-
kreuz verschwindet, eine nebelhafte weiße Gestalt, die auf
einer Wiese zu sitzen scheint, oder ein unerklärliches
Geräusch lassen den, dem solches begegnet, erschauern.«[38]

*In manchen Todesträumen erscheinen Menschen oder Gestalten,
die einen unheimlichen Eindruck auf uns machen, weil sie etwas
widerspiegeln, was normalerweise nicht so gesehen wird. So sind
mir zum Beispiel Träume berichtet worden, in denen Verstorbene
aus dem Nebel erscheinen oder darin verschwinden und wieder
unsichtbar werden. In anderen Träumen kann es auch eine Wolke
sein, die einen Menschen einhüllt und damit unsichtbar macht,
ähnlich wie der auferstandene Christus von einer Wolke umhüllt
und darin aufgehoben wurde, so daß er von seinen Begleitern
nicht mehr gesehen werden konnte. Der Übergang von unserer
Welt zur unsichtbaren Wirklichkeit wird in den archetypischen
Träumen im Umkreis des Todes oftmals merkwürdig verschleiert
und »vernebelt«.*

*Diese verborgene innere Welt bringt der Maler Peter Birkhäu-
ser in seinen Werken und Bildern eindrucksvoll zur Darstellung.
In seiner Lithographie »Der Beobachter« zeigt er uns einen
Menschen, der ganz Auge und Ohr ist. Ähnlich wie in manchen
Sience-fiction-Filmen die Augen und/oder Ohren verändert und
merkwürdig überzeichnet werden, um ein außergewöhnliches
Seh- oder Hörvermögen deutlich zu machen, geschieht es auch bei
dem »Beobachter« von Birkhäuser. Diese übermenschliche Gestalt
scheint alles durchschauen zu können, was dem menschlichen
Bewußtsein noch nicht einsichtig ist. Angesichts solcher Erscheinungsbilder in den Träumen fühlen sich viele Menschen durch-
schaut und »gerichtet« – im Sinne einer Ausrichtung auf ein
ganzheitliches Selbst- und Gottesbild.*

Peter Birkhäuser, Der Beobachter
Aus »Licht aus dem Dunkel« Die Malerei von Peter Birkhäuser,
Birkhäuser Verlag, Basel, 1980

Auch das biblisch-christliche Denken kennt im Hinblick auf die letzten Dinge und das Leben in der zukünftigen Welt einen sogenannten Zwischenzustand und ein Zwischenreich zwischen dem Sterben und der Auferstehung am Jüngsten Tage. Über den Aufenthaltsort der Verstorbenen und der abgeschiedenen Seelen während dieses Zwischenzustandes herrscht in der christlich-theologischen Tradition jedoch allgemein Unsicherheit und Unklarheit. Gerade deswegen brauchen wir in unserer Zeit eine Anschauung vom Tod, die auf Erfahrung beruht, und einen Mythos vom Totenreich. Wichtige Elemente und Bausteine zu diesem Mythos sind einerseits die Neubesinnung auf die mythischen Vorstellungen aus anderen Kulturen und Religionen und andererseits das Aufscheinen von Vorstellungen über das Totenreich aus gegenwärtigen Träumen. Wenn sich die Verstorbenen und andere archetypische Gestalten aus dem Totenreich vorstellen, werden wir zumeist erkennen, daß diese Bilder den vergangenen Anschauungen und Mustern ähnlich und manchmal sogar gleich sind. In der Praxis der Therapie begegnen uns solche Selbstoffenbarungen der Seele und sind wichtige Mosaiksteine für die Entwicklung des persönlichen Mythos. Wenn wir an solchen Mythen weben und arbeiten, bekommen wir so etwas wie eine »Landkarte« zur Orientierung in diesem dunklen seelischen Bereich. Durch manche Träume habe ich den Eindruck gewonnen, daß der Aufenthaltsort der verstorbenen Seelen und das Totenreich angrenzen an das kollektive Unbewußte im Sinne C. G. Jungs oder sogar teilweise damit identisch sind.

Unter dem Begriff des kollektiven Unbewußten wird in der analytischen Psychologie C. G. Jungs ein Bereich der Psyche verstanden, dessen Formen, Motive und Symbole nicht individuell erworben, sondern vererbt sind. Jung definiert diesen Begriff wie folgt: »Das kollektive Unbewußte ist ein Teil der Psyche, der von einem persönlichen Unbewußten dadurch negativ unterschieden werden kann, daß er seine Existenz nicht persönlicher Erfahrung verdankt und daher keine persönliche Erwerbung ist. Während das persönliche Unbewußte wesentlich aus Inhalten besteht, die zu einer Zeit bewußt waren, aus dem Bewußtsein jedoch entschwunden sind, indem sie entweder vergessen oder verdrängt wurden, waren die Inhalte des kollektiven Unbewußten nie im Bewußtsein und wurden somit nie individuell erworben, sondern verdanken ihr Dasein ausschließlich der Vererbung.«[39] Dieser Bereich der Psyche ist das Objektiv-Psychische. Es ist ein unanschauliches psychisches System, das die Individualpsyche umfaßt und zugleich überschreitet. Das kollektive Unbewußte manifestiert sich in Träumen mit archetypischen Bildern, in Visionen sowie in religiös-ekstatischen Zuständen. Es kann sich auch in krankhaften Wahnvorstellungen äußern. Die Archetypen wie zum Beispiel das Selbst haben ihre Wurzeln in diesem überpersönlichen Bereich der Seele. Aus dieser Tiefe der Seele stammen auch die Erscheinungen der Verstorbenen im Traum und die Vorahnungen des nahenden Endes. Im kollektiven Unbewußten aber werden die uns beherrschenden Gesetzmäßigkeiten von Raum und Zeit relativ.

Wir können davon ausgehen, daß das Selbst eines jeden Menschen seine Wurzeln in diesem geheimnisvollen Bereich des kollektiven Unbewußten hat. Aus diesen Quellen erfährt das Selbst auch die Vorahnungen vom kommenden Tod. Diese Botschaft kann auch von einem anderen Selbst als dem persönlich Betroffenen geträumt werden und damit ins Bewußtsein gelangen. In den folgenden Beispielen vom vorausgeträumten Tod scheint es so zu sein, als ob das Selbst dieser Menschen den nahenden Tod eines Angehörigen zum Bewußtsein bringen wolle und damit die Vorbereitung und die Auseinandersetzung mit dem kommenden Tod veranlasse. In den Zeugnissen von sterbenden Menschen wird vielfach bezeugt, daß auch sie die Botschaft des nahenden Endes ahnen und wissen. In den von mir gesammelten Traumberichten geht es jedoch darum, wie diese Botschaft über das Selbst eines anderen Menschen sich mitteilte.

Der vorausgeträumte Todesfall

Die Bedeutung und Funktion der Träume vom Tod erfahren mehr Menschen als angenommen wird. Weil diese Träume meistens einen tiefen Eindruck hinterlassen, sind viele Menschen an einem Verständnis derartiger Erfahrungen interessiert. Im voraus geträumte Ereignisse, insbeson-

dere auch Todesfälle, die erst später eintreten, werden von
vielen Menschen als prophetische Träume bezeichnet. In
solchen Träumen eilt die Seele in die Zukunft voraus, oder
umgekehrt scheint die Zukunft vielmehr in die Gegenwart
zu gelangen. Es sind zahlreiche Erfahrungen und Berichte
bekannt, nach denen derartige Träume oder außersinnliche
Wahrnehmungen unter bestimmten psychischen Bedingungen entstehen. Insbesondere bei emotionaler Anspannung,
wie zum Beispiel im Umkreis des Todes oder bei bedrohlichen Krankheiten, ereignen sich diese paranormalen psychischen Phänomene. Ihnen scheint ein gemeinsames archetypisches Grundmuster der seelischen Reaktion zugrunde zu
liegen, das die normalen Bedingungen unseres Eingebun-
denseins in Raum und Zeit sprengt und überwindet. Es ist
bekannt, daß im Umkreis des Todes oft außergewöhnliche
Erfahrungen oder übersinnliche Wahrnehmungen gemacht
werden. So gibt es gelegentlich in der Sterbestunde eines
Menschen ein besonderes Signal bei Angehörigen, die Hun-
derte oder gar Tausende Kilometer entfernt leben. Besonders häufig stellten sich derartige Ereignisse während des
letzten Krieges ein, wenn der Vater oder ein geliebter Sohn
in Rußland oder anderswo an der Front fiel. Vor allem sensi-
ble Mütter und intuitive Familienangehörige, die mit Angehörigen seelisch stark verbunden sind, haben in deren Todesstunde ein Zeichen empfangen.

Bei der Präkognition, dem Vorauswissen künftiger Ereignisse und des Todes, scheint unsere übliche Zeitvorstellung
auf den Kopf gestellt zu werden. Die Zeit und wir Menschen
kommen aus der Vergangenheit und leben in der Gegenwart
auf die Zukunft hin. Zukunft ist damit also etwas auf uns
Zukommendes. Aus Erfahrung wissen viele Menschen, daß
Ereignisse in der Zukunft in unterschiedlicher Intensität auf
uns zukommen können. Wer als verliebter Mensch morgen
den Besuch seiner Geliebten erwartet, erlebt den morgigen
Tag in einem anderen Zeitgefühl als ein schlechter Schüler,
der mit Angstgefühlen der morgigen Klassenarbeit entge-
gensieht. Doch diese Erfahrungen sind zunächst im subjektiven Erleben angesiedelt, aus dem heraus die Intensität des
Zeiterlebens verständlich wird. Darüber hinaus gibt es bei
archetypischen Träumen, die aus einer großen Seelentiefe

stammen, ein anderes Zeitgefühl als bei dem normalen Fluß der Zeit. Im Umkreis des Todes wird die Zeit »dichter« und erreicht eine besondere Intensität. Dabei scheint die Zeit dann in umgekehrter Richtung zu fließen, eben von der Zukunft in die Gegenwart. Die Umkehrung des Zeitablaufs im seelischen Bereich und im Mikrokosmos wird von einigen Physikern, wie zum Beispiel Heisenberg, als möglich angesehen. Er schreibt: »... man müßte mit der Möglichkeit rechnen, daß Experimente über die Vorgänge in ganz kleinen Raum-Zeit-Bereichen zeigen werden, daß gewisse Prozesse scheinbar zeitlich umgekehrt ablaufen als es ihrer kausalen Reihenfolge entspricht.«[40] Was der Physiker für den Mikrobereich für möglich hält, genau dies oder etwas Ähnliches scheint sich im Unbewußten zu ereignen, wenn wir kommende Ereignisse oder den Tod vorausträumen.

Die Relativität von Zeit und Raum kann auch außersinnliche Wahrnehmungen und parapsychische Phänomene erklären helfen. In einem Brief an C.G.Jung fragt der amerikanische Wissenschaftler und Parapsychologe J.B.Rhine, wie seine experimentellen Resultate auf dem Gebiet der außersinnlichen Wahrnehmung und wie die Präkognitionen als ein Vorauswissen im Sinne der Tiefenpsychologie erklärt und gedeutet werden können. Darauf antwortet Jung in einem Brief vom November 1945: »Ich kann außersinnliche Wahrnehmung nur durch die Arbeitshypothese der Relativität von Zeit und Raum erklären. Diese scheinen physisch relativ zu sein; d.h. was man z.B. absoluten Raum nennt, existiert nur in der Welt makrophysikalischer Aspekte. In der mikrophysikalischen Welt ist die Relativität von Zeit und Raum eine feststehende Tatsache. Soweit die Psyche Phänomene nichträumlichen oder nichtzeitlichen Charakters hervorruft, gehört sie anscheinend zur mikrophysikalischen Welt. Dies würde auch die offensichtlich nichträumliche Natur psychischer Gegebenheiten, wie etwa Gedanken etc., sowie die Tatsache der Präkognition erklären. Da die Psyche ein energetisches Phänomen ist, besitzt sie Masse, allerdings Masse von mikrophysikalischer Ausdehnung oder Gewicht. Aus dieser Tatsache können wir materielle Wirkungen der Psyche ableiten.

*Die Kerze und der Spiegel sind wichtige Sinnbilder und Symbole
in den Träumen und insbesondere in den Todesträumen. Dies
hängt sicher damit zusammen, daß vielen Menschen die Erfahrung bekannt ist, daß zum Beispiel ein Spiegel zerspringen und
von der Wand fallen kann, wenn ein Mensch stirbt, zu dem man
eine nahe und persönliche Beziehung hatte. Auch die Sitte, im
Sterbezimmer den Spiegel mit einem Tuch zu verhängen, ist
vielen bekannt. Noch bekannter ist die Kerze als ein Sinnbild für
das »Lebenslicht« des Menschen. In dem Märchen »Der Gevatter
Tod« wird diese Symbolik besonders eindrucksvoll vor Augen
geführt. Der Märchenheld, ein erfolgreicher Arzt und Therapeut,
sieht in einer Höhle, wie Tausende von Lichtern in unüberseh-
baren Reihen brannten, einige groß, andere halbgroß, andere
klein. Jeden Augeblick verloschen einige, und andere brannten
wieder auf, so daß die Flämmchen in beständigem Wechsel hin
und her zu hüpfen schienen. Die großen Lebenslichter gehörten
den Kindern, die halbgroßen Eheleuten in ihren besten Jahren
und die kleinen Greisen.*

*Auf dem nur kurz beschriebenen symbolischen Hintergrund wird
verständlich, daß in den Träumen von Sterbenden oft das Motiv
von einer verlöschenden Kerze erscheint. Besonders eindrucksvoll
war für mich der letzte Traum einer sterbenden Frau, die zunächst eine Kerze diesseits des Fensters sah und dann als
Ankündigung des nahenden Todes ihr Lebenslicht jenseits des
Fensters erblickte. Diese hintergründige Symbolik zeigt uns auch
der amerikanische Künstler Walter de Maria.*

Candle Piece
Walter de Maria, 1965

Insofern die Relativität von Zeit und Raum die Relativität
der Kausalität einschließt und insofern die Psyche an der
Zeit-Raum-Relativität teilhat, relativiert sie auch die Kausalität; und insofern sie mikrophysikalisch ist, besitzt sie eine
zunehmend relative Unabhängigkeit von der absoluten Kausalität.«[41]

Zu dem für manche Leser vermutlich schwer verständli-
chen Zitat möchte ich noch einige erläuternde Gedanken
anfügen. Jung unterscheidet zwischen der sichtbaren und
meßbaren äußeren Welt und der inneren psychischen Realität, der mikrophysikalischen Welt. In diesem Bereich haben
die üblichen Gesetzmäßigkeiten von Raum und Zeit nur
eine relative Bedeutung. Jung hat durch seine umfangreiche
therapeutische Arbeit, insbesondere durch die Bearbeitung
von ca. 80 000 Träumen, im Verlauf seines Lebens vielfach
beobachtet, daß die Psyche von der absoluten Kausalität
unabhängig sein kann.

Vor weiteren theoretischen Erörterungen dieser interes-
santen Fragen möchte ich ein persönliches Beispiel eines
vorausgeträumten Todesfalles berichten. Ich hatte zwölf
Nächte vor dem Tod meines Vaters im Jahre 1975 den folgenden Traum:

*»Ich sah meinen Vater im Sarg auf dem Kirchplatz unter einer
alten Eiche liegen, die in unmittelbarer Nähe neben der Heimatkir-
che stand. Mit besonderer Betroffenheit und Trauer näherte ich
mich zögernd dem Sarg, um mich von dem Vater zu verabschieden.
Lange schaute ich meinem Vater aus etwa zwei Metern Entfernung tief bewegt ins Angesicht. Ich traute meinen Augen nicht, als
er schließlich langsam und zunächst blinzelnd die Augen öffnete
und mich ansah. Immer mehr belebte sich sein Gesicht, bis er mir
ganz lebendig erschien. Dann richtete er sich sogar ein Stück weit
auf, als wollte er mir etwas sagen. Der Traum endete damit, daß
die aufgehende Sonne dem Vater ins Angesicht schien und es für
mich eindrucksvoll verklärte.«*

In den Bildern und Motiven dieses für mich sehr ergreifen-
den Traumes erscheinen mehrere Tiefendimensionen, die
ich etwas näher beschreiben möchte. Zum einen ist der Weg
zum aufgebahrten Sarg des Vaters eine Vorahnung und Vor-

bereitung auf den nahenden Tod. Im Umkreis des Todes geschieht häufig ein Vorauseilen der Seele, um auf die kommenden Ereignisse vorzubereiten. Da das Sterben und der Tod die tiefgreifendste Erfahrung unseres Lebens ist, brauchen wir dazu eine außerordentliche Vorbereitung. Nach meinen Erfahrungen gehört zu einem derartigen Erscheinungstraum eine persönliche Empfangsbereitschaft und auch ein Sender für die Botschaft. Obwohl das Modell von Sender und Empfänger diese tiefe Erfahrung nur unzureichend erklärt, gewinnt mancher Leser vielleicht eine erste Verstehensmöglichkeit für derartige Träume.

Als weiteres Motiv ist mir das Öffnen der Augen sehr wichtig. Während ich den Vater lange anschaue, öffnet er zu meinem Erschauern nochmals die Augen, um nach mir zu sehen. Vorsichtig und fragend möchte ich es so formulieren: Indem ich meinen toten Vater anblicke, öffnet er noch einmal für mich die Augen und schaut auch mich an. Dieser Augenblick hat mir damit eine Dimension der Tiefe eröffnet, die ich bisher nicht wahrgenommen hatte. Schließlich hat mich noch tief berührt, wie die aufgehende Sonne meinem Vater ins Angesicht schien und ihn in einem überirdischen Glanz verklärte. Dieser Sonnenschein war »mehr« als die erhebenden Augenblicke beim morgendlichen Sonnenaufgang.

Für mich war es eine Verklärung von »drüben«, vergleichbar mit der Verklärung Jesu, von der es heißt: »... und sein Angesicht leuchtete wie die Sonne.« In meinem Traum leuchtete das Angesicht des Vaters zwar nicht wie die Sonne, sondern wurde von der Sonne angestrahlt. Dieser Unterschied läßt auch eine wichtige theologische und symbolische Dimension aufscheinen. Das Angesicht verklärt sich nicht aus sich heraus oder einzig von innen, sondern es wird von außen angeleuchtet und verklärt. Dabei ist ganz wichtig, daß Innen und Außen nicht als Gegensätze angesehen werden, sondern als zwei Gestalten der Einheitswirklichkeit erscheinen können.

Ähnliche Erfahrungen wie vor dem Tod meines Vaters hatte ich vor zwei Jahren vor dem Tod meiner Mutter. Einige Tage vor ihrem Tod träumte ich, daß sie in Cuxhaven ein Schiff besteige und zu einer weiten Reise aufbreche.

Während ich in weiterer Entfernung an Land stand, hatte ich schon im Traum das Empfinden, daß meine Mutter von dieser Reise niemals wieder heimkehren werde. Einen der für mich eindrucksvollsten Träume hatte ich nach ihrem Tod. Zunächst ging ich im Traum über ein Feld und dann durch einen Gemüsegarten, wie ich es zeitlebens oft mit meiner Mutter gemeinsam getan hatte. Während ich die Pflanzen betrachtete, hörte ich irgend jemand Holz hacken. Ich schaute auf und gewahrte meine Mutter in einem Turm. Während ich freudig zu ihr lief, um sie zu begrüßen und zu umarmen, sah ich, daß wir voneinander durch eine Glasscheibe getrennt waren. In einer gewissen Niedergeschlagenheit und Trauer erwachte ich aus diesem Traum. Ähnliche Träume begleiteten meinen Trauerprozeß um die heimgegangene Mutter in den folgenden Monaten.

Nachdem ich auf die Trauerarbeit nach dem Erscheinen von Verstorbenen in einem früheren Kapitel eingegangen bin, möchte ich hier noch einige Anmerkungen machen über die tiefenpsychologische Funktion von »prophetischen Träumen«, in denen zukünftige Ereignisse vorhergesehen oder vorhergeträumt werden. Die Vorahnung des kommenden Todesfalles war für mich eine Art Seelsorge an der eigenen Seele. Ich habe es im Verlauf der Jahre bei manchen anderen paranormalen Träumen, also bei Traumerfahrungen, die über die üblichen und normalen Träume hinausgehen, als hilfreich erlebt, auf bestimmte Ereignisse vorbereitet zu werden. Mancher mag sich daran erinnern, wie hilflos man oftmals unvorhergesehenen Ereignissen gegenübersteht. Wenn man dagegen »vorgewarnt« wird, kann man sich auch auf schmerzliche Erfahrungen vorbereiten, ähnlich wie ein Patient, der weiß, daß er morgen operiert wird.

Über das seelische Erleben im Umkreis des Todes, insbesondere über vorausgeträumte Todesfälle, berichtet C. G. Jung zahlreiche Erfahrungen in seinem Buch »Erinnerungen, Träume, Gedanken«. Besonders eindrucksvoll ist sein Traum vor dem Tod seiner Mutter. Als sie starb, befand Jung sich im Tessin. In der Nacht vor ihrem Tod hatte er den folgenden erschreckenden Traum:

»Ich befand mich in einem dichten, finsteren Wald; phantastische, riesige Felsblöcke lagen zwischen gewaltigen urwaldartigen

Bäumen. Es war eine heroische, urweltliche Landschaft. Mit einem Male hörte ich ein gellendes Pfeifen, das durch das Universum zu hallen schien. Die Knie wurden mir weich vor Schrecken. Da krachte es im Gebüsch, und ein riesiger Wolfshund mit einem furchtbaren Rachen brach heraus. Vor seinem Anblick gerann mir das Blut in den Adern. Er schoß an mir vorbei, und ich wußte: jetzt hat der wilde Jäger ihm befohlen, einen Menschen zu apportieren. Mit Todesschrecken erwachte ich, und am folgenden Morgen erhielt ich die Nachricht vom Tode meiner Mutter.«[42]

Jung war klar, daß dieser Todesschrecken mit dem Tod seiner Mutter zu tun habe, obwohl sie nicht persönlich im Traum als Sterbende erschien. In dem wilden Jäger und dem riesigen Wolfshund erkannte Jung germanische mythologische Motive. Diese archetypischen Symbole wurden in seiner Seele lebendig zu dem Zeitpunkt, als seine Mutter abgerufen wurde. Er verstand die Botschaft dieses Traumes dahingehend, »daß die Seele meiner Mutter in jenem größeren Zusammenhang des Selbst aufgenommen wurde«.

Bereits einige Monate zuvor wurde Jung durch einen Erscheinungstraum seines im Jahre 1896 verstorbenen Vaters auf den Tod seiner Mutter vorbereitet. Nachdem Jung nie mehr von dem verstorbenen Vater geträumt hatte, erschien er jetzt in diesem Traum, »wie wenn er von einer weiten Reise zurückgekehrt wäre. Er sah verjüngt aus und nicht väterlich autoritär. Ich ging mit ihm in meine Bibliothek und freute mich riesig zu erfahren, wie es ihm ergangen sei. Ganz besonders freute ich mich darauf, ihm meine Frau und meine Kinder vorzustellen, ihm mein Haus zu zeigen und zu erzählen, was ich inzwischen alles getan hätte und geworden sei. Ich wollte ihm auch von dem Typenbuch berichten, das jüngst herausgekommen war. Aber ich sah sogleich, daß alles das nicht möglich war, denn mein Vater schien präokkupiert. Anscheinend wollte er etwas von mir. Das fühlte ich deutlich und stellte mich darum selber zurück. Da sagte er mir, er möchte mich, da ich ja Psychologe sei, gern konsultieren, und zwar über Ehepsychologie. Ich machte mich bereit, ihm einen längeren Exkurs über die Komplikationen der Ehe zu geben, und daran bin ich erwacht. Ich konnte den Traum nicht recht verstehen, denn

es kam mir nicht in den Sinn, daß er sich auf den Tod meiner
Mutter beziehen könnte. Das wurde mir erst klar, als sie im
Januar 1923 plötzlich starb.«[43]

Diese und zahlreiche weitere Träume dienten Jung als
Informationsquelle darüber, wie das Unbewußte jenseits des
Bewußtseins Raum und Zeit relativiert. Die Spontanmanife-
stationen des Unbewußten gaben Jung Hinweise für seine
Vorstellungen und seinen Mythos vom Leben nach dem
Tod. Die Träume und andere außersinnliche Wahrnehmungen hatten für ihn nicht den Wert von Erkenntnissen im
wissenschaftlichen Sinne und erst recht nicht die Funktion
von Beweisen. Jung stellte sich das Leben im Jenseits als eine
Fortsetzung des psychischen Lebens im Alter und im Diesseits vor. »Die psychische Existenz, vor allem die inneren
Bilder, mit denen wir uns schon jetzt beschäftigen, liefern
den Stoff für alle mythischen Spekulationen über eine Existenz im Jenseits, und diese stelle ich mir als ein Fortschrei-
ten in der Bilderwelt vor.«[44]

Jung setzt sich in dem Kapitel »Über das Leben nach dem
Tode« auch mit den Vorstellungen vieler Menschen über das
Jenseits auseinander, die vor allem vom Wunschdenken und
von bestimmten Vorurteilen bestimmt sind. Für ihn waren
das Jenseits und das Totenreich nicht nur mit lichten Vorstellungen verbunden. Er hebt hervor, daß mindestens die
Hälfte seiner Berichte und Erfahrungen über Begegnungen
mit Toten von angstvollen Erlebnissen und dunklen Geistern
und Erscheinungen handelt. Diese Anmerkung erscheint
mir für die Gegenwart besonders bedenkenswert, weil in der
Sterbeliteratur und in Berichten von Sterbeerfahrungen einseitig die schönen und lichten Seiten berichtet werden und
damit die Auseinandersetzung mit der dunklen Seite der
Unterwelt zu kurz kommt. Für Jung waren seine Gedanken
über das Jenseits und über ein Leben nach dem Tod sowie
seine vorausschauenden Träume von kommenden Todesfällen wichtige Bausteine seines tiefenpsychologischen Werkes.
»In gewisser Hinsicht gehören sie auch zum Fundament
meiner Werke; denn diese sind im Grunde genommen nichts
anderes als immer erneute Versuche, eine Antwort auf die
Frage nach dem Zusammenspiel von ›diesseits‹ und ›jenseits‹
zu geben.«[45]

Der schwarze Vogel kündet den Tod

»Ich sehe im Traum meinen Mann auf dem Rasen auf einem Gartenstuhl sitzen. Er liest wahrscheinlich wieder in einer medizinischen Fachzeitschrift. Im Hintergrund sehe ich den Wald, der an unseren Garten angrenzt. Ein schwarzer Vogel sitzt auf der rechten Schulter meines Mannes und befindet sich ganz dicht an seinem Kopf und an seinem Gesicht. Quer über den Körper des Vogels sehe ich zwei rote Streifen in seinem Federgewand. Sie sind scharf konturiert und deutlich zu sehen. Ich gehe etwas näher heran und will den Vogel auf meinen Finger locken, weil ich merke, daß der Vogel so nahe an meines Mannes Gesicht ist, was ihm unangenehm zu sein scheint. Andererseits sollte ich aber auch sehen, wie zahm er war. Dies vernahm ich und spürte ich aus dem Blick meines Mannes. Der Vogel flog aber nicht auf meinen Finger, sondern an mir vorbei auf das Treppengeländer und erschien mir dort mehr in einem goldenen Federgewand.«

Dieser Traum wurde von einer 55jährigen Frau einen Tag vor dem plötzlichen Herztod ihres Mannes geträumt. Ihre Partnerbeziehung war in den letzten Jahren zunehmend schwierig geworden und besonders im letzten dreiviertel Jahr von starken Spannungen geprägt. Die Träumerin sehnte sich nach einer Beziehung, in der offen und ehrlich mit Gefühlen umgegangen wird. Sie wollte nicht nur gut funktionieren und etwas leisten, sondern vor allem auch mit ihrem Mann zusammen leben. Eine tiefe Sehnsucht nach Angenommensein erfüllte sie. Ihr Mann dagegen arbeitete fast immer in seinem medizinischen Bereich. Auch zu Hause beschäftigte er sich mehr mit seinen medizinischen Fachzeitschriften und Fachbüchern, als sich um das persönliche Ergehen seiner Frau zu bemühen. Immer mehr verkroch er sich in seiner Arbeit und wurde zunehmend depressiver.

In ihren eigenen Aufzeichnungen zu den Beziehungsschwierigkeiten und zu dem Traum bemerkt die Träumerin:

»Mein Mann sollte wegen seiner Herzbeschwerden am übernächsten Tag zu einer diagnostischen Untersuchung in eine Fachklinik. Im Rückblick muß ich leider sagen, daß ich zu jener Zeit seine Beschwerden nicht ernst genug genommen habe. Ich fühlte zwar die seelische Not meines Mannes,

seine Einsamkeit und in gewisser Weise auch seine Hilflosig-
keit, doch ich wußte nicht recht darauf einzugehen.

Ich spürte unbewußt, daß es ein bedeutsamer Traum war,
und erzählte ihn morgens beim Frühstück meinem Mann.
Ich wagte ihn dabei nicht anzuschauen, weil ich fürchtete,
daß sein Augenausdruck die Botschaft des Traumes und das
Wissen von dem nahenden Tod widerspiegeln könnte. Als
ich mit ihm im Gottesdienst war, dem letzten gemeinsamen
unseres Lebens, mußte ich immer wieder an meinen Traum
und an meine Ahnungen denken. Da ich noch nicht wußte,
daß ich bereits in einigen Stunden meinen Mann sterbend in
den Armen halten sollte, schob ich meine beängstigenden
Ahnungen weit von mir weg. Heute, acht Monate nach dem
Schicksalsschlag, denke ich an Empfindungsmöglichkeiten
und Wahrnehmungsfähigkeiten in mir, mit denen ich damals
noch keinen Kontakt hatte. Seitdem arbeite ich bewußt an
der Entwicklung dieser Fähigkeiten.

In mir ist eine große Sehnsucht erwacht, meine Träume
mit dem Leben zu verbinden. Ich nehme sie als wichtige
Hinweise für mein persönliches Leben. Ich schreibe sie auf
und denke darüber nach. Wenn ich einen für Träume aufge-
schlossenen Menschen finde, mag ich auch gerne meine
Träume erzählen und darüber reden. Obwohl ich oft Einzelheiten meiner Träume nicht richtig verstehen kann, habe ich
meist ein Gespür für die Tendenz meines Traumes.

Zu dem Vogel im Traum kann ich im nachhinein sagen,
daß er wohl ein Todesbote gewesen ist. Da die Vögel fliegen
können und in der Luft leben, verstehe ich sie als ein Geist-
symbol. Vögel und andere Tiere kommen öfter vor in meinen Träumen und machen mich nachdenklich. Der Vogel in
meinem Traum sah so ähnlich aus wie ein Rabe. Durch die
zwei roten Streifen in seinem Federkleid ist er für mich ein
außergewöhnlicher Vogel. Einen ganz besonderen Eindruck
hinterließ er, als er an mir vorbeiflog auf das Treppengeländer zu. Da erschien er mir golden.

Dieser Vogeltraum hat mir in erschütternder Deutlichkeit
gezeigt, wie klar die Bildersprache des Unbewußten ist, auch
wenn wir zunächst noch nicht wissen, was im wirklichen
Leben auf uns zukommt.«

Es handelt sich bei dem vorliegenden Traum ganz offensichtlich um einen vorausahnenden und prophetischen Traum. Derartige vorausschauende Träume sind aus der Kulturgeschichte der Menschheit vielfach bekannt. Wir denken zum Beispiel an die spektakuläre Voraussage von Swedenborg von dem Großbrand in Stockholm. Viele werden auch aus ihrem Bekannten- und Freundeskreis von solchen vorausgeträumten Ereignissen gehört haben. Doch am meisten sind wir betroffen, wenn uns selbst ein prophetischer Traum Ereignisse anzeigt, die sich im nachhinein so ereignen.

Wie ist nun in dem vorliegenden Fall der vorausgeträumte Tod des Ehemannes zu verstehen? Nun, wir hörten schon von den Herzbeschwerden des am Herzinfarkt verstorbenen Gatten. Wie so häufig Sterbende ihren Tod ahnen oder träumen, so scheint im vorliegenden Falle das unbewußte Wissen des Betroffenen im Traum der Ehegattin ins Bewußtsein gedrungen zu sein. Da der Verstorbene als Mediziner sehr stark die naturwissenschaftliche Betrachtungsweise bevorzugte, wanderte die Seele ein Stück weit in den Traum der Ehepartnerin aus. Ich habe schon oft gehört, daß gelegentlich ein Partner die Fragen und Probleme des anderen mitträumt. In der Traumpsychologie nehmen wir an, daß wir alle nicht nur von Dingen träumen, die uns selber bewegen, sondern auch von Ereignissen, die zwischen uns und unseren nächsten Angehörigen geschehen. So gesehen, scheint es plausibel, wenn unsere Träumerin das unbewußte Wissen des kurz vor seinem Tod Stehenden aufnimmt und zum Bewußtsein bringt.

Das Symbol für die Todesbotschaft ist der schwarze Vogel. Er sitzt auf der rechten Schulter des Ehemannes ganz dicht an seinem Kopf, an seinem Gesicht. Das Traumbild betont sehr deutlich die Nähe zwischen dem Todesboten und dem Angesicht des vom Tode Gezeichneten. Es scheint so, als flüstere der schwarze Rabe dem Betreffenden die Botschaft ins Ohr, daß er am folgenden Tage sterben müsse. Im Gespräch erzählte ich der Träumerin von den Raben auf Wotans Schultern, die ihm auch eine Botschaft und künftige Ereignisse ins Ohr flüsterten. Dieses Bild aus der germanischen Mythologie konnte die Träumerin gut annehmen und so ihr eigenes Traumbild tiefer verstehen.

*In der mittelalterlichen Alchimie, in der biblischen Überlieferung
sowie in der östlichen Religion und Philosophie ist der Schädel
ein Symbol des Selbst und der mystischen Weisheit. Das alchimistische Gefäß der Wandlung ist nach C. G. Jungs Forschungen
(GW XII, S. 110) aus der Form des Schädels als einer Urform des
Runden abgeleitet. Das, was aus dem Gefäß entsteht, soll ebenfalls »rund« und vollkommen sein. Daher ist auch der Tod die
Abrundung des Lebens. Auf der alchimistischen Darstellung steht
»Gevatter Tod«, der »Schwarze«, der auch die Nigredo (Schwär-
zung) genannt wird, auf dem von Flammen umgebenen Runden.
Auch der Rabe ist in diesem Zusammenhang ein Totenvogel, wie
in dem Wahrtraum von dem bevorstehenden Tod, in dem der
schwarze Vogel den Tod ankündigt (siehe Kapitel 4).*

*Die andere Abbildung zeigt den Schädel auf einer Schildkröte.
Sie stellt die unterste Stufe der seelischen Wandlung dar als
erdhaftes Symbol der Großen Mutter. Dem Totenschädel als
furchterregendem Symbol der Todverfallenheit entströmen aus den
Augen Flammen als Symbol des Geistes. Die Lotusblüte als
Symbol des Selbst und der Weisheit steht über dem Tod. Diese drei
Stufen der Wandlung, zusammengefaßt im Symbol des Dreiecks,
werden von dem hintergründigen Licht überstrahlt, das in vielen
Sterbeerlebnissen und Todesträumen erleuchtend wirkt.*

Der »Schwarze« auf dem »Runden« stehend
Mylius, Philosophia reformata, 1622

Trimurti-Bild
Nach einer indischen Darstellung

Wir können diesen vorausschauenden Traum als archetypisch betrachten. Dies besagt in unserem Zusammenhang,
daß ein schicksalhaftes Ereignis sich im Traum anzeigt. Meistens stehen wir betroffen vor derartigen Bildern und ahnen
das Schicksal, das auf uns zukommt. In einem Gespräch
berichtete die Träumerin davon, wie sie sich von den
Ahnungen im Traum distanzierte. Am meisten konnte sie
sich mit ihrer eigenen Haltung und Handlung im Traum
identifizieren. »Ich gehe etwas näher heran und will den
Vogel auf meinen Finger locken, weil ich merke, daß der
Vogel so nahe an meines Mannes Gesicht ist, was ihm unangenehm zu sein scheint.« Bei archetypischen Träumen fällt
es den Träumern zumeist schwer, sich mit diesen überpersönlichen Bildern zu identifizieren. Daher ist zunächst
danach Ausschau zu halten, was der Träumer selbst tut und
wie er im Traum handelt. Obwohl die Träumerin näher an
den Vogel herangeht und ihn zu sich locken will, fliegt er
doch an ihr vorüber. Obwohl die Träumerin ihren Finger
ausstreckt, kommt es zu keiner Beziehung und Begegnung
mit dem Todesboten im Traum.

Zu den vorausgeträumten Todesfällen möchte ich abschließend noch eine Auffassung und Deutung vortragen,
die uns diese Träume tiefer und umfassender verstehen helfen. Es scheint so zu sein, daß in den prophetischen und
paranormalen Träumen Entwürfe und Pläne inszeniert werden, die den Bauplan abbilden für die nachfolgenden realen
Ereignisse. Ähnlich wie ein Architekt den Bauleuten einen
Bauplan vorlegt (mir ist klar, daß solche Vergleiche »hin-
ken«), nach denen sie das Haus errichten, scheint die Seele
ein Muster zu haben, das dann in der Realität in die Tat
umgesetzt wird. Für manchen mag dies nach einer schicksal-
haften Zwangsbestimmung aussehen, die die persönliche
Freiheit stark beeinträchtigt. Nach meiner Kenntnis handelt
es sich bei den vorausgeträumten Ereignissen, insbesondere
im Umfeld des Todes, um eine ursprüngliche und archetypische Funktion. Durch zwei Beispiele möchte ich diese Sicht
erhellen, zum einen durch einen Indianer-Mythos und zum
anderen durch die biblisch-christliche Vorstellung von der
Welterschaffung durch das göttliche Schöpferwort. In diesen
Anschauungen und Überzeugungen sind das Träumen und

das Wort der Plan und der Entwurf für die nachfolgende Realisierung. In den ersten Kapiteln der Bibel wird berichtet, wie Gott die Welt durch sein Wort schuf. Er sprach: »Es werde Licht, und es ward Licht.« In ähnlichem Wortlaut fährt die Bibel fort, die verschiedenen Schöpfungsakte zu bezeugen. Gott spricht, und es geschieht also.

Ähnlich wie nach der Bibel die Welt aus dem Wort geschaffen wird, wird sie nach einem Indianer-Mythos aus dem Traum erschaffen.

Der von D. Coxhead mitgeteilte Mythos lautet:

>>*Am Anfang gebar das Wort den Vater.*

Ein Traumbild bestand – nichts sonst; der Vater rührte an eine Illusion, an etwas Geheimnisvolles. Nichts existierte. Durch das Wirken eines Traumes begegnete unser Vater (der selbst ein Traum ist oder einen Traum hat) dem Spiegelbild seines Körpers, und er grübelte lange Zeit und versank in tiefes Nachdenken.

Nichts existierte, nicht einmal ein die Vision stützender Gegenstand: unser Vater verknüpfte die Vorstellung mit dem Gespinst eines Traumes und bewahrte sie mit Hilfe seines Atems. Er lauschte, um den Grund der Erscheinung zu erfassen, doch da war nichts. Nichts existierte.

Und noch einmal begann der Vater, nach dem Grund des Geheimnisses zu forschen. Er befestigte die leere Illusion am Faden des Traumes und drückte ihm die magische Substanz auf. Er hielt ihn mit Hilfe seines Traumes fest – wie ein Büschel roher Baumwolle.

Da erreichte er den festen Boden der Erscheinung, stampfte mehrmals darauf und setzte sich schließlich auf seiner geträumten Erde nieder.«[46]

Nach diesem Mythos der Uitoto-Indianer in Kolumbien war am Anfang der Traum. Sonst existierte noch nichts. Durch das Wirken des Traumgeschehens wird der göttliche Urvater erst des Spiegelbildes seines Körpers ansichtig. Diese Vorstellung verknüpft der Vater mit dem Traum und bewahrt sie mit Hilfe seines Atems. Dann wird der Traum mit einer magischen Substanz in Berührung gebracht, aus der die Erde entsteht, auf der sich der Vater niedersetzt. Bei der magischen Substanz wäre wohl an eine gewisse Form der Urmaterie zu denken, die ihre Gestaltung durch das Traumbild erhält, ähnlich wie das Kristallgitter in der Mutterlauge strukturierend und anordnend wirkt. Wie nach der biblischen Schöpfungsgeschichte die chaotische Urmaterie durch das Wort ihre Gestalt und Ordnung erhält, geschieht nach dem Indianer-Mythos die Weltentstehung aus dem Traumbild. Der Traum bildet dabei den »roten Faden«, der die noch leere Illusion des Vaters mit der magischen Substanz für die Weltentstehung verbindet. Wie hier der Traum eine verbindende Funktion zwischen verschiedenen Dimensionen hat, so scheint mir der Traum auch die goldene Brücke, oder wie Freud sagt, die via regia (der königliche Weg) zwischen den Lebenden und den Toten, zwischen dem Diesseits und dem Totenland zu sein. Auch die Zukunft und die zukünftigen Ereignisse können mit Hilfe des Träumens schneller zu uns kommen, als unser bewußtes Erleben das Künftige erfassen kann.

Lebendig begraben sein

Zahlreiche Träume mit dem Todesmotiv können mehrdeutig sein. Die einzelnen Traumbilder können zum einen auf die reale Lebenssituation und die derzeitigen Schwierigkeiten des Träumers bezogen werden. Zum anderen kann der Traum kommende Ereignisse andeuten, die sich in der Familie oder im persönlichen Leben ereignen werden. So träumte Frau F. den folgenden Todestraum ein Jahr vor dem plötzlichen Tod ihrer 20jährigen Tochter an einem schweren Asthmaanfall. Das im Traum anklingende Problem des Luftmangels bezog die Träumerin in ihren Gedanken gelegentlich auf das Asthma ihrer Tochter, das mit 19 Jahren plötzlich auftrat. Dennoch konnte Frau F. nicht ahnen, was sich in einem Jahr ereignen würde. Auch wenn die Träumerin die Botschaft dieses Traumes zunächst mehr auf die persönlichen Schwierigkeiten und die eigene Wandlung bezog, scheint die Seele sich mit diesem Traum auf den Schicksalsschlag vorbereiten zu wollen. Frau F. gab ihrem Traum die Überschrift: »Lebendig begraben werden.« Der Traum lautet:

»Ich lebe in einem Vorort oder Siedlungsgebiet mit roten Back-
steinhäuschen mit einem kleinen Garten. Ich lebe allein in einem
solchen Haus. Die Gegend erinnert mich an Dörfer in Holland.
Jeder kennt jeden, man ist eingebettet in die Gemeinschaft. Alles ist
ordentlich und fast steril. Ich gehe aus meinem Haus hinaus und
begegne einer Frau von Mitte Fünfzig, die schwarz gekleidet ist
wie wohl die meisten Frauen hier. Sie erzählt mir, daß sie sich
darauf vorbereitet, lebendig begraben zu werden, wie es hier üblich
ist. Sie bereitet sich noch das Essen vor.
     Dann bin ich es, die an der Reihe ist zum Begrabenwerden.
Zuerst nehme ich es gelassen, wie selbstverständlich. Allmählich
steigen Ängste auf und verstärken sich. Schließlich gehe ich zum
Friedhof in das für mich vorbereitete Grab, um zu sehen, was
überhaupt auf mich zukommt. Es liegt linker Hand, von Büschen
halb verdeckt. Ein schmaler Weg führt direkt in die Erde in eine
geräumige Grabkammer, die von einer Glühbirne schwach erleuch-
tet wird. Ich setze mich auf eine Holzbank, die links vorne am
Eingang an der Wand entlang steht. Ich weiß, daß ich alles mit-
nehmen darf, was ich will, also auch Lebensmittel. Dann stelle ich
mir vor, daß sie irgendwann ausgehen werden, wieviel ich auch
mitnehme. Immerhin, es bestünde ja die Möglichkeit irgendeiner
wunderbaren Rettung, wenn ich eine Zeitlang überlebe. Dann
mache ich mir Gedanken über die Luft im Grab. Ich prüfe, ob
durch die Ritzen an der Eisentür Luft einströmen könnte. Es sieht
nicht so aus. Also werde ich irgendwann ersticken. Dann aber fällt
mir die Kälte ein, die dort sein wird – und das entsetzt mich. Die
Furcht vor der Kälte, dem Ausgeliefertsein an diese Kälte, ist so
groß, daß mir die Idee kommt, Gift mitzunehmen. Ich verwerfe
aber den Gedanken wieder und meine, die anderen Frauen haben
das auch nicht gemacht. Ich will mich dem stellen und erleben, wie
es ist. Ich beschließe lediglich, Decken mitzunehmen.
     Dann gehe ich in die Küche meines Hauses, um mir noch etwas
Gutes anzutun, eine letzte Mahlzeit. Ich koche mir ein Knoblauch-
gemüse. Ich lächle bei dem Gedanken, daß, wenn das Grab geöffnet
wird, sie riechen werden, daß meine letzte Mahlzeit ein Knob-
lauchgericht gewesen ist.«

Die 50jährige Träumerin erlebt in ihrer derzeitigen
Lebensphase sehr intensiv das ewige Stirb und Werde, das
wir alle in der zweiten Lebenshälfte zu durchleiden haben.

Die seelische Wiedergeburt ereignet sich in Todesträumen häufig in Tunneln und anderen engen Räumen. Wie wir am Anfang des Lebens durch den engen Geburtskanal der Mutter gepreßt werden, werden wir in den großen Lebenskriesen wiederum in die Enge getrieben, um zum Durchbruch in ein ganzheitliches Erleben zu gelangen. Am Ende des Lebens schließlich muß die Seele nochmals durch den »Tunnel«, wie es in vielen Sterbeerlebnissen bezeugt wird und wie es in den Todesträumen erscheint. Auf dem bekannten Gemälde von Hieronymus Bosch nähert sich die geläuterte Seele der Begegnung mit Gott im ewigem Licht und in vollendeter ganzheitlicher Liebe.

Tunnel der Wiedergeburt
Hieronymus Bosch, um 1500

Zu dem Lebensgefühl im Traum sagt Frau F.: »Im Traum bin ich etwas älter als jetzt. Ich fühle mich reif und abgerundet, während ich mir im Leben manchmal unerwachsen vorkomme und unfähig, altersgemäß zu reagieren.«

Das ambivalente Lebensgefühl beeinträchtigt auch noch in anderer Hinsicht die Stimmung in den Tagen vor dem Traum. Besonders während einer Fortbildung fühlte sich Frau F. als »freie Frau«. Die berufliche Identität ist für die Träumerin neben dem privaten und familiären Bereich schon immer wichtig gewesen. Die Vorstellung, arbeitslos zu werden, und der plötzlich eingetretene schlechte Gesundheitszustand des Ehemannes machen der Träumerin angst. In der partnerschaftlichen Beziehung fürchtet sie, durch ständiges Rücksichtnehmenmüssen auf die labile Gesundheit des Mannes von der Möglichkeit abgeschnitten zu werden, weiterhin miteinander zu wachsen und zu reifen. Dazu kommen die Sorgen um die asthmakranke Tochter. Wenn sich Schwierigkeiten, die sich nicht aktiv aus der Welt schaffen lassen, häufen, wird Frau F. von Hoffnungslosigkeit überfallen. Die Träumerin sagt, daß sie durch diese Belastung dann zu Hause nicht mehr genug Raum für sich selber hat. »Es würde sehr ungemütlich, dunkel und kalt. Ich müßte frieren und hungern, und mir würde die Luft zum Atmen fehlen.«

Die realen Sorgen werden durch die seelischen Verletzungen aus der Kindheit noch verstärkt. Der Träumerin fällt ein, wie oft sie als Kind durch den Vater abgeschoben wurde, weil sie »nur« ein Mädchen war. Ähnlich erging es ihr bei der Mutter und den älteren Geschwistern.

Ähnlich wie in dem jetzigen Traum geschah es damals fortwährend, daß Frau F. als Kind dachte, alles auf sich nehmen zu müssen und sich anzupassen. Aufgrund dieser persönlichen Erfahrungen war sie betroffen von den Beerdigungsritualen der Etrusker. Frau F. hatte während des Urlaubs mit ihrem Mann Etruskergräber besucht und später mit großem Interesse über die Kultur und das Leben der Etrusker gelesen. Bei den Etruskern wurden Gräber gefunden, in denen das Gefolge mit Pferd und Wagen lebendig eingemauert wurde. »Mich bewegt dabei das Ausgeliefertsein bis in den Tod. Lebendige Menschen als Grabbeigabe.

Mir fallen dazu Partnerbeziehungen ein, wo einer wie tot neben dem anderen herlebt. Von einem Ehepaar weiß ich, daß ein Partner nach dem anderen das Sterben wie stellvertretend übernimmt. Anpassung ist auch in unserer ehelichen Beziehung ein wichtiges Thema, über das wir im Lauf der Jahre immer wieder gesprochen haben.

Die schwarz gekleidete Frau im Traum von Mitte Fünfzig hat eine mehrfache Bedeutung für die Träumerin. Anziehung und Ablehnung, die sie bei dieser dunklen Traumgestalt empfand, erinnern die Träumerin zum einen an eine ältere Schwester, der gegenüber sie sich bis vor wenigen Jahren unterlegen gefühlt hat. Diese Unterordnung und die dauernde Anpassung in der Familie wurden noch dadurch verstärkt, daß die Träumerin als Kind von den Eltern häufig abgeschoben wurde. Daraus entwickelten sich Zeiten der Niedergeschlagenheit und ein Gefühl, wie lebendig begraben zu sein. Dieses Gefühl der Verunsicherung und einer gewissen Minderwertigkeit lag wie ein Schatten über dem Leben von Frau F. und machte sie unfrei. Manchmal blieb dann nur der Rückzug in die Innerlichkeit und der Aufbau einer reichen Phantasiewelt. Doch die Schatten folgten auch nach innen nach und verdunkelten das Seelenleben. Die schwarze Frau im Traum, die so ist wie die meisten Frauen, wird damit zu einer Symbolgestalt für das Selbstbild als Frau. Die Träumerin faßt ihre Gefühle zu dieser Frau folgendermaßen zusammen: »Zuerst fühle ich Wohlbehagen, auch Nähe zu der Frau. Doch als sie berichtet, daß sie sich aufs Lebendig-begraben-Werden vorbereitet, spüre ich Distanz zu ihr. Allmählich steigt Angst hoch, die sich im Grab noch steigert. Zum Schluß jedoch spüre ich Mut und Vertrauen, daß ich die Aufgabe durchstehen werde. Auch ein wenig Heiterkeit spüre ich beim Gedanken an den Knoblauchgeruch.«

Das Haus, das Grab und die Küche sind die drei Aufenthaltsorte der Träumerin. Sie verläßt im Traum das Haus als Ort der Geborgenheit, um im Grab zu sehen, was auf sie zukommt. Das Haus und das Grab sind für die Träumerin Orte des Rückzugs. Das Haus jedoch wird im Traum stärker als ein Ort empfunden, an dem es zwar Sicherheit, aber keine Veränderung der bestehenden Verhältnisse gibt. Das

Grab dagegen verspricht Freiheit und die Aussicht auf eine Grenzerfahrung im Angesicht des Todes. An diesem Ort kann ich mir erlauben, Knoblauch zu essen, der Gesundheit verheißt und ein langes Leben. Grab und Küche sind auch Orte der Verwandlung.

Für Frau F. ist es im Traum und in der Realität wichtig, sich aktiv mit dem auseinanderzusetzen, was auf sie zukommt. Daher sieht sie sich im Traum die Grabkammer genau an und prüft die Lebenschancen. Die natürliche Umgebung des Grabes mit den Pflanzen und warmen Farben vermittelt der Träumerin ein Gefühl der Sicherheit und des Vertrauens. Daraus erwächst auch eine Kraft und Ruhe in ihr, sich mit dem Hintergrund ihrer Lebensgeschichte auseinanderzusetzen, indem sie einerseits immer wieder zwischen einengender Sicherheit und Geborgenheit und andererseits mit der Aussicht auf Veränderung, Grenzerfahrung und der Zerstörung ihrer körperlichen Existenz hin und her pendelte. Während die Träumerin sich in früheren Jahren in den Zeiten der Niedergeschlagenheit in sich verkroch und manchmal auch den Tod herbeisehnte, macht sie sich jetzt im Traum mit dieser letzten Ruhestätte vertraut. Indem Frau F. im Traum das Grab aufsucht und betritt, bereitet sie sich auf diese Grenzerfahrung vor. Für sie ist es wichtig, dem nicht auszuweichen und durchzustehen, was andere vor ihr auch durchgemacht haben. Diese Erfahrung verhalf auch ein Jahr später beim plötzlichen Tod der Tochter dazu, daß sie nicht an dem Leid und dem Schmerz zerbrach. Die Seele hat offensichtlich das Kommende durch den Traum vorbereitet. Für mich zeigt dieser Traum in eindrucksvoller Weise, daß derjenige, der großes Leid vor sich hat, manchmal von der Seele in weiser Voraussicht darauf vorbereitet werden kann.

Abschließend möchte ich eine Brücke schlagen zwischen der Frau am Anfang des Traumes und dem Verhalten der Träumerin am Ende. Die Identifikation mit der Frau am Anfang des Traumes wiederholt sich auf einer anderen Ebene nochmals in den Frauengestalten am Ende des Traumes. Weil die anderen Frauen im Traum kein Gift mit ins Grab genommen haben, wird Frau F. es auch nicht tun.

In dieser vieldeutigen Symbolik teilt sich der Träumerin

die Botschaft mit, daß sie unbedingt in Kontakt und in Beziehung zu einigen ihr bekannten Frauen bleiben möge, um zum einen die Trauer um die tote Tochter teilen und mitteilen und zum anderen die existentielle Todeserfahrung im Sinne der Wandlung durch das Stirb und Werde hindurch mit anderen Frauen besprechen zu können. Wörtlich sagt Frau F. zu diesen Erfahrungen:»Es waren die Frauen, die mir von außen und von innen geholfen haben, damit ich nicht zerbreche. Mir ist klargeworden, daß vor allem Geburt und Tod dem Bereich der Frauen angehören.«

Andererseits wird sich Frau F. durch die unterschiedlich erlebten Frauen im Traum auch der eigenen Ambivalenz bewußter. Einerseits möchte sie Gift mit ins Grab nehmen für den Fall, daß die »Kälte« und die »Grabesruhe« nicht mehr auszuhalten sind. Andererseits will sie sich dem Trauerprozeß stellen und bewußt den Weg der Wandlung durchs eigene Sterben hindurch gehen. In dem ambivalenten Selbstbild als Frau ist damit das Giftige und das Heilende zugleich enthalten und aufgehoben. Für die kommenden Monate der schmerzlichen Trauerarbeit um die tote Tochter bleibt zu hoffen, daß sich die Kraft des Symbols dergestalt als hilfreich erweist, daß das Heilende und Rettende etwas überwiegt.

Ähnlich wie Tobias von einem Engel begleitet wurde, wurde auch mein sterbender Analysand im Traum von einem Seelengeleiter an sein Ziel gebracht, zu den »blauen Bergen«. In der altgriechischen Religion und mythischen Anschauung ist Hermes dieser Seelenführer. Bei dem Dichter Homer erhält Hermes den Beinamen Psychopompos, der »Seelengeleiter« (Odyssee 24, 99f.). Obwohl Hermes ein vielgestaltiger Gott ist, dessen Wesenszüge und Funktionen durch die Projektionen der Menschen geformt wurden, ist er wie unsere christliche Vorstellung von Engeln ein archetypisches Symbol aus der menschlichen Seele. In der persischen Religion ist Vohumano einer der vier Thronengel Gottes. Gleich Hermes oder Michael ist Vohumano auch der Geleiter der Seelen ins Totenreich. Auf zahlreichen altgriechischen Vasen oder Terrakotten sehen wir Hermes mit seinem Stab die unsterbliche Seele geleiten. Obgleich die Engel und Seelenführer in den verschiedenen Religionen unterschiedliche Namen haben, sind sie nach tiefenpsychologischer Anschauung ein archetypisches Symbol, das gerade im Umkreis des Todes in Erscheinung tritt.

Hermes als Seelenführer
Terrakotta, Attika

In vielen Todesträumen erscheint eine Botengestalt oder ein Engel.
Ein Träumer von 39 Jahren wurde aufgefordert zu folgen.

In seinem Traum herrschte eine große Ruhe und feierliche Stim-
mung. Mag auch der Glaube an Engel und jenseitige Boten
vielen modernen Menschen unbekannt sein oder als fragwürdig
erscheinen, vielen Sterbenden und Träumenden sind sie
erschienen und wurden zu einer inneren Realität.

Ein besonderer Engel in Gefahren, Krankheiten und Todesnöten
ist der Erzengel Raphael. Seine Bedeutung und Funktion ist
bereits in der Übersetzung seines Namens enthalten: »Gott heilt«.
In dem apokryphen Buch Tobias ist eine Erscheinungsge-
schichte des Engels Raphael überliefert. Er begleitet den jungen
Tobias als Schutzengel und Nothelfer. Als Tobias beinahe
von einem großen Fisch verschlungen worden wäre, rief der
Engel: »Fasse den Fisch!« Da ergriff er den Fisch, zog ihn
aufs Land und schnitt Herz und Leber heraus zur Vertreibung
der bösen Geister in seiner Frau, und aus der Galle bereitete
er auf Anweisung des Engels eine Salbe zur Heilung des erblinde-
ten Vaters.

Raphael und Tobias
Andrea Verrocchio, um 1470

Auf einem der letzten Gemälde von Goya erscheint aus dem Dunkel eine seltsame Hundegestalt als Todesdämon. Wir dürfen darin wohl die Todesahnung des Malers angedeutet sehen, ähnlich wie zum Ende unseres Lebens der Tod seine Schatten in unseren Todesträumen vorauswirft.

Die Todes- und Wiedergeburtssymbolik (siehe Symbolregister) erscheint im Vorfeld des nahenden Todes besonders häufig in den Träumen. Unter den Todessymbolen erscheint der Hund (siehe Symbolregister) eindrucksvoll als »Seelenführer« in das jenseitige Land der Toten.

Francisco Goya, um 1800, Gemälde

Die Polarität von Tod und Leben, des ewigen Stirb und Werde hat Edvard Munch besonders eindrucksvoll in seiner Lithographie aus dem Jahre 1897 dargestellt. Während die junge Frau unter dem Lebensbaum steht, liegt ihr Gegenbild als »Todesmutter« nackt auf die Erde hingestreckt. Viele Wurzeln scheinen die Lebenskraft aus der Muttererde zum Wachstum ans Tageslicht zu bringen. Das Totenreich wird als Wurzelgrund für das Leben unter der Sonne gesehen.

Tod und Leben
Edvard Munch, 1897, Lithographie

Durch persönliche Todeserfahrungen in der Jugendzeit und durch tiefste Anteilnahme am Tod seiner fünfzehnjährigen Schwester und am Tod der Mutter kann Munch die Visionen und Träume im Umkreis des Todes besonders einfühlsam nacherleben lassen.

Stoffwechsel
Edvard Munch, 1896/98, Zeichnung

*Athene ist vielen Menschen aus den griechischen Mythen bekannt
als die Göttin der Weisheit, des Kampfes und als Schirmher-
rin der Stadt Athen. Oft war Athene eine Helferin der Helden in
Kampf und Krieg. Ihr Symboltier ist die Eule, in deren scharfen
Augen man ein Abbild sah für die besonderen Eigenschaften
der Göttin. Als Athene dem Perseus bei seinen Abenteuern
und Kämpfen gegen die Gorgonen half, erhielt sie von ihm das
Medusenhaupt, das fortan auf ihrem Schild oder Gewand
abgebildet wurde. Das Mädchen Medusa war in ein Ungeheuer
mit Schlangenhaaren und entsetzlichen Augen verwandelt
worden, dessen Blicke alles erstarren und versteinern ließen.
Ähnlich wie die Göttin Perseus Beistand leistete, kann ihr
Erscheinungsbild in den Träumen auch heute noch eine Hilfe sein
bei der Auseinandersetzung mit der eigenen Sterblichkeit und bei
den Erscheinungen von Verstorbenen, die ähnlich furchterregend
sein können wie damals das dämonische und fratzenhafte Haupt
der Gorgo (= Medusa). Als Beispiel erwähne ich den Traum
eines Kollegen, der nach einem Vortrag über Todesträume am
folgenden Morgen erzählte: »Mir ist die Göttin Athene erschienen
und hat mir einen goldenen Schlüssel übergeben.« Der Kollege,
erfahren im persönlichen Umgang mit Träumen und der Mythologie, verstand seinen Traum buchstäblich als ein »Schlüsselerleb-
nis« zu den Geheimnissen des Unbewußten und der Unterwelt.
Besonders wichtig war für ihn, daß ihm die weise Göttin keine
allgemeine Belehrung über die Geheimnisse des Totenreiches hatte
zukommen lassen, sondern ihm lediglich ohne Worte einen Schlüssel übergab und ihm selber die mühsame Arbeit des Erschließens
dieser geheimnisvollen Dimension überließ. Im Gespräch wurde
uns das Märchen »Der goldene Schlüssel« (nach Gebrüder
Grimm) zu einer wichtigen weiteren Verstehenshilfe dieses kurzen, aber sehr eindrucksvollen Traums. In dem Märchen mußte
ein armer Junge zur Winterzeit hinausgehen und Holz holen. Als
er den Schnee wegscharrte, um Feuer zu machen, fand er einen
goldenen Schlüssel. Nun glaubte er, wo der Schlüssel wäre, müßte
auch das Schloß dazu sein. Schließlich fand er ein eisernes
Kästchen mit einem kaum sichtbaren Schlüsselloch. Spannend
schildert das kurze Märchen den weiteren Prozeß des Aufschlie-
ßens und läßt den Inhalt nur ahnen, ähnlich wie wir uns mit
unserem Ahnungsvermögen Gedanken machen können über den
Tod und was danach kommt.*

*Athene mit dem Schild,
auf welchem das Gorgonenhaupt angebildet ist*

In manchen Träumen vom Tod erscheint ein Gefährte oder ein »Seelenführer«, der einen Menschen aus diesem Leben abruft und ihn in die jenseitige Welt geleitet. Aus dem griechischen Mythos ist uns dieser Gefährte als der Fährmann Charon bekannt, der die Toten über den Acheron oder Styx, den stinkenden Todesfluß, übersetzt. Der Mythos erzählt, daß Charon die Schattenbilder der Verstorbenen von Hermes, dem Seelenführer, zugeführt bekommt, um sie über den Unterweltsstrom an das Tor des Hades zu bringen. Voraussetzung war die Beerdigung der Leichen in der Oberwelt und die Entrichtung eines Obolus als Fährlohn, den man den Toten unter die Zunge legte. Einen Lebenden hinüber- zubringen ist Charon verboten. Die Vorstellung von einem Toten- land, das jenseits des Meeres oder eines Stromes liegt, die das Land der Lebenden von den Toten trennen, ist uralt und scheint als archetypisches Bild in die Seele eingeprägt zu sein. Daher erscheint diese Vorstellung besonders häufig in den Träumen von Sterbenden.

Das Erscheinungsbild von dem Totenfährmann Charon beschäf- tigte auch viele Maler, Dichter und andere Künstler. Michel- angelo hat in seinem Bild »Das Jüngste Gericht« den furchterre- genden Ausdruck des Totenfährmanns eindrucksvoll dargestellt. Andere Ausprägungen dieses archetypischen Bildes sind der hei- lige Christophorus, der ebenfalls die Menschen zum jenseiti- gen Ufer hinüberträgt, oder »Der Gevatter Tod« in dem gleichna- migen Märchen. Wenn diese Gestalt am Kopfende eines Kranken erscheint, bedeutet es im Traum Heilung und Leben, steht sie zu Füßen, so muß ein Kranker »gehen« und sterben (siehe auch »letzte Reise« im Symbollexikon).

Der Fährmann Charon
Ausschnitt aus »Das Jüngste Gericht«
Michelangelo, 1541, Sixtinische Kapelle

In unserer Muttersprache heißt es »der« Tod. Damit scheint der Tod männlichen Geschlechts zu sein, wie er auch im »Sensenmann«, im »Knochenmann« und im Märchen »Der Gevatter Tod« erscheint. Doch es gibt viele Sprachen, in denen der Tod weiblich ist, zum Beispiel Lateinisch, Französisch, Spanisch, Russisch und viele andere. Diese Sprachregelung scheint durch die Jahrtausende hin etwas mit der Vorherrschaft von Matriarchat oder Patriarchat zu tun zu haben. In den matriarchalen Kulturen der Frühzeit und des Altertums verehrte man nicht nur weibliche Gottheiten, sondern kannte auch die Tödin, wie zum Beispiel Lilith als Todesgöttin. Sie wird als Herrin der Tiere dargestellt und als die Große Mutter über alles Leben und die Toten.

Ich kenne Menschen, für deren Auseinandersetzung mit dem Tod und mit tödlich wirkenden Lebensschwierigkeiten die Tödin wichtig geworden ist. So bezeugt eine junge Frau: »Als ich vor Jahren den Artikel »der« vor Tod in »die« umwandelte, hoffte ich, meine Angst zu überlisten. Ich ahnte nicht, daß ich mich damit auf eine Auseinandersetzung mit meiner Geburt einließ. Mein Leben erhielt seine Prägung durch eine kalte, mich ablehnende Mutter. Eine Mutter, die mich zugleich mit meiner Geburt tötete, indem sie mich nie im Zweifel darüber ließ, daß ich nicht erwünscht war. Heute möchte ich sagen, daß ich dreißig Lebensjahre hindurch mir meinen Geburtstag suchen mußte. Der Tod nahm so für mich die Gestalt meiner Mutter an, wurde kalt, zerstörend, mich besiegend. In der Begegnung mit einer älteren Freundin aber veränderte sich mein Todesbild. Gemeinsam mit ihr lernte ich, meine lebenslange Kränkung zuzulassen, und begriff, daß ich nicht lebenslang verurteilt war. In diesem Prozeß starb ich viele kleine Tode, gewann aber auch viele Male aus mir selber Leben.«

Lilith als Todesgöttin
Terrakottarelief, Sumer, etwa 2000 v. Chr.

Merkmale für prophetische Todesträume

Viele Menschen fragen nach Erkennungszeichen für prophetische Todesträume, die den wirklichen Tod ankündigen. Grundsätzlich ist zu sagen, daß es keine absoluten Todessymbole gibt, die einem Menschen den nahenden Tod ankündigen. Ähnlich wie es bei vielen Träumen keine standardisierten Bedeutungen gibt, die man in einem Symbollexikon nachschlagen könnte, wird die Todesbotschaft meistens in verschlüsselten Symbolen mitgeteilt. Eine grundlegende tiefenpsychologische Verstehensmöglichkeit von Todesträumen lautet: Wenn man vom eigenen Tod träumt, bedeutet das meistens nicht den konkreten Tod, sondern weist auf die anstehende seelische Wandlung hin. Nach meinen Erfahrungen verstehen viele Menschen diese symbolische Botschaft zu konkret und werden deswegen unnötig in panische Ängste und Todesfurcht versetzt. Daher halte ich es für sehr wichtig, daß wir nicht nur die Sprache der Sterbenden verstehen lernen, wie es mit Hilfe der weitverbreiteten Sterbeliteratur geschieht, sondern daß wir auch wieder lernen, die persönliche Traumsprache zu deuten. Unter Berücksichtigung der genannten Einschränkungen, daß es keine für alle Menschen zutreffenden Todessymbole gibt, haben sich in meiner Erfahrung und Praxis folgende Erkennungszeichen als hilfreich und zutreffend erwiesen. Um der Übersichtlichkeit willen möchte ich diese Merkmale zunächst geschlossen aufzählen und dann mit einzelnen Beispielen versehen erläutern.

1. Vom eigenen Tod träumen bedeutet meistens Wandlung.
2. Wenn uns Verstorbene abholen und erwarten, bedeutet es Tod.
3. Wenn uns ein Seelenführer ins Totenreich geleitet, müssen wir sterben.
4. Schwarze Tiere können häufig Todesboten sein.
5. Die totale Zerstörung von Tierkörpern weist auf den Tod hin.
6. Die Auflösung von pflanzlichen und natürlichen Stoffen kann das Ende ankündigen.

7. Häufig steht der Tod bevor, wenn die lebendigen Traumhandlungen zu einem einzigen Todessymbol erstarren.

8. Archetypische und mythische Traumbilder vom Tod weisen auf denselben hin.

9. Viele Sterbende ahnen den nahenden Tod, und Angehörige können ihn empfinden.

10. Die absolute Traumbotschaft vom nahenden Tod teilt sich in der Traumstimme oder Traumstimmung mit.

1. Vom eigenen Tod träumen bedeutet meistens Wandlung.

Diese Erfahrung möchte ich mit einem persönlichen Todestraum verdeutlichen:

»Ich erhielt den Auftrag, mich als Gestorbenen zu identifizieren. Ich wurde von zwei mir nicht bekannten Begleitern zu einem Kranken- oder Sterbezimmer geführt, in dem ich als Gestorbener aufgebahrt war. Auf dem Wege dorthin verzögerte ich immer mehr meinen Gang. Als ich in der Tür des Sterbezimmers stand, sah ich an der gegenüberliegenden Wand ein weißes Bett mit einem darübergedeckten Laken, unter dem ich deutlich die Umrisse eines Körpers sah. Ich versuchte davonzulaufen, weil mir das, was ich nun tun sollte, furchtbar angst machte. Doch meine Begleiter nötigten mich, an das Totenbett heranzutreten. Mit jedem Schritt versuchte ich, den Auftrag hinauszuzögern. Zuletzt bewegte ich mich zentimeterweise vorwärts. Mir war, als hätte ich Blei in den Beinen. Dann stand ich vor der Leiche, die unter dem Laken lag. Mit Furcht und Zittern hob ich das Laken auf, um mich als Gestorbenen zu identifizieren. In panischer Angst erwachte ich, als ich in mein eigenes Totengesicht sah.«

Dieser Traum wurde für mich zu einem entscheidenden Anstoß zur Auseinandersetzung mit der eigenen Sterblichkeit und zur Annahme des eigenen Todes. Eine der auslösenden Ursachen für diesen Todestraum war vermutlich, daß ich mich seit Monaten intensiv mit der Todessymbolik in Träumen beschäftigt hatte. Dieser Todestraum wurde für mich zu einem wichtigen Meilenstein auf dem Wege der Wandlung und seelischen Wiedergeburt in der zweiten

Lebenshälfte. Zugleich wurde ich durch diesen Traum sensibler für derartige Sinnbilder in den Träumen anderer Menschen.

2. Wenn uns Verstorbene abholen und erwarten, bedeutet es Tod.

In der Sterbeliteratur gibt es viele Zeugnisse darüber, daß Sterbende »drüben« von Angehörigen oder anderen Verstorbenen erwartet werden. Dies kann in der Weise geschehen, daß die im Traum erscheinenden Toten sagen: »Wir haben dich schon erwartet!« oder nur einfach das Wort: »Komm!« Elisabeth Kübler-Ross hat in ihrer umfangreichen Sterbehilfearbeit beobachtet, daß selbst Kinder vor ihrem Tod in ganz besonderer Weise von verstorbenen Angehörigen sprechen. Daraus folgert sie: »Ich kann mir diese Tatsache nicht anders erklären, als daß ich mich der Behauptung anschließe, daß diese Sterbenden sich schon der Gegenwart ihrer verstorbenen Familienmitglieder bewußt sind. Jene haben auf die Hinübergehenden gewartet, um sich in einer unterschiedlichen Daseinsform mit ihnen wieder vereinigen zu können.«[47]

3. Häufig werden Sterbende durch einen Seelenführer oder Engel ins Jenseits geleitet.

Der erste prophetische Todestraum wurde mir vor etwa 15 Jahren von einem mir persönlich bekannten Mann von Mitte Fünfzig mitgeteilt[48]. Vor meinem Krankenbesuch wußte ich noch nicht, daß Herr Sch. bereits im Angesicht des Todes lebte. In dem Krankenzimmer jedoch verbreitete sich eine numinose Atmosphäre, die mich ahnen ließ, daß der Tod nahe sei. Nachdem wir eine ganze Zeitlang betroffen miteinander geschwiegen hatten, fragte ich Herrn Sch. anteilnehmend, ob er etwas von seinen Empfindungen und inneren Erfahrungen mitteilen möchte. Vielleicht könne uns auch ein Traum aus den letzten Nächten Aufschluß darüber geben, was geschehen wird. Spontan erzählte darauf Herr Sch. folgenden Traum:

>*»Ich bin in einer mir fremden ländlichen Gegend. Ich bin unterwegs zu den ›blauen Bergen‹. Ich habe einen Begleiter bei mir, der den Weg kennt. Ich gehe mit ihm.«*

Die Worte kamen Herrn Sch. nur langsam und mühsam über die Lippen, wie es bei Schwerkranken der Fall ist. Der kurze Traum bestätigte meine Ahnung, daß Herr Sch. unterwegs sei zu seiner Ewigkeit, die in dem Sinnbild der blauen Berge angedeutet ist. In unserem kurzen Gespräch über den Traum gewann ich den Eindruck, daß Herr Sch. »in, mit und unter« den Bildern die Todesbotschaft verstanden habe. Zu der Atmosphäre und Gestimmtheit im Traum wurde ganz kurz berichtet, daß alles so feierlich gewesen sei und daß er gar keine Angst in der fremden Gegend gehabt habe. Zu der Wanderung fielen dem Träumer unvergeßliche Erlebnisse aus der Kindheit ein, wenn er mit seinen Eltern sonntags auf dem Kirchweg durch die Wiesen und Felder gegangen war und schon von weitem die Glocken läuten gehört hatte. Zu dem Begleiter sagte der Träumer noch, daß er ihn gut kenne und ihm vertraue. Nach einer Zeit des anteilnehmenden Schweigens erzählte ich, daß dieser Seelengeleiter in Träumen, Märchen und biblischen Geschichten oftmals die Funktion habe, den Betreffenden an sein Ziel zu geleiten. Dieses Ziel seien »die blauen Berge«, die wohl eine Ähnlichkeit mit dem blauen Himmel über uns hätten. Ich beendete unser Gespräch mit den Worten des 121. Psalms:

»Ich hebe meine Augen auf zu den Bergen:
woher wird mir Hilfe kommen?
Meine Hilfe kommt von dem Herrn,
der Himmel und Erde gemacht hat.
Er kann deinen Fuß nicht gleiten lassen;
der dich behütet, kann nicht schlummern!
Nein, er schlummert nicht und schläft nicht,
der Israel behütet.
Der Herr ist dein Hüter, der Herr dein Schatten,
er geht zu deiner Rechten:
bei Tage wird dich die Sonne nicht stechen,
noch der Mond des Nachts.
Der Herr behütet dich vor allem Übel,
er behütet dein Leben.
Der Herr behütet deinen Ausgang und Eingang,
jetzt und immerdar.«

4. Schwarze Tiere können häufig Todesboten sein.

Ich möchte ausdrücklich betonen, daß nicht jedes schwarze Tier in unseren Träumen als ein Todesbote zu verstehen ist. Der Kontext der Todesträume läßt die Todesboten zumeist in einem eigenartigen Licht erscheinen. So sah die 55jährige Arztfrau in ihrem Todestraum einen schwarzen Vogel auf der rechten Schulter ihres Mannes sitzen. Der Vogel sitzt so nahe am Gesicht ihres Mannes, daß es ihm unangenehm zu sein scheint. Quer über den Körper des Vogels sieht die Träumerin zwei rote Streifen in seinem Federgewand. Bei der näheren Beschreibung des Vogels sagt die Träumerin, daß er so ähnlich wie ein Rabe ausgesehen habe und für sie ein Todesbote gewesen sei.

Ebenfalls als Todesbote erschien C.G.Jung der riesige Wolfshund mit dem furchtbaren Rachen. Als das Tier an ihm vorbeischoß, wußte er, daß der wilde Jäger einen Menschen geholt habe. Neben den Wölfen sind vor allem bestimmte Hunde in den Träumen Vorboten des Todes. In Mythen und Sagen erscheinen diese Hunde als Todesdämon. Bekannt ist Kerberos als Wachhund der Unterwelt mit meist drei oder mehr Köpfen. Er begrüßt die Ankommenden mit wedelndem Schwanz, aber läßt keinen aus dem Hades wieder heraus. Von lebenden Eindringlingen wird Kerberos mit einem Kuchen besänftigt. Nach einer Sage aus Freiberg in Sachsen soll im Jahre 1654 ein gespenstischer Hund sich ein Vierteljahr lang allnächtlich vor dem Haus des Bürgermeisters niedergelassen haben. Die Wächter hätten ihn immer wieder verjagt, aber keiner konnte seiner habhaft werden. Der Hund hatte den Tod des Bürgermeisters angekündigt.

5. Die totale Zerstörung von Tieren im Traum weist auf den nahenden Tod hin.

Häufig wird der nahende körperliche Tod in Bildern von der totalen Zerstörung von Tierkörpern geträumt. Vermutlich hat diese Symbolwahl etwas damit zu tun, daß nach den Anschauungsformen der Seele größte Ähnlichkeiten bestehen zwischen den körperlichen Funktionen des Menschen und der Animalität des Tieres. Als Beispiel dazu erwähne ich den Traum eines 17jährigen Mädchens, das träumte, »daß nachts ein furchtbarer Lärm im Haus losgeht. Ich sehe nach und entdecke, daß ein scheues Pferd in der Wohnung herumrast. Endlich findet es die Türe auf den Korridor und springt nun durch das Korridorfenster aus dem vierten Stock auf die Straße hinunter. Ich sah mit Schrecken, wie es unten zerschmettert liegen blieb.«[49]

6. Die merkwürdige Auflösung von Pflanzen und natürlichen Stoffen kann das Ende ankündigen.

Mit Auflösung meine ich hier einen Prozeß der totalen Beseitigung und Zerstörung. So endet zum Beispiel der Initialtraum (der erste Traum zu Beginn in der Jungschen Analyse) eines 45jährigen Patienten, der an Lymphdrüsenkrebs erkrankt war, damit, daß eine Ananasfrucht in eine Schale mit Saft gelegt wird und sich darin ganz auflöst[50]. Zuvor geht es in dem Traum darum, daß der Patient eines nahestehenden Arztes einen Obstkorb zusammenstellt und dazu auch extra die genannte Ananasfrucht auswählt. Nach den Aussagen des Träumers löste sich diese Frucht in eine rote Flüssigkeit auf. In diesem Bild spiegelte die Seele den tödlichen Zersetzungsprozeß des Lymphdrüsenkrebses wider. Häufig erscheinen auch Bäume als Symbole des Lebens, die durch eine Naturkatastrophe vernichtet werden oder in Flammen aufgehen. So träumt ein junger Mann drei Tage vor seinem Tod:

»Ich sehe einen Wald, über den ein Sturm hereingebrochen sein muß. Die Tannen liegen kreuz und quer. Waldarbeiter sind da. Sie verladen die Bäume und transportieren sie ab. Mich wundert, daß der Wald, der in voller Kraft zu stehen schien, dem Sturm nicht trotzen konnte. Ich schaue traurig zu.«[51]

Über den Wald ist eine höhere Gewalt hereingebrochen. Obwohl die Bäume in voller Kraft stehen, können sie dem Sturm nicht trotzen, genausowenig wie der junge Mann seinen Herzinfarkt überleben wird. Betroffen fragte er sich, ob dieser Traum ihm den nahenden Tod ankündige.

*7. Häufig steht der Tod bevor, wenn die lebendige Traumhand-
lung zu einem einzigen Todessymbol erstarrt.*

Als Merkmal für diese Form von Todesträumen gibt es
gelegentlich das Traummotiv von einer Kerze, die zunächst
diesseits des Fensters brennt und plötzlich jenseits der
Scheibe in einem eigenartigen Glanz erscheint. Gelegentlich wird auch von einem gespenstischen Totengerippe
geträumt, von dem man weiß, daß es der Tod ist, der einen
holt. Auch die Wandlung eines menschlichen Angesichts in
einen Totenschädel gehört zu diesen Beispielen. So träumte
ein Patient mit Leberkrebs von einer Dampferfahrt vieler
junger Menschen, die sich an Musik und Tanz erfreuen[52].
Edzard Schaper kommt hinzu, und sein Gesicht verwandelt
sich in einen Totenschädel. Schaper gehört zu den Lieb-
lingsschriftstellern des Patienten. An der Grenze des eigenen
Todes kommt der Patient wohl nicht zufällig auf ihn zu
sprechen, bei dem das Symbol der Grenze die Vorweg-
nahme des unausweichlich Kommenden, die Macht der
Ohnmächtigen und die Freiheit der Gefangenen zentrale
Leitmotive sind. Wie Edzard Schaper in seinen literarischen
Gestalten persönliche Erfahrung vorwegnimmt, die er in den
kommenden Lebenserfahrungen oft schmerzlich und mühsam »nachbuchstabiert«, so nehmen die Träume unseres
Patienten die Grenzerfahrungen auf dem Weg zum Tod vor-
weg. In den Bildern der Träume und in Ahnungen der Seele
scheint es ein weises Vorauswissen zu geben. Durch derartige Träume wird dem Patienten das Sein zum Tode vertrau-
ter. Vielleicht geschieht dies alles auch zu dem Zweck, sich
zu erinnern, wenn er an die letzte Grenze kommt, bereits
hier gewesen zu sein.

*8. Archetypische und mythische Traumbilder vom Tod weisen
auf denselben hin.*

In der Nähe des Todes träumen viele Menschen von
Gestalten und Symbolen, in denen auch in anderen Kulturen
und Religionen die Wirklichkeit des Todes dargestellt wird.
Solche Träume setzen nicht voraus, daß die Träumer davon
gelesen haben oder davon wissen. Obwohl diese Träume
auch ohne Kenntnis der Mythen für den Sterbenden ihre

hilfreiche Bedeutung haben, sollten Angehörige, Berater, Seelsorger und Therapeuten einiges Wissen haben über die archetypische Todessymbolik, um die Botschaft dieser Träume hilfreicher vermitteln zu können. Als Beispiel für diese Erkennungszeichen möchte ich das Märchen »Der Gevatter Tod« erwähnen, das ich in der Reihe »Weisheit im Märchen« ausgelegt habe[53]. Wenn Gevatter Tod oder ein anderer Todesbote zu Häupten des Sterbenden erscheint, bedeutet dies Leben, und wenn er zu seinen Füßen steht, muß derjenige sterben.

Auch ein unheimlich wirkender Totenfluß wird gelegentlich geträumt, an dessen Ufer der Sterbende steht und dessen jenseitiges Ufer er erreichen muß. Im griechischen Mythos heißt dieser Totenfluß Styx, Wasser des Grauens. Bei Homer wird er als Fluß der Unterwelt beschrieben. Auch Frau Holle, die Hel und andere Todesmütter können den Sterbenden ins Totenreich rufen[54].

9. Sterbende ahnen den nahenden Tod, und Angehörige können ihn empfinden.

Hierzu erinnere ich nochmals an das eingangs geschilderte Beispiel von Herrn Sch., der träumte, daß er unterwegs sei zu den »blauen Bergen« und ein Seelenführer ihm das Geleit gäbe. Dieser Mann wußte, wie wohl die meisten Sterbenden, wohin er unterwegs war. Auch ich empfand den nahen Tod. Von einigen Seelsorgern und Sterbehelferinnen weiß ich von ähnlichen Erfahrungen. Ich glaube, daß in dieser Grenzsituation kein theoretisches Wissen weiterhilft, sondern am meisten das Hören auf die persönlichen Todesträume.

10. Die absolute Botschaft vom nahenden Tod teilt sich in einer Traumstimme oder der Traumstimmung mit.

Ein 35jähriger Akademiker träumt, daß die Türe aufgeht und er die Stimme einer Frau hört, die bedeutungsvoll sagt: »Ich weiß alles!« Diese Frauengestalt ähnelte seiner eigenen Frau, die damals todkrank war. Die Gestalt hatte ein Vogelgesicht und trug einen schwarzen Schleier vor den Augen. Als sie das Zimmer betrat, hatte der Träumer den Eindruck,

als ob eine Norne oder Schicksalsgöttin eintrete. Der Träumer hatte auf seinen Knien eine Landkarte liegen und war
von dieser Gestalt stark beeindruckt. Mit der Landkarte wird
im Traum das Bemühen zum Ausdruck gebracht, sich in
dem unbekannten Seelenbereich zurechtzufinden. Ähnlich
könnte man auch die Mythen, Märchen und Träume der
Völker als »Landkarten« des Unbewußten oder gar des
Totenreiches bezeichnen, an denen man sich in diesem
unbewußten Bereich orientieren kann. Das Vogelgesicht und
der schwarze Schleier vor den Augen kennzeichnen diese
Todesbotin als eine der Nornen oder Schicksalsgöttinnen.
Für den Träumer hatte diese Erscheinung eine schicksalhafte Bedeutung und kündigte den nahenden Tod seiner
Frau an.

Widerfahrnisse aus dem Totenreich

Begegnungen mit Verstorbenen

In diesem Kapitel möchte ich von Begegnungen mit Verstorbenen berichten, die auf die Hinterbliebenen und Träumenden einen außerordentlichen Eindruck machten. In derartigen Erscheinungsträumen wurde der Verstorbene nicht nur wiedergesehen, sondern die Erscheinung wurde zu einem Widerfahrnis. Die Träumenden gewinnen darin Anteil am Sein der Erscheinenden. Im Unterschied zu dem Begriff der Erfahrung soll das Wort Widerfahrnis zum Ausdruck bringen, daß es sich um die Begegnung mit einer anderen Dimension, mit dem Totenreich, handelt. Bevor ich jedoch einige eindrucksvolle Beispiele aus meiner Praxis berichte, möchte ich einige allgemeine Verstehenshilfen zu derartigen Phänomenen geben.

Die Erscheinungen von Verstorbenen in unseren Träumen können wir subjektstufig und/oder objektstufig verstehen. Oftmals sind diese Träume für den Träumer(-in) derart beeindruckend und wirkungsvoll, daß sie sich nicht dem Eindruck entziehen können, als wäre ein Verstorbener tatsächlich erschienen. Ich möchte zunächst die beiden genannten Verstehensmöglichkeiten für Träume und darüber hinaus auch für überpersönliche Wahrnehmungen und Erscheinungen kurz erläutern. Die objektstufige Traumdeutung im Sinne der analytischen Psychologie besagt, daß alle im Traum vorkommenden Menschen, Tiere und andere Gestalten als Abbilder realer Objekte betrachtet werden, zu denen der Träumer seine Beziehung im Traum gespiegelt

bekommt. Bei der Betrachtung auf der Objektstufe ist die
Erscheinung der verstorbenen Mutter im Traum die wirkliche Mutter des Träumers oder der Träumerin. Die Traumdeutung auf der Subjektstufe dagegen besagt, daß alle im
Traum erscheinenden Personen, Tiere und andere Symbole
Wesensanteile des Träumers sind. Es sind Abbilder und
Gleichnisse der innerpsychischen Situation. Diese Betrachtungsweise erhält vor allem in der zweiten Lebenshälfte auf
dem Wege der Individuation ihre besondere Bedeutung. Im
Hinblick auf die Erscheinung von Verstorbenen in Träumen
besagt die subjektstufige Deutung, daß die diesen Personen
zugeschriebenen Eigenschaften im Träumer als eigene Persönlichkeitsanteile erscheinen und lebendig werden.

Wenn die Toten im Traum erscheinen, webt die Seele an
ihrer Ganzwerdung. So wie das Bewußtsein auf dem Weg
der Individuation und Selbstverwirklichung in eine ganzheitliche Beziehung zum Unbewußten eintritt, sollten auch wir
Lebenden die Toten einbeziehen in unser Leben. Die Unterwelt und die Toten können in unseren Träumen zu einem
Symbol für das Unbewußte werden. Dieser unbekannten
und meist unbeachteten Tiefe der eigenen Seele begegnen
viele Menschen intensiv nach einem Todesfall. Aufgrund
persönlicher Betroffenheit fangen sie an, über die Seinsweise
der abgeschiedenen Seelen nachzudenken und sich mit mythologischen Vorstellungen vom Totenreich zu beschäftigen.
Durch die Hinwendung der Aufmerksamkeit auf diese
geheimnisvolle jenseitige Dimension entsteht im Bewußtsein
eine gewisse Gegensatzspannung, eine Dynamik, die durch
die Träume und Symbole gelöst wird. Da nun nach meiner
Auffassung das Unbewußte weitgehend identisch ist mit der
Unterwelt, in der die abgeschiedenen Seelen der Toten weilen, ist das Erscheinen der Verstorbenen ein Symbol für die
Bewußtwerdung der seelischen Ganzheit, die auch diese
Dimension einbezieht. C.G. Jung nennt diesen symbolbil-
denden Prozeß die »transzendente Funktion«[55]. Sie wird
definiert als »diejenige psychische Funktion, welche im Individuationsprozeß durch Bildung der vereinigenden Symbole
die Synthese des Bewußtseins mit dem Unbewußten bewirkt
und dadurch die Bewußtwerdung der psychischen Ganzheit,
des Selbst, ermöglicht. Transzendenz bezeichnet dabei keine

metaphysische Qualität, sondern die Tatsache, daß durch
diese Funktion ein Übergang von einer Einstellung in eine
andere geschaffen wird.«[56]

Diese transzendente Funktion ist speziell verbunden mit
der Intuition. Es gibt in der seelischen Orientierung des
Menschen außer dem Denken, den Sinneswahrnehmungen
und den Gefühlen die Intuition als eine Art von unbewußter
Wahrnehmung. Die Intuition kann auch als Fähigkeit angesehen werden, die Möglichkeiten, die in den Dingen oder in
einer Situation liegen, zu erkennen. »Bei der Intuition prä-
sentiert sich irgendein Inhalt als fertiges Ganzes, ohne daß
wir zunächst fähig wären anzugeben oder herauszufinden,
auf welche Weise dieser Inhalt zustande gekommen ist.«[57]
Die Intuition vermittelt uns die Ahnungen und Bilder aus
dem Unbewußten und der Unterwelt. Die prophetischen
Träume mit ihren archetypischen Symbolen, die telepathi-
schen Phänomene und die übersinnlichen Wahrnehmungen
ereignen sich durch die Intuition. Sie vermittelt uns auch die
Ahnungen von unseren verstorbenen Ahnen.

Zahlreiche Mythen von der Unterwelt, Sagen und Legenden von der Erscheinung Verstorbener und selbst biblische Geschichten zu diesem Thema vermitteln uns eine
Anschauung und eine Ahnung von dieser zumeist verborgenen Dimension unseres Lebens. Besonders bekannt ist die
Geschichte vom reichen Mann und armen Lazarus, die ein
Totengespräch im Hades führen. Die biblisch-neutestament-
liche Auffassung von der Totenwelt knüpft weitgehend an
Vorstellungen des Judentums an. Die Geschichte erzählt,
wie ein reicher Mann alle Tage herrlich und in Freuden lebte
und einem armen Mann vor seiner Tür nicht das Lebensnot-
wendige gab. »Es begab sich aber, daß der Arme starb und
daß er von den Engeln in Abrahams Schoß getragen wurde.
Aber auch der Reiche starb und wurde begraben. Und als er
im Totenreich, von Qualen geplagt, seine Augen erhob, sah
er Abraham von ferne und Lazarus in seinem Schoß. Und er
rief mit lauter Stimme: Vater Abraham, erbarme dich meiner und sende Lazarus, damit er die Spitze seines Fingers ins
Wasser tauche und meine Zunge kühle; denn ich leide Pein
in dieser Flamme. Abraham aber sprach: Kind, gedenke
daran, daß du in deinem Leben dein Gutes empfangen hast

und Lazarus gleichermaßen das Böse; jetzt dagegen wird er
hier getröstet, du aber leidest Pein. Und bei alledem besteht
zwischen uns und euch eine große Kluft, damit die, welche
von hier zu euch hinübergehen wollen, es nicht vermögen,
noch die, welche dort sind, zu uns herübergelangen können.
Da sagte er: So bitte ich dich denn, Vater, daß du ihn in das
Haus meines Vaters sendest, denn ich habe fünf Brüder, auf
daß er ihnen sichere Kunde bringe, damit nicht auch sie an
diesen Ort der Qual kommen. Abraham aber sprach: Sie
haben Mose und die Propheten; sie sollen auf sie hören! Der
jedoch sagte: Nein, Vater Abraham, sondern wenn einer von
den Toten zu ihnen geht, werden sie Buße tun. Da sprach er
zu ihm: Wenn sie auf Mose und die Propheten nicht hören,
werden sie sich auch nicht gewinnen lassen, wenn einer von
den Toten aufersteht« (Lukas 16).

Es handelt sich bei dieser Geschichte um eine besondere
literarische Gattung, die darauf abhebt, den Leser oder die
Hörer über wichtige Fragen des Lebens oder des Glaubens
zu belehren. Ähnlich wie manche Dichter der Neuzeit das
Traumgeschehen in ihrer Literatur verwenden, um ihre
Erzählung dem Alltäglichen zu entheben, erreicht diese
Geschichte durch das Totengespräch im Hades eine beson-
ders dramatische Wirkung. Auch aus der Antike sind uns
zahlreiche Totengespräche überliefert, zum Beispiel der
Elfte Gesang des Homer in der Odyssee. Insbesondere durch
Lucian, einem syrischen Schriftsteller aus Samosata (2. Jh.
n. Chr.), sind die Totengespräche zu einer beliebten literari-
schen Gattung geworden, die die Phantasie und das Vorstel-
lungsvermögen der Menschen ansprachen. Auch Hans
Sachs wandte sich 1531 diesem Thema zu und schrieb: »Der
Caron mit den abgeschiedenen Geistern«. David Faßmann
gilt als der Erneuerer der literarischen Gattung der Totenge-
spräche im 18. Jahrhundert. Er schrieb: »Gespräche in dem
Reiche der Toten«. Schließlich möchte ich noch eine kleine
Dichtung von Hugo von Hofmannsthal erwähnen. Der
Dichter läßt wie in einem Traum einem Edelmann mit
Namen Claudio seine verstorbene Mutter, seine verstorbene
Geliebte und einen toten Jugendfreund erscheinen. Beson-
ders eindrucksvoll ist die Selbstvorstellung des Todes in die-
ser Dichtung:

»Ein großer Gott der Seele steht vor dir.
Wenn in der lauen Sommerabendfeier
Durch goldne Luft ein Blatt herabgeschwebt,
Hat dich mein Wehen angeschauert,
Das traumhaft um die reifen Dinge webt.
Wenn Überschwellen der Gefühle
Mit warmer Flut die Seele zitternd füllte,
Wenn sich im plötzlichen Durchzucken
Das Ungeheure als verwandt enthüllte,
Und du, hingebend dich im großen Reigen,
Die Welt empfingest als dein eigen:
In jeder wahrhaft großen Stunde,
Die schauern deine Erdenform gemacht,
Hab' ich dich angerührt im Seelengrunde
Mit heiliger, geheimnisvoller Macht.«[58]

Der Tod stellt sich hier nicht wie ein Gerippe vor, sondern als Gottesbild in der Seele. Von dieser Macht wird der Mensch in allen großen Erfahrungen im Seelengrund angerührt. Die Zeilen des Dichters geben uns damit zugleich eine Verstehenshilfe für das Erscheinen der Verstorbenen in unseren Träumen.

Da sich in unserer Zeit viele Menschen wenig oder keine Gedanken machen über den Tod und das Leben der abgeschiedenen Seelen in einer jenseitigen Welt und auch die literarische Gattung der Totengespräche aus der Mode gekommen ist, wird diese Bewußtseinshaltung nach meiner tiefenpsychologischen Auffassung von den zunehmenden Todesträumen kompensiert. Es scheint so, als ob die Seele eine Sehnsucht nach der Tiefe und nach der Unterwelt habe. Wenn im Bewußtsein und in der Oberwelt zu dieser Dimension der Tiefe kein Zugang besteht, bricht sie in den Träumen auf und erschüttert und erweckt die Menschen.

Abschließend möchte ich vom Aufbruch der Seele in die jenseitige Welt und in das Totenreich am Beispiel der schamanistischen Einweihung sprechen. Nach den Initiationsberichten von Schamanen begegnen diese auf ihrem Weg der Einweihung den Toten- und Ahnengeistern. In ihren Visionen und Träumen sehen sie Schreckensbilder des Todes und hören Tote mit ihren Knochen rasseln. Der zum Schamanen

Berufene zieht sich von den Menschen zurück, verläßt die häusliche Geborgenheit und geht in den Wald. Bei der sogenannten Schamanenkrankheit erlebt der angehende Heiler in einer schauerlichen Traumvision die Zerstückelung seines Körpers. Die Ahnengeister kommen herbei und zerteilen ihn, was als symbolisches Sterben anzusehen ist. Der eigenartig anmutende Todes- und Wandlungsritus dauert bei manchen drei Tage und Nächte, bei anderen sieben Tage oder eine noch längere Zeit, in der sie wie tot in ihrer Hütte oder im Wald liegen. In dieser Zeit erscheinen in den Traumgesichten Toten- und Ahnengeister und vermitteln das Geheimnis von Zaubermitteln zur Geistheilung.

Eine Forscherin berichtet den Traum von einem angehenden Schamanen, in dem er beständig von einem Menschen angeblickt wurde, der ihm jedoch nicht seinen Namen nannte und ihm auch nicht das Gesicht zeigte. Er wurde in den Urwald geschleppt und schließlich ins Wasser getaucht, wo er zu ertrinken glaubte. Dann forderte ihn der große Geist auf zu schamanisieren, erzählte ihm von der oberen und von der unteren Welt und versprach ihm seine Hilfe. Die einzelnen Stationen der schamanischen Initionsreise werden wie folgt zusammengefaßt: »Der Schamane erlangt die Fähigkeit zu seinem Beruf als Heiler, Seher und Visionär im Verlauf der Selbstverwundung, Tod und Wiedergeburt. Die am eigenen Leibe gewonnene Erfahrung von Krankheit, Hinfälligkeit und Tod stärkt ihn für seine wahre Aufgabe. Er öffnet sich ja solchen Leidenserfahrungen aus gesellschaftlichen, nicht aus persönlichen Gründen. Seine Arbeit gilt den Kranken, die er heilt, und der Gesellschaft, deren Ordnung innerhalb größerer kosmischer Bezüge er schützt. Doch ist er nicht nur ein verwundeter Heiler, sondern vermag sich auch selbst zu heilen. Er besitzt die Kraft zur Wandlung. Als Toter geht er durch das Feuertor ins Reich des erwachten Bewußtseins. Er erfährt die Unsterblichkeit, und sein Menschenherz füllt sich mit dem Lachen des Mitgefühls. Das Leid, das er erfährt, wird zum Spiel. Er ist zugleich im Diesseits und im Jenseits zu Hause.«[59]

Auch wenn es nicht jedermanns Sache ist, wie ein Schamane eingeweiht zu werden, ist es doch jedem Menschen aufgetragen, sich mit dem Tod auseinanderzusetzen und sich um die seelische Wiedergeburt zu bemühen. Die Begegnung mit dem Tod und mit den Toten verleiht unserem Leben die notwendige Ganzheit. Einige Aspekte für ein ganzheitliches Weltbild finde ich besonders eindrucksvoll zusammengefaßt in dem Bekenntnis des Medizinmannes Hyemeyohsts Sturm: »Der Schamane weiß, daß er ein Geist auf der Suche nach einem größeren Geist ist. Der Große Geist kennt den Tod. Mutter Erde kennt das Leben. Wir sind alle aus dem Großen Geist geboren. Nach Vollendung unseres Lebens kehren wir zu ihm zurück. Der Schamane weiß, daß der Tod der große Verwandler ist ... Jeder Schamane weiß, daß der Tod alles mit Leben erfüllt.«[60]

Was jeder Schamane weiß, wird uns in den Todesträumen vermittelt. Sie können in uns das Vermächtnis eines Verstorbenen lebendig erhalten oder eine tröstende Wirkung entfalten. Die Begegnung mit Verstorbenen im Traum ist keineswegs nur eine vereinzelte Erfahrung von besonders sensiblen und intuitiven Menschen. In meiner Erhebung über Todesträume sind 15 % der Frauen und 10 % der Männer der Überzeugung, daß die Verstorbenen den Träumern wirklich erschienen seien. Von den Erscheinungen der Verstorbenen gehen jeweils besondere Wirkungen aus, die sich entweder als Tröstung und Stärkung erweisen oder als zunehmende Ganzwerdung und Heilung. Die heilende Wirkung derartiger Phänomene scheint insbesondere damit zu tun zu haben, daß sich mit den Erscheinungen die jenseitige Welt öffnet und einleuchtend wird. Während es in der diesseitigen Welt unzählige Zwiespältigkeiten und Teilungen gibt, die häufig zu seelischen Erkrankungen, den sogenannten Neurosen, führen, gelangt mit dem Aufscheinen von archetypischen Symbolen aus der jenseitigen Welt ein heilender Impuls in unser Leben hinein. Welche Begleitumstände damit verbunden sein können, möchte ich mit dem folgenden Beispiel schildern.

Es handelt sich bei der Träumerin um eine 54jährige Witwe, Frau M. Sie hatte den ersten Erscheinungstraum drei Monate nach dem plötzlichen Tod ihres Mannes. Bei dem Tod des Ehemannes, der sich in einer anderen Stadt als dem Wohnort ereignete, war die Träumerin nicht anwesend. In der Todesstunde klingelte sowohl bei der Mutter als auch bei der Schwester des Verstorbenen, die in verschiedenen Städten der Bundesrepublik leben, mehrfach nachts das Telefon, ohne daß sich jemand meldete. Für die Angehörigen wurde im nachhinein klar, daß es sich bei diesen Anrufen um einen »Anruf« des aus dieser Welt Scheidenden handelte, wie es häufig bei parapsychologischen Erfahrungen berichtet wird. Die Traumaufzeichnung lautet:

> *»Ich schaue mit meiner Schwägerin Photographien an, die auf dem Tisch vor uns liegen. Darunter ist auch ein Bild meines Mannes. Auf diesem Photo ist er von der Seite zu sehen und steht an einem eisernen Gartenzaun in einer Straße, die ich nicht kenne. Ich nehme das Bild in die Hand, um es genauer betrachten zu können. Da wird das Bild lebendig, in der Weise, daß mein Mann sich zu mir wendet und die Augen auf mich richtet. Es sind große, leuchtende Augen. Er schaut mich mit einem sehr hoheitsvollen, wohlwollenden und ernsthaften Ausdruck an. Sein Blick ist sehr eindringlich, und seine Lippen formen das Wort ›Sabaot‹. Ich bin in dem Traum verwirrt und etwas erschrocken und lege das Bild schnell wieder auf den Tisch. Weil ich von dieser Erfahrung besonders fasziniert bin, nehme ich das Photo wieder in die Hand, und der Vorgang wiederholt sich. Insgesamt geschieht dies dreimal. Dann wache ich auf.«*

Frau M. berichtet, daß sie diesen Traum sofort aufgeschrieben habe und von diesem Erscheinungsbild des verstorbenen Mannes sehr bewegt und erschüttert gewesen sei. Wörtlich sagt die Träumerin: »Mein Mann wirkte in diesem Traum sehr viel jugendlicher, straffer und energievoller als in dem letzten Jahr vor seinem Tod, in dem er oftmals sehr müde war. Auch äußerlich hatte sich mein Mann verändert, indem er an Körpergewicht stark zugenommen hatte. Solange ich ihn kannte, von seinem 19. Lebensjahr an, trug er eine starke Brille. Im Traum dagegen hatte er keine Brille auf. Seine Augen erschienen groß und leuchtend, und er hatte eine jugendliche Erscheinung.«

Die Träumerin erhielt zum Verständnis des verklärten und jugendlichen Erscheinungsbildes ihres Mannes Hilfe durch die Lektüre der Autobiographie eines indischen Yogi. Darin wird beschrieben, wie er von seinem Meister eine Vision der

jenseitigen Welt vermittelt bekommt. In den meisten Fällen
gleicht der Astralkörper der Form des letzten irdischen Körpers. Das Gesicht dagegen ähnelt häufig der jugendlichen
Erscheinung.

Das Wort Sabaot, das der Verstorbene im Traum spricht,
war Frau M. nicht bekannt. Auch aus dem Bekanntenkreis
konnte der Träumerin niemand sagen, was dieses Wort
bedeute. Doch eine Woche später begegnete ihr dieses Wort
bei einer Chorprobe zu einer Messe von Mozart. Da wurde
es für die Träumerin klar, daß sie mit dem Wort Sabaot im
Traum eine Botschaft von ihrem Mann aus der jenseitigen
Welt bekommen habe. Mozart verwendet diesen Gottes-
namen anstatt des bekannteren Zebaot in dem Sanctus seiner
Messen. Dieser Name ist die Mehrzahl des hebräischen
saba, was soviel wie Heerscharen heißt. Mit diesen himmlischen Heerscharen können die Sterne oder auch Engel
gemeint sein. Mit diesem Namen wird die kosmische Macht
Gottes ausgedrückt.

Die Musik Mozarts und insbesondere seine Messen sind
für die Träumerin in den letzten Jahren zu einem großen
Trost geworden. Dabei sind es nicht nur die »galanten und
brillanten Klänge« seiner Musik, die aus kosmischen Welten
ertönen. Mozart bringt für sie archetypische Klänge zu
Gehör, die aus der jenseitigen Welt herübertönen. Durch
Mozart kommt der Unsterblichkeitsglaube zu Gehör. In
Ergänzung und Erweiterung der kirchlichen Vorstellungen
über den Tod und die Ewigkeit hat sich Mozart durch seinen
Eintritt in die Wiener Loge die esoterischen Vorstellungen
über den Tod zu eigen gemacht. In dem bekannten Brief
Mozarts an seinen Vater vom 4. April 1787 bekennt er, daß
der Tod der wahre Endzweck unseres Lebens sei. »So habe
ich mich seit ein paar Jahren mit diesem wahren, besten
Freunde des Menschen so bekannt gemacht, daß sein Bild
nicht allein nichts Schreckendes mehr für mich hat, sondern
recht viel Beruhigendes und Tröstendes! Und ich danke meinem Gott, daß er mir das Glück gegönnt hat, mir die Gele-
genheit... zu verschaffen, ihn als den Schlüssel zu unserer
wahren Glückseligkeit kennenzulernen.«[61] Was hier über den
Tod als Freund des Menschen bezeugt wird, erlebt Frau M.
in dem Erscheinen ihres verstorbenen Mannes.

Den zweiten Traum dieser Art hatte Frau M. etwa drei Jahre nach dem Tod ihres Mannes, als sie sich in einer niedergeschlagenen Stimmung befand. In einer recht aussichtslosen Situation machte sie sich große Sorgen. Sie träumte:

»Ich gehe in einer trostlosen Landschaft einen staubigen und steinigen Weg entlang. Plötzlich ist mein Mann an meiner linken Seite, und ich bin sehr, sehr erleichtert und sage zu ihm: ›Gott sei Dank, daß du da bist! Nimm mich doch mit, bitte nimm mich mit!‹ Da nimmt mein Mann meine linke Hand und sagt in würdevoller und trotzdem liebevoller Weise: ›Das geht doch nicht, du hast hier noch einiges zu erledigen.‹ Dann bin ich aufgewacht. Im Aufwachen war mir klar, daß mein Mann recht hatte. Ohne Bedauern konnte ich wieder von ihm weggehen.«

Während die Träumerin erwachte, spürte sie noch immer den Händedruck ihres Mannes in der linken Hand. Da Frau M. ein recht skeptischer Mensch ist, überlegte sie, ob sie auf der Hand gelegen habe oder irgendwo angestoßen sei. Doch dies war nicht der Fall. Deutlich erinnerte sie sich, daß sie auf der rechten Seite liegend aufgewacht war und mit der linken Hand nichts berührt hatte. Frau M. versteht diesen Traum ebenfalls als eine Begegnung mit dem gestorbenen Ehemann, der sie tröstet und darauf aufmerksam macht, daß sie in diesem Leben noch einiges zu erledigen habe.

Mancher Leser wird zu Recht das Empfinden haben, daß wir diesen zweiten Traum teilweise auch auf der Subjektstufe verstehen können. Diese Verstehensmöglichkeit besagt, daß die Bilder des Traumes und die Erscheinung des Verstorbenen Symbole sind für die seelische Stimmung der Träumerin. Dazu gehört zum Beispiel die niedergeschlagene Stimmung von Frau M. in der Realität. Auch die trostlose Landschaft im Traum und der steinige Weg sind Spiegelungen dieser Niedergeschlagenheit. Zutiefst verständlich erscheint ferner die Bitte der Träumerin, von dem Verstorbenen in die jenseitige Welt mitgenommen zu werden. Doch nach diesem ausgesprochenen Wunsch ereignet sich im Traum der entscheidende Umschlag, den wir tiefenpsychologisch als Kompensation bezeichnen. Der Ehemann, den wir subjektstufig als den Animus (die geistige männliche

Seite im Seelenleben der Frau) verstehen dürfen, sagt der Träumerin, daß ihr Begehren nicht erfüllt werden könne, weil sie in diesem Leben noch einiges zu erledigen habe. Die Stimme im Traum gleicht mit dieser Botschaft die depressive Stimmung wieder aus und macht Mut zum Leben. Diese ausgleichende Wirkung und der mutmachende Zuspruch sind nach meinen Erfahrungen recht häufig mit den Erscheinungen der Verstorbenen in den Träumen verbunden. Diese hilfreiche Wirkung ist für die Hinterbliebenen wesentlicher als eine theoretische Erörterung darüber, ob die Erscheinungen der Verstorbenen in den Träumen nur subjektstufig oder auch objektstufig zu verstehen seien.

Der folgende Traum von Marie-Louise von Franz wurde von C. G. Jung als objektstufiger Traum gedeutet. Von Franz hatte diesen Traum drei Wochen nach dem Tod ihres Vaters, der unerwartet gestorben war, während sie von zu Hause abwesend war. Der Traum lautet:

»*Es war etwa 10 Uhr abends und dunkel. Da hörte ich die Hausglocke läuten und ›wußte‹ irgendwie, das war mein Vater, der kam. Ich öffnete die Türe und da stand er mit einem kleinen Handkoffer. Ich erinnerte mich (im Traum) daran, daß das Tibetanische Totenbuch sagt, daß man Leuten, die plötzlich gestorben sind, oft sagen sollte, daß sie tot seien, aber bevor ich etwas sagen konnte, lächelte mein Vater und sagte: ›Natürlich weiß ich, daß ich tot bin, aber ich werde euch doch wohl besuchen dürfen?‹ Ich: ›Natürlich, komm herein‹ und fragte dann: ›Wie geht es dir, was tust du nun, bist du glücklich?‹ Er antwortete: ›Ich muß überdenken, was ihr Lebenden glücklich nennt – ja, doch, in eurer Sprache gesagt bin ich glücklich. Ich bin in Wien (seine Heimatstadt, die er sein Leben lang liebte und nach der er Heimweh hatte) und ich studiere an der Musikakademie.‹ Dann kam er ins Haus und stieg die Treppe empor. Ich wollte ihn zum Elternschlafzimmer geleiten, aber er winkte ab und sagte: ›Nein, nun bin ich nur ein Gast‹ und ging zum Gastzimmer weiter. Dort stellte er den Koffer auf dem Tisch ab und sagte: ›Es ist weder für die Toten noch für die Lebenden gut, zu lange zusammen zu sein. Geh nun. Gute Nacht.‹ Mit einer Geste bedeutete er mir, ihn nicht zu umarmen, sondern zu gehen. Ich kehrte zu meinem Schlafzimmer zurück und meinte, ich hätte vergessen, den elektrischen Ofen abzustellen und es könnte*

ein Brand entstanden sein. In diesem Augenblick erwachte ich
enorm erhitzt und schwitzend.«[62]

Anschaulich schildert der Traum, wie der verstorbene
Vater zu Besuch kommt. Die Erscheinung des verstorbenen
Vaters vermittelt der Träumerin ein eindrucksvolles Präsenz-
gefühl. Ich weiß auch von einigen anderen Träumerinnen
und Träumern, daß die Gegenwart von Verstorbenen als
ganz real erlebt wird. Erfahrungsgemäß nimmt dieses Gefühl
der Gegenwart eines Verstorbenen nach einigen Wochen
und Monaten spürbar ab. Von Franz empfiehlt, den Kontakt
mit den Verstorbenen nicht durch spiritistische oder magische Praktiken aufrechtzuerhalten oder jeweils erneut her-
aufzubeschwören. Man sollte sich mit den spontan eintretenden Erscheinungen der Verstorbenen begnügen, weil
sonst die Lebenden in den jenseitigen Zustand der Verstorbenen verwickelt werden können und damit zunehmend
einer seelischen Unbewußtheit und einer psychischen Dissoziation des Bewußtseins verfallen.

Interessant ist der schon im Traum auftauchende
Gedanke, daß man den Verstorbenen sagen solle, daß sie tot
seien. Aus zahlreichen Todesträumen, die mir im Lauf der
letzten Jahre mitgeteilt wurden, geht hervor, daß die Verstorbenen zumeist kein Bewußtsein haben über ihren Zustand
und über ihr Befinden in der Totenwelt. Offensichtlich
haben nur wir Lebenden ein Ich-Bewußtsein, das zu unterscheiden vermag zwischen dem Leben in unserer Welt und
jener anderen Wirklichkeit. Diese Unterscheidung und die
Abgrenzung von der Welt der Toten scheint für unsere psychische Gesundheit und persönliche Integrität von größter
Bedeutung zu sein, weil sonst eine Ich-Auflösung und eine
seelische Verflüssigung, eine Psychose drohen. Wer ganz in
der Welt des Selbst als einer bewußtseinstranszendenten
Wirklichkeit lebt, dessen Ich droht unterzugehen wie ein
Nichtschwimmer im Ozean.

Viele Menschen bewegt und interessiert die gleiche Frage
wie die Träumerin, ob die Verstorbenen »glücklich« seien,
oder ob sie Qualen und Pein erleiden müssen. Auf diese
Frage antwortet der Vater im Traum: »Ich muß überdenken,
was ihr Lebenden glücklich nennt – ja, doch, in eurer Spra-

che gesagt, bin ich glücklich.« Glücklich ist also ein Ausdruck und ein Zustand der Lebenden und nicht der Toten. In jener Welt scheint es keine emotionalen Stimmungen und keine seelischen Empfindungen zu geben, die für unsere menschlichen Beziehungen von grundlegender Bedeutung sind. Daher wird auch verständlich, warum die Toten, die uns erscheinen, zumeist keinerlei seelische Reaktionen zeigen. Ich erinnere in diesem Zusammenhang an die Begegnung mit meiner verstorbenen Mutter im Traum. In meiner Freude des Wiedersehens wollte ich sie umarmen. Doch sie zeigte keinerlei Reaktion und kam mir auch nicht entgegen. Mit Entgegenkommen soll hier nicht nur eine räumliche Beziehung gemeint sein, sondern zugleich eine personale Begegnung. Die Starre und fast eisige Haltung der Mutter wurde in meinem Traum noch dadurch verdeutlicht, daß wir durch eine Glasscheibe voneinander getrennt waren. In anderen Träumen können es auch durchsichtige Eisschichten oder gar ein funkelnder Kristall sein. Diese Träume scheinen die antiken Anschauungen zu bestätigen, wonach beim Tod der »Thymos« als seelische Energie und als Lebenskraft den Körper verläßt und die unsterbliche Seele in die jenseitige Welt geht.

Der verstorbene Vater als Ratgeber

Während die meisten Beispiele dieses Buches von den Erscheinungen von Verstorbenen berichten oder von der besonderen Botschaft eines Todestraumes, erlebt Frau R. ihren verstorbenen Vater in bedrängenden Geschäftsangelegenheiten als Ratgeber und in schwierigen Lebenssituationen wie einen Schutzengel. Wörtlich sagte sie mir: »Vater stand oft wie ein Schutzengel neben mir und führte mich.« Nach dem Tod des Vaters weilte Frau R. fast täglich an seinem Grab, erinnerte sich an ihn und führte stille Zwiegespräche mit ihm. Aus dem folgenden Selbstbericht wird ersichtlich, daß sie eine Frau mit einem ausgeprägten Ahnungsvermögen ist. Frau R., Mitte Fünfzig, ist erfolgreiche Geschäftsfrau im Autohandel und lebt keineswegs nur als verinnerlichter Mensch zurückgezogen von den Proble-

men unserer Welt. Ich habe den Eindruck gewonnen, daß sie
eine Frau ist, die äußere Realität und innere Wirklichkeit gut
miteinander zu verbinden weiß und daher manchem eine
Anregung geben kann, in ähnlicher Weise Beistand und Rat
von einem Verstorbenen zu empfangen. Ich möchte jetzt
Frau R. selber zu Wort kommen lassen und sie aus ihrer
Lebensgeschichte und ihren Erfahrungen mit dem verstorbenen Vater erzählen lassen:

»Schon als Kind hatte ich ein sehr enges Verhältnis zu
meinem Vater. Das Verhältnis zur Mutter dagegen war recht
problematisch. Ich erlebte sie als ängstlich. Ihre Schwierigkeiten versuchte sie durch Strenge in der Erziehung zu kompensieren. Die letzten 17 Jahre ihres Lebens hat sie an Schizophrenie gelitten und ist in einer Klinik gestorben. Weil die
Mutter so streng war und dann krank, habe ich mich mehr
und mehr ganz dem Vater angeschlossen. Ihm verdanke ich
es, daß ich innerlich gesund geblieben bin. Er gab mir Vertrauen ins Leben und zu mir selber. Besonders nach dem
Tod der Mutter hat der Vater mir viel Zuspruch und Ermutigung gegeben. Ich konnte mich immer an Vater halten. Die
letzten Lebensjahre litt Vater auf beiden Augen an Star-
Erblindung. Es wurde für ihn zunehmend schwieriger, seine
Schreibarbeiten zu erledigen und seine beruflichen Aufgaben als Baumeister zu verrichten. Daher habe ich ihm meine
Augen geliehen. Vater erklärte mir alle monatlichen Abrech-
nungen für die Mitarbeiter und das Geschäft. Vor seinem
unerwarteten Tod war ich zu einer längeren Fortbildung in
einer anderen Stadt. Ich weiß noch wie heute, daß mich
plötzlich die Ahnung überkam, nach Hause zum Vater fah-
ren zu müssen. Die anderen fragten mich entsetzt, ob ich
träume, daß ich so plötzlich diesen Entschluß faßte. Ich
fühlte und ahnte, daß er sterben würde. Als Vater mich am
Bahnhof abholte, war es anders als sonst zwischen uns. Am
Sonntag sagte er zu mir, daß er sich nicht wohl fühle. Mon-
tag kam er vom Büro heim, legte sich hin, und in der Nacht
bekam er infolge eines perforierten Blinddarms eine Bauch-
fellentzündung. Ferner stellte sich eine Darmverschlingung
ein, an deren Folgen er starb. Nachträglich kann ich sagen,
daß meine Ahnung zutreffend war. Mir ist klargeworden,
warum ich Wochen und Monate vorher bedrückt war und

dafür zunächst keine Erklärung fand. In meiner Niedergeschlagenheit hatte ich oft das Gefühl, daß ich eine unsicht-
bare Last zu tragen habe.

Nach dem Tod des Vaters war der Schmerz so groß, daß
ich keine Träne weinen konnte. Es vergingen Monate, bis
sich dieser Krampf löste. In dieser Zeit besuchte ich Vater
nahezu jeden Tag auf dem Friedhof. Langsam begann ich zu
spüren, daß ich auf dem Heimweg nicht mehr so niedergeschlagen war wie auf dem Hinweg. Später bin ich oft getröstet vom Friedhof heimgekehrt. Wenn ich am Grab des
Vaters verweilte, begann ich ein stilles Zwiegespräch mit
ihm. Ich erinnerte mich an bestimmte Gespräche mit ihm
und sah viele Lebenssituationen wie im Traum vor mir.
Dabei hatte ich oft den Eindruck, daß ich vom Vater einen
Rat und Hilfe bekomme. Nach einigen Monaten erlebte ich,
daß ich gar nicht mehr zum Friedhof hingehen mußte, sondern mit dem Vater auch zu Hause sprechen konnte. Besonders mein Geschäftsleben konnte ich mit ihm teilen. Oft
hatte ich den Eindruck, daß Vater wie ein Schutzengel
neben mir stand und mich führte. In dieser Zeit fragte ich
den Vater oft: ›Wie soll ich's machen? Was meinst du?‹
Heute habe ich den Vater oder das Vaterbild in meiner Seele
integriert. Für mich ist Vater jetzt eine innere Figur und eine
Kraft geworden, die mich begleitet. In kritischen Situationen
weiß ich, wie ich vorgehen muß. Ich lasse mich von
Geschäftspartnern und anderen Leuten nicht mehr in
bestimmte Schwierigkeiten hineinmanövrieren. Durch Vater
bin ich vorsichtig geworden und sehe künftige Dinge vor
mir. Der Rat und die Hilfe, die ich früher vom Vater erbat, ist
mit zunehmendem Lebensalter ein Teil von mir selber
geworden. Ich bin inzwischen älter und reifer geworden und
verwirkliche jetzt aus mir heraus das, was ich früher vom
verstorbenen Vater erwartete.«

Frau R. berichtete mir, daß sie seit dem geahnten Tod
ihres Vaters gelegentlich auch Todesahnungen von dem
nahenden Tod eines anderen Menschen habe. So erlebte
Frau R., daß in mehreren Nächten zwischen zwei und drei
Uhr nachts das Telefon klingelte. Jedesmal, wenn sie den
Hörer abnahm, war niemand am Apparat. Bei dem letzten
Anruf hörte sie es auf der anderen Seite atmen und tiefes

Stöhnen. Betroffen fragte sie: »Sind Sie in Not? Kann ich
etwas für Sie tun?« Etwa fünf Minuten währte der Kontakt
durchs Telefon mit der anderen Seite. Am nächsten Morgen
erreichte sie die Nachricht, daß sich ihr Schwiegersohn das
Leben genommen habe. Nachträglich verstand Frau R. diesen Telefonanruf als »Anruf« einer Seele in Todesnot. Derart
paranormale Erfahrungen im Umkreis des Todes sind in der
Fachliteratur und im Bereich der Parapsychologie vielfach
bezeugt.

Manchmal hat Frau R. Träume, die den Tod eines nahe-
stehenden Menschen ankündigen. So erging es ihr in letzter
Zeit auch mit dem Autoverkäufer Günther in ihrem
Geschäft. In einem dieser Träume befand sich Frau R. in
einer Schiffskabine. Auf einem runden Tisch lag ein
Abschiedsbrief und ein Schlüsselbund. In den folgenden
Tagen hatte sie das Gefühl, von einem nahestehenden Menschen Abschied nehmen und trauern zu müssen. Ein tiefer
Schmerz durchzog dann ihre Seele. Meistens versteht Frau
R. erst nachträglich die Botschaft ihrer Träume, die in den
Bildern schon angekündigt ist. Daß gerade dieser Mitarbeiter plötzlich und unerwartet sterben würde, kündigte sich in
einem Traum mit einem dunklen Volkswagen an. Die Träumerin weiß im nachhinein, daß in derartigen Bildern ver-
schlüsselte Hinweise erscheinen, wer als nächstes sterben
wird. Da gerade das Sterben dieses Mannes die Seele von
Frau R. zutiefst erschüttert hat, ist es wohl nicht zufällig, daß
wenige Tage später wiederum der verstorbene Vater im
Traum erscheint:

*»Ich gehe durch eine Stadt. Auf vielen Plätzen und in den
Gassen wird gespielt und getanzt. Ich vermute, daß es das
St.-Galler-Fest ist. Ein Theater mit weißen Kulissen gefällt mir
besonders gut. Ich bitte meinen Vater, auch auf das Fest zu gehen
und es sich anzusehen. Ich sage zu ihm: ›Weißt du, ich habe
geweint, weil das Spiel mich ganz tief angerührt hat.‹ Vater verspricht mir, auf das Fest zu gehen.«*

Wir besprechen diesen Traum als Reaktion und Tröstung
auf den erlebten Todesfall. Der Traum führt Frau R. nicht auf
den Friedhof oder zu einer Beerdigung, sondern in die Stadt,
in der ein Fest stattfindet. Die Träumerin wendet sich nach

der Trauer und dem Schock wegen des Todesfalles wieder neu dem Leben zu. Das Spiel und der Tanz auf vielen Plätzen sind ein besonderer Ausdruck für das Leben. An diesem Fest der Freude und des Lebens möchte die Träumerin nicht nur selber Anteil nehmen, sondern sie bittet auch den verstorbenen Vater hinzugehen. Wir erinnern uns hier, daß Frau R. von ihrem Vater gesagt hat, daß er in ihrem Leben eine innere Figur und eine Kraft geworden sei, die sie begleitet. Im tiefenpsychologischen Sinne ist der Vater damit zu einem inneren Seelenführer geworden. Diese innere Seite möchte die Träumerin zum Fest der Freude und des Lebens einladen.

Der letzte Traum ist ein eindrucksvolles Beispiel dafür, daß uns Verstorbene nicht nur dann erscheinen, wenn wiederum ein Tod bevorsteht. Im Umkreis des Todes gibt es wiederholt eindrucksvolle Träume, daß Verstorbene eingeladen werden, auch auf das Fest mitzukommen. In solchen Träumen sind die Verstorbenen keine Todesboten, sondern Seelenführer zum Fest des Lebens.

Synchronizitätsphänomene bei Erscheinungsträumen

Eine bedenkenswerte Möglichkeit für das Verständnis von Erscheinungen von Verstorbenen ist Jungs Begriff der Synchronizität. Es handelt sich dabei um eine Gleichsinnigkeit zwischen äußeren Tatsachen und inneren Erfahrungen. Gerade im Umfeld des Todes wie auch bei anderen einschneidenden Erfahrungen bewirken die Archetypen als die anordnenden Faktoren des seelischen Erlebens ein Zusammentreffen (eine Koinzidenz) der individuellen Todeserfahrung und der Trauerarbeit mit den Erscheinungen mythologischer Lebensmuster, wie sie uns in den Todesvorstellungen der Völker und ihrer Religionen vorliegen. Auf den ersten Blick könnte man auf einen gewissen kausalen Zusammenhang schließen, daß eben der individuelle Todesfall Erscheinungsbilder aus der Totenwelt heraufbeschwöre. Doch es handelt sich gerade nicht um eine Kausalität im strengen wissenschaftlichen Sinne, sondern um eine Synchronizität als ein sinnvoll erlebtes Zugleich-Stattfinden von

zwei Ereignissen, eben dem Todesfall und dem Erscheinen
von Verstorbenen in den Träumen. C.G. Jung verwendet
dieses Modell zur vorläufigen wissenschaftlichen Erklärung
von Phänomenen und Erscheinungen, die durch die herkömmlichen drei Dimensionen von Raum, Zeit und Kausalität nicht hinlänglich erklärt werden können. Mit Synchronizität meint Jung eine psychisch bedingte Relativität von
Zeit und Raum, indem diese in bestimmten Phänomenen als
»Raum-Zeit-Kontinuum« erscheinen. In derartigen Erfahrungen werden die uns vertrauten Gesetzmäßigkeiten von
Raum und Zeit erweitert und überschritten. Ein Teil der
Seele reicht hinein in die Raum-Zeitlosigkeit und gewinnt
damit die Fähigkeit, die Erscheinungsbilder der Toten in der
jenseitigen Welt zu sehen. Nach den Erfahrungen und
Erkenntnissen der Tiefenpsychologie hat die Seele sowohl
Anteil an den Erlebnissen und Leiberfahrungen in der diesseitigen Welt wie auch an den Erscheinungsbildern der jenseitigen Wirklichkeit.

Manche Kritiker werden vielleicht meinen, daß die Tiefenpsychologie mit derartigen Ansichten und Modellen iso-
liert dastehe und zum Beispiel von den Naturwissenschaften
und deren Verstehensmöglichkeiten nicht beachtet werde.
Doch hier ist in der letzten Zeit viel in Bewegung gekommen, wie die vielbeachteten Arbeiten von Fritjof Capra zeigen. Ein besonders wichtiger Gesprächspartner C.G. Jungs
auf diesem Gebiet war der Atomphysiker Wolfgang Pauli,
der in einer Arbeit von Werner Heisenberg ausführlichst
zitiert wird. Pauli schreibt: »Der Vorgang des Verstehens in
der Natur, sowie auch die Beglückung, die der Mensch beim
Verstehen, d.h. beim Bewußtwerden einer neuen Erkenntnis,
empfindet, scheint demnach auf einer Entsprechung, einem
Zur-Deckung-Kommen von präexistenten inneren Bildern
der menschlichen Psyche mit äußeren Objekten und ihrem
Verhalten zu beruhen. Diese Auffassung der Naturerkenntis
geht bekanntlich auf Plato zurück und wird ... auch von
Kepler in sehr klarer Weise vertreten. Dieser spricht in der
Tat von Ideen, die im Geist Gottes präexistent sind und die
der Seele, als dem Ebenbild Gottes, mit eingeschaffen wurden. Diese Urbilder, welche die Seele mit Hilfe eines angebo-
renen Instinktes wahrnehmen könne, nennt Kepler archety-

pisch. Die Übereinstimmung mit den von C.G.Jung in die moderne Psychologie eingeführten, als Instinkte des Vorstellens funktionierenden urtümlichen Bildern oder Archetypen ist sehr weitgehend. Indem die moderne Psychologie den Nachweis erbringt, daß jedes Verstehen ein langwieriger Prozeß ist, der lange vor der rationalen Formulierbarkeit des Bewußtseinsinhalts durch Prozesse im Unbewußten begleitet wird, hat sie die Aufmerksamkeit wieder auf die vorbewußte archaische Stufe der Erkenntis gelenkt. Auf dieser Stufe sind an Stelle von klaren Begriffen Bilder mit starkem emotionalem Gehalt vorhanden, die nicht gedacht, sondern gleichsam malend geschaut werden. Insofern diese Bilder ein Ausdruck für einen geahnten, aber noch unbekannten Sachverhalt sind, können sie entsprechend der von C.G.Jung aufgestellten Definition des Symbols auch als symbolisch bezeichnet werden. Als anordnende Operatoren und Bildner in dieser Welt der symbolischen Bilder funktionieren die Archetypen eben als die gesuchte Brücke zwischen den Sinneswahrnehmungen und den Ideen und sind demnach auch eine notwendige Voraussetzung für die Entstehung einer naturwissenschaftlichen Theorie. Jedoch muß man sich davor hüten, dieses a priori der Erkenntnis ins Bewußtsein zu verlegen und auf bestimmte, rational formulierbare Ideen zu beziehen.«[63]

Einige Aspekte und Gesichtspunkte aus diesen wichtigen Gedankengängen möchte ich im Hinblick auf unser Thema noch ein wenig reflektieren. Bei der Erforschung von unbewußten Prozessen und archetypischen Bildern werden die Erscheinungen und Erfahrungen »malend geschaut«, wie Pauli so treffend schreibt. Es geht in diesem Bereich vorrangig nicht um klar durchdachte Begriffe, sondern um ein bildhaftes Denken und eine bildhafte Beschreibung der Phänomene. Auch der Hinweis auf das biblische Menschenbild, wonach der Mensch als Ebenbild Gottes geschaffen worden ist, zeigt, daß neben dem Worthaften der Bildhaftigkeit eine grundlegende Bedeutung zukommt. Gerade die Bilder sind eine wichtige Brücke zwischen den Sinneswahrnehmungen und der archetypischen Bilderwelt.

Über den Tod im Bilde sein

Bei den oft schwer zu begreifenden Erfahrungen und Erscheinungsbildern im Grenzbereich zwischen Leben und Tod, zwischen der uns vertrauten, sichtbaren Welt und der »Anderweltlichkeit«[64] der Toten bilden die Bilder eine Brücke. Mit Bild ist hier nicht eines der unzähligen Photos in der »Bilderflut« unserer Tage gemeint, sondern es geht um die archetypischen Bilder, wie sie in der Tiefenpsychologie C. G. Jungs beschrieben werden. Es sind die Erscheinungen der unsichtbaren Urbilder, der Archetypen, die als anordnende Faktoren »hinter« oder »in« unserer sichtbaren Welt wirken. Die Erscheinungen der Verstorbenen oder unsere Träume, insbesondere die Großen Träume mit den archetypischen Bildern und Symbolen haben eine vermittelnde Funktion zwischen unserer Welt und der Totenwelt. Durch diese Träume erhalten wir Botschaften und Informationen über alle Fragen und Probleme unseres Lebens und auch über die letzten Fragen nach Sterben und Tod und was danach kommt.

Durch die mehr als 300 Todesträume von Analysanden, Patienten und Seminarteilnehmern, die ich in den letzten Jahren analysiert und bearbeitet habe und von denen hier nur eine geringe Auswahl veröffentlicht werden konnte, durch die Befragung von 633 Träumern(-innen) in meiner wissenschaftlichen Erhebung zum Thema und vor allem auch durch eigene Todesträume und wahrwerdende Träume vor dem Tod meines Vaters und meiner Mutter sowie zahlreiche Erscheinungsträume nach ihrem Tod bin ich zu der Einsicht und Erkenntis gekommen, daß die Traumbilder wichtige Träger und Vermittler von Informationen über die jenseitige Welt sind. In die Seele des Menschen scheint ein Wissen über den Tod und was danach kommt »einprogrammiert« zu sein, das in der Bildersprache der Träume zum Ausdruck kommt. Ähnlich wie wir im Bewußtsein, in unseren Religionen und Philosophien Anschauungen über den Tod haben, können wir in Träumen eine innere Anschauung vom Totenland bekommen. Diese Auffassung vertritt auch der bekannte amerikanische Traumpsychologe James A. Hall, der in einem Kapitel über Todesträume schreibt: »Es ist

jedoch eine psychologische Tatsache, daß die Psyche archetypische Bilder des Todes enthält, die ausdrücken, daß der
Tod etwas anderes als eine endgültige Zerstörung ist.«[65]
Während unser begrenztes Ich-Bewußtsein häufig Angst hat
vor dem Tod, sehen die Seele und das Selbst dies offensichtlich anders und positiver. Daher lohnt es sich ganz besonders, das Wissen über den Tod in den Traumbildern zu erforschen.

Bei dem andauernden Bemühen des menschlichen Geistes um eine Erweiterung des Weltbildes nach »oben«, um
die Eroberung des Weltraumes und Erlangung eines »kosmischen Bewußtseins« sollten wir auch die Grenzerweiterun-
gen nach »unten« nicht aussparen. Durch die Tiefenpsychologie wissen wir bereits viel über die »Unterwelt« und die
Tiefen der Seele. Durch die Todesträume und durch die
Erscheinungsträume erhalten wir weitere Mosaiksteine über
die jenseitige Welt, um daraus im Lauf der kommenden
Jahre eine differenziertere »Landkarte« des Unbewußten und
des Totenreiches anzufertigen. Eine genaue Kartographie
kann dies jedoch noch nicht sein. Auch Columbus brachte
von seinen Entdeckungsreisen zunächst nur recht grobe
Umrisse des entdeckten Neulandes heim. Dies mögen die
Kritiker bedenken, wenn sie manche Ausführungen über die
Todesträume als unscharf oder nicht konkret genug anse-
hen. Indem wir darüber sprechen und schreiben, erleben wir
das, was Heinrich von Kleist einmal so trefflich als »allmähli-
che Verfertigung der Gedanken beim Sprechen« bezeichnet
hat. Dieser andauernde Prozeß der Verfertigung vollzieht
sich nach meiner Erfahrung auch in den Träumen. Wenn
sich im Lauf der kommenden Jahre viele Menschen um das
Verständnis ihrer Todesträume bemühen, werden wir miteinander ein umfassenderes Bild vom Totenreich gewinnen
können.

Zum tieferen und besseren Verständnis des Bildes in dem
hier gemeinten Sinn erscheint es mir wichtig, einige Be-
schreibungen aus der Tiefenpsychologie C.G. Jungs anzu-
führen, der sich wie kaum ein anderer um das Geheimnis der
archetypischen Bilder bemüht hat. Für Jung haben die inneren Bilder einen großen psychologischen Wert, weil sie eine
»innere Wirklichkeit« darstellen, die häufig eine tiefere

Bedeutung hat als die für uns sichtbare Wirklichkeit. Wie komplex und umfassend Jung das innere Bild sieht, zeigt das folgende Zitat:

»Das innere Bild ist eine komplexe Größe, die sich aus den verschiedenen Materialien von verschiedenster Herkunft zusammensetzt. Es ist aber kein Konglomerat, sondern ein in sich einheitliches Produkt, das seinen eigenen, selbständigen Sinn hat. Das Bild ist ein konzentrierter Ausdruck der psychischen Gesamtsituation, nicht etwa bloß oder vorwiegend der unbewußten Inhalte schlechthin. Es ist zwar ein Ausdruck unbewußter Inhalte, aber nicht aller Inhalte überhaupt, sondern bloß der momentan konstellierten. Diese Konstellation erfolgt einerseits durch die Eigentätigkeit des Unbewußten, anderseits durch die momentane Bewußtseinslage, welche immer zugleich auch die Aktivität zugehöriger subliminaler Materialien anregt und die nicht zugehörigen hemmt. Dementsprechend ist das Bild ein Ausdruck sowohl der unbewußten wie der bewußten momentanen Situation. Die Deutung seines Sinnes kann also weder vom Bewußtsein allein noch vom Unbewußten allein ausgehen, sondern nur von ihrer wechselseitigen Beziehung.«[66]

Wenn sich jemand während einer Lebenskrise oder einer Krankheit besonders intensiv mit den Fragen des Todes auseinandersetzt, dann geschieht das Zusammentreffen ganz bestimmter Umstände, die wir in der Tiefenpsychologie als Konstellation bezeichnen. Bei derartigen Konstellationen wirken das bewußte Denken über den Tod und die unterschwelligen Vorstellungen (Jung spricht von sublimalen Materialien) zusammen, woraus häufig archetypische Bilder in den Träumen erscheinen. Archetypisch meint hier ein ursprüngliches und urtümliches Bild zu gewichtigen Fragen unseres Lebens. Nach Jungs Auffassung haben die immer wiederkehrenden seelischen Erlebensweisen und typischen Grundformen des Lebens ihren Niederschlag gefunden in dem sogenannten kollektiven Unbewußten, an dem alle Menschen Anteil haben. Welch eine therapeutische und ordnende Funktion diese archetypischen Bilder haben, beschreibt Jung folgendermaßen: »Das urtümliche Bild ist somit ein zusammenfassender Ausdruck des lebendigen Prozesses. Es gibt den sinnlichen und inneren geistigen Wahr-

nehmungen, die zunächst ungeordnet und unzusammen-
hängend erscheinen, einen ordnenden und verbindenden
Sinn und befreit dadurch die psychische Energie von der
Bindung an die bloße und unverstandene Wahrnehmung.«[67]
Da gerade bei dem Thema Tod die Menschen die unterschiedlichsten Empfindungen, Vorstellungen und Wahrnehmungen haben, sind die Reaktionen höchst unterschiedlich
und reichen von der totalen Verängstigung bis hin zur uner-
müdlichen Verdrängung. In diesem Durcheinander der Meinungen und Empfindungen können die archetypischen Bilder über den Tod klärend und sinngebend wirken, wenn wir
sie beachten und aus den Todesträumen vieler Menschen
ein neues Gesamtbild über den Tod entwickeln.

Der Todeskomplex

Nachdem uns die Weite und die Tiefe der Bilderwelt im
Hinblick auf das Thema etwas einsichtig geworden ist,
möchte ich auf die Todesstarre, wie sie in den Todesträumen
erscheint, etwas näher eingehen. Während einerseits in den
meisten Berichten über Sterbeerfahrungen und auch in manchen Todesträumen eine Steigerung, Erhöhung und Intensi-
vierung der Empfindungen und Erfahrungen bezeugt wird,
wird von anderen wiederum eine Erstarrung, Versteinerung
und ein absoluter Stillstand des Lebens und der Zeit
genannt. Eine gewisse Ahnung von dem hier Gemeinten
bekommen wir, wenn wir an bestimmte Augenblicke denken, in denen es plötzlich totenstill um uns oder in uns
wurde. Manche erleben so etwas bei einer einsamen Berg-
wanderung in großer Höhe oder bei einem Waldspazier-
gang. Andere erfahren die Augenblicke der absoluten Stille
in einer schlaflosen Stunde der Nacht, wenn sie über wichtige Fragen ihres Lebens oder des Todes nachdenken.
Besonders wird der Stillstand der Zeit und die Erstarrung
des Augenblicks im Umfeld von realen Todesereignissen und
natürlich in den Todesträumen erlebt. Bekannte Phänomene
dafür sind, daß die Uhr stehenbleibt, wenn jemand stirbt,
oder daß im Traum eine stillstehende Uhr den nahenden
Tod ankündigt. Diese äußeren Ereignisse haben auch eine

Entsprechung in einem inneren Vorstellungskomplex, den ich den Todeskomplex nennen möchte. Unter einem Komplex verstehen wir in der Tiefenpsychologie ein autonomes Energiefeld im Seelenleben. Den Kern oder den Mittelpunkt eines Komplexes bildet ein Archetypus oder ein archetypisches Bild, zum Beispiel der Tod. Der Todeskomplex ist auch die eigentliche Ursache unserer Todesträume. Nicht die Träume an sich sind der Weg zum Unbewußten, sondern vor allem die seelischen Energiefelder, die Komplexe. Sie sind die Lebensmächte, die unsere Vorstellungen und Gefühle ausmachen. Aus den Komplexen, insbesondere aus dem Todeskomplex, läßt sich auch die Intensität der Todesträume verstehen. Jung spricht davon, »daß die Psyche als unausgedehnte Intensität aufzufassen wäre und nicht als ein in der Zeit sich bewegender Körper«[68]. Unser Gehirn und die körperlichen Funktionen versteht Jung als eine »Umschaltstation«, in der die außersinnlichen Wahrnehmungen der Psyche für das Ich-Bewußtsein wahrnehmbar gemacht werden. Die ganze Psyche dagegen und das sogenannte kollektive Unbewußte besitzen die Fähigkeit, die uns einschränkenden Grenzen von Raum und Zeit zu überschreiten.

Die folgende Sterbeerfahrung, die Kurt Lückel mitteilt, zeigt aufs eindrucksvollste, wie mit der innerzeitlichen Existenz eine außerzeitliche parallel gehen kann. Der Autor sagte der Sterbenden, daß er den Eindruck habe, »als ob sie in zweierlei Zeit lebte... ›Ja genau‹, sagte sie. ›Das ist ein sehr schönes Gefühl einesteils, aber auch ein sehr merkwürdiges: Die eine Zeit läuft weiter – die andere steht still. Und ich kann es sogar selbst beeinflussen – ein bißchen jedenfalls.‹ Lückel: ›Das sind doch dann – gleichzeitig – zwei ganz unterschiedliche Gefühle in Ihnen, zwei verschiedene Zeitgefühle.‹ – Sie: ›Ja, ein Gefühl, das ist ganz weit und tief, als ob ich überall zugleich sein könnte. Ich spüre dabei meinen Körper irgendwie, als ob ich wie Luft wäre, oder eher wie Licht – als ob es keine Grenzen gäbe... das andere Gefühl – das ist, als ob jemand meine Augenblicke zählt. Das geht weiter, immer weiter. Das kann ich nicht aufhalten. – Das ist, als ob ich immer weniger werde...‹«[69]

Ähnliche Berichte über die Relativierung des Raum- und Zeitgefühls finden wir auch in den Zeugnissen sterbender und wiederbelebter Menschen nach Moody und Hampe. Es scheint so zu sein, daß bei Ausfall des Bewußtseins ein Teil der Psyche in diese andere Wirklichkeit hineinzureichen vermag. Während ein Teil des seelischen Erlebens mit dem Körper verbunden bleibt, wie wir es alle normalerweise erleben, schwebt das Selbst hinüber in eine jenseitige Welt, vergleichbar der mystischen Entrückung eines Visionärs.

In östlichen Weisheitslehren, die aus Meditationserfahrungen erwachsen sind, gibt es zahlreiche Zeugnisse und Sinnbilder für das Überschreiten der Bewußtseinsgrenzen und die Begegnung mit der jenseitigen Welt. Einer der wichtigsten Autoren aus dem östlichen Kulturkreis ist für mich Sri Aurobindo mit seinem Buch »Das Göttliche Leben« und der Legende »Savitri«. Diese Legende ist ein Sinnbild für den Weg zu einem göttlichen Bewußtsein und für ein neues Verständnis des Todes. Sie erzählt die ergreifende Geschichte, wie Savitri durch ihre große Liebe den vom Tod weggerafften Gatten zurückgewinnt. Da ihre Liebe unzerstörbar ist, ist sie stärker als der Tod. Die beiden Liebenden verkörpern nicht nur Eigenschaften der lebendigen Seele (Satyawan) und des göttlichen Wortes (Savitri), sie sind zugleich Erscheinungsbilder lebendiger und bewußter Kräfte, mit denen jeder in Berührung kommen kann. In Satyawan und Savitri haben die Seele und das göttliche Wort menschliche Gestalt angenommen, um den Menschen zu helfen und ihnen den Weg zu einem göttlichen Bewußtsein und zu einem unsterblichen Leben zu zeigen. Diese Geschichte ist für Aurobindo ein Gleichnis für die Menschheit schlechthin und deren Auseinandersetzung mit der Sterblichkeit.

Die indische Legende beginnt mit der Erzählung von dem König Aswapati, der in alle Stufen des Yoga eingeweiht wurde. Auf seinem inneren Weg lernt der König alle Bereiche und Dimensionen des Unbewußten, der Unterwelt und der »Hölle« kennen. Auch die himmlischen Bereiche erschließen sich Aswapati, und er begegnet Engeln. Damit erfährt der König die Spannung zwischen hell und dunkel, zwischen Zerstörung und Ganzwerdung und zahlreiche weitere Polaritäten, die jedem Menschen auf dem inneren Weg widerfahren. Als der König alt wird, erreicht er die Stufe des göttlichen Bewußtseins und des »kosmischen Mentals«, wie er diese letzte große Erfahrung nennt. An der Grenze des Todes ahnt der König schließlich, daß er diese letzte Aufgabe eines jeden Menschen nicht mehr lösen kann. Er bittet um das Geschenk, daß die Erlösung der Menschheit vom Tode von seinem Nachfolger oder seiner Nachfolgerin gelöst werde. Darauf bekommt er die Tochter Savitri, eine außerordentliche Frau an Schönheit, Weisheit und Ahnungsvermögen. Als Savitri herangewachsen ist, bekommt sie von ihrem Vater die Erlaubnis, ihren Gatten selber suchen und wählen zu dürfen. Ihrer inneren Stimme und Führung folgend findet sie schließlich Satyawan, den Sohn eines erblindeten Königs als Gatten. Satyawan ist ein Erleuchteter, eine Personifikation der Seele und des Selbst. Als Savitri und Satyawan sich sehen und begegnen, spüren sie, daß sie seit Urzeiten für einander bestimmt sind. Sie erkennen ihre Berufung und die Aufgabe, durch die Kraft und Reinheit ihrer Liebe den Tod zu überwinden. Ein Weiser weissagt Savitri, daß nach einem Jahr der Geliebte sterben wird. Sie bewahrt dieses Geheimnis in ihrem Herzen, wie ein Mensch, der durch einen prophetischen Wahrtraum weiß, daß er oder ein Angehöriger sterben muß. Nachdem Satyawan gestorben ist, folgen die eigentlichen Hauptkapitel dieses Werkes, ergreifende Zwiegespräche zwischen Liebe und Tod. Aurobindo beschreibt die Reise der Seele in die ewige Nacht im Neunten Buch mit Bildern und Symbolen, die uns aus dem Traumgeschehen vertraut sind. Dem Leser werden in zahlreichen Kapiteln innere Erfahrungen und ahnungsreiche Wahrnehmungen zu dem Zweck vor Augen geführt, vertraut zu werden mit den verschiedenen Stationen der Seelenreise in die Gefilde der Totenwelt und in die ewige Nacht.

Die folgenden Zitate können nur eine erste Leseprobe sein, die dem interessierten Leser den Zugang zu diesem Werk eröffnen wollen. Es ist und bleibt ein sehr begrenzter Versuch, ähnlich wie wenn man aus dem Faust von Goethe oder aus der Göttlichen Komödie von Dante einem Unkundigen einige Zitate vorstellt. Auf der Reise in die ewige Nacht erfährt Savitri unter anderem das Geheimnis der Grenzenlosigkeit im Totenreich.

»Als ein Mysterium der Grenzenlosigkeit des Schreckens,
das ihres Hungers Kraft zusammenzog,
umringte sie gewaltige, erbarmungslose Leere
mit lautlosen Tiefen,
und eine ungeheuerliche, hohle ungestaltete Kehle
verschlang
Savitri dann in ihre schattenhafte Masse, um sie zu ersticken,
ein schrecklicher spiritueller Todeskampf in einem Traum.
Als Vorhang von etwas ganz undurchdringlich
Grauenvollem
hing die Dunkelheit um den Käfig ihrer Sinne,
so wie den Stier, der in dem Walde angebunden ward
von Jägern, die nicht leere Nacht umschließt,
wenn sich die Bäume in erloschne Schatten wandeln
und wenn das letzte freundliche Schimmern
verschwunden ist.
Das Denken, das sonst in der Welt kämpft,
wurde ungeschehen.
Es widerrief sein Mühen, zu erkennen und zu leben,
war schließlich davon überzeugt,
daß es niemals gewesen sei.
Es ging zugrunde, all sein Traum von einem Handeln
war erledigt.
Nur eine geronnene Chiffre war sein dunkles Resultat.«

In einem der zahlreichen Zwiegespräche spricht Savitri
schließlich von ihrem Sieg über den Tod:

»O Tod, ich habe dich in meinem Innern besiegt.
Ich zittere nicht mehr bei dem Ansturm des Leids.
Denn tief in meinem Innern wohnt eine machtvolle Ruhe,
die sich meines Körpers und meiner Sinne bemächtigt hat.
Sie nimmt das Leid der Welt und wandelt es in Stärke.
Die Freude dieser Welt vereint sie mit der Freude Gottes.
Auf Gottes Ruhe thront auf ewig meine Liebe;
denn Liebe muß sich bis jenseits der Himmel
emporschwingen
und dort ihren unsäglichen geheimen Sinn finden.
Sie muß ihre Menschenwege in Gotteswege umwandeln
und doch ihrer irdischen Wonne oberste Gewalt bewahren.

O Tod, ich habe nicht wegen dem süßen Drängen meines
Herzens
und nicht allein wegen der Wonne meines frohen Körpers
den lebendigen Satyavan von dir gefordert,
sondern um seines und um meines Werkes willen,
unsern heiligen Auftrag.
Unsere Leben sind die Boten Gottes unter den Sternen.
Sie sind herabgekommen,
um im Schatten des Todes zu wohnen,
und lockten Gottes Licht herbei
für die unwissende Menschheit auf Erden
und lockten seine Liebe,
um die hohlen Menschenherzen zu erfüllen,
und seine Seligkeit, um die Freudlosigkeit der Welt zu heilen.
Denn ich, die Frau, bin die Kraft Gottes.
Er, Satyavan, ist des Ewigen abgesandte Seele im Menschen.
Mein Wille ist erhabener als dein Gesetz, o Tod.
Meine Liebe ist stärker als des Schicksals Bindungen:
Denn unsre Liebe trägt die himmlische Besiegelung
des Allerhöchsten.
Ich schütze dieses Siegel vor deinen reißenden Händen.
Die Liebe darf nie aufhören, auf der Erde zu leben,
denn Liebe ist das helle Bindeglied zwischen Erde
und Himmel.
Die Liebe ist hier jenes fernen Transzendenten Engel.
Die Liebe ist des Menschen Pfandrecht auf das Absolute.«[70]

Umgang mit Träumen vom Tod

Todesträume selber deuten

Jedermann träumt seine eigenen Träume, und jedermann kann sich auch bemühen, etwas von der Bildersprache seiner Träume zu verstehen. Anfänglich mag es jemandem, der recht bildhaft denkt und eine lebhafte Phantasie hat, leichterfallen, seine Traumsymbole zu entschlüsseln, als jemandem, der mit Hilfe seines Denkens und seiner Rationalität sein Leben gestaltet und seine Entscheidungen fällt. In diesem Buch wurde mehrfach davon gesprochen, daß unsere Träume und auch unsere Todesträume bisher verborgene Seiten unseres Seelenlebens widerspiegeln und dadurch an der Ganzwerdung unseres Lebens mitwirken. Oftmals beeinflußt uns ein wichtiger Traum derart, daß wir häufig an ihn denken müssen und wir den Einfluß seiner Bilder und Symbole deutlich spüren. Viele Menschen fragen sich dann: Was will mir dieser Traum sagen? Was mag er bedeuten?

An die Leserin, den Leser

Aus unzähligen Gesprächen über Träume und aus meiner langjährigen therapeutischen Arbeit mit Träumen habe ich die nachfolgenden Fragen zu Träumen zusammengestellt. Dazu möchte ich Ihnen jetzt einige Vorschläge und Vorbereitungen mitteilen, wie Sie mit diesen Fragen versuchen können, einen persönlichen Traum zu bearbeiten und zu deuten. Sie sollten Ihren Todestraum oder einen Traum, in dem Ihnen Verstorbene erschienen sind, aufgeschrieben vor sich liegen haben. Für die folgende Meditation und Bearbeitung Ihres Traumes dürfte es wichtig sein, daß Sie nicht unter Zeitdruck stehen, sondern an einem ruhigen Wochenende oder im Urlaub sich einige Stunden Zeit nehmen für den Umgang mit Ihrem Traum. Sie sollten sich also in Ihren Raum zurückziehen, sich sammeln und sich durch eine Ihnen vertraute Meditationsübung oder durch besinnliche Musik auf die erneute Begegnung mit Ihrem Traum und dessen Symbolen vorbereiten. Nach dieser Einstimmung sollten Sie sich Ihren Traum in allen Einzelheiten nochmals vergegenwärtigen. Versuchen Sie, in das Traumgeschehen hineinzugehen und an der Traumhandlung Anteil zu gewinnen. Lassen Sie sich von der Traumstimmung ansprechen und von den im Traum vorherrschenden Gefühlen berühren. In Ihrer entspannten und meditativen Haltung werden Ihnen dann bestimmte Einfälle kommen, die Sie kurz notieren können. Üben Sie auf Ihre Phantasie keinen Druck und keine moralische Zensur aus. Alles, was im Traum dargestellt ist, sind persönliche Anteile und seelische Empfindungen von Ihnen. Jetzt nehmen Sie meine Fragen zu Hilfe, die durch die Anmerkungen zusätzlich erläutert sind. Wenn Ihnen zu einer Frage keine Einfälle und Phantasien kommen, können Sie getrost zu der nächsten und einer der weiteren Fragen übergehen. Die hier vorgegebene Reihenfolge ist für Sie nicht zwingend. Sie müssen auch nicht alle Fragen zu Ihrem Traum beantworten können. Wenn Sie den größten Teil der Fragen gelassen und beharrlich zu beantworten versuchen, werden Ihnen die Bilder und Symbole Ihres Traumes verständlicher werden. Die Botschaft Ihres Todestraumes sollten Sie weder als letzte Wahrheit über Ihr Leben noch als Todesurteil verstehen. Was Sie von Ihrem Todestraum als Botschaft verstanden haben, können Sie in der Folgezeit mit einem Ihrer Angehörigen oder Freunde besprechen, um Ihre persönliche Sicht durch die Meinung anderer Menschen zu ergänzen. Wenn Sie die Botschaft eines Todestraumes ängstigt oder stark beunruhigt, sollten Sie das Gespräch mit einem kundigen Traumpsychologen oder Psychotherapeuten suchen.

Fragen zu Träumen vom Tod

Trauerarbeit und Todeserfahrung

1. Ist Ihr Todestraum ein Ausdruck der Trauerarbeit und des Trauerprozesses nach dem Tod eines Angehörigen?

Oft sind unsere Träume von Toten und Verstorbenen ein Ausdruck der persönlichen Trauerarbeit nach dem Verlust eines Angehörigen oder eines nahestehenden Menschen. Auch wenn wir mit vollem Bewußtsein eine Zeitlang getrauert haben, kann dies für unsere Seele noch nicht genug sein. Besonders aber wenn wir uns nach einem Todesfall mit Willensstärke über den Verlust haben schnell hinwegsetzen können, nimmt sich die Seele Zeit für die Trauerarbeit.

2. Erinnert Sie das Erscheinen eines bestimmten Verstorbenen an eine schicksalhafte Schuldverstrickung?

Häufig können sich Menschen auch nach einem längeren Trauerprozeß deswegen nicht von einem Verstorbenen lösen, weil begründete (oder unbegründete) Schuldgefühle sie an den Toten binden. Besonders wenn eine gegenseitige Aussöhnung zu Lebzeiten nicht möglich war, weil der Tod plötzlich und unerwartet kam, erinnern die Toten an eine Auflösung dieser Schuldverstrickung. Dies kann geschehen, indem die Schuld gesühnt wird, der Betroffene einen Versöhnungsbrief schreibt oder am Grab innigst um Verzeihung bittet. Gläubige und religiöse Menschen haben darüber hinaus noch die Möglichkeit, Gott oder die höhere Macht um Vergebung zu bitten. Jeder muß hier seine persönlichen Möglichkeiten entdecken.

3. Ist Ihr Todestraum oder Ihre Todesphantasie Ausdruck eines Wunsches nach Verbundenheit mit geliebten Verstorbenen?

In vielen Menschen lebt eine starke Sehnsucht nach der Wiedervereinigung mit einem geliebten Menschen im Jenseits. Dieses starke Gefühl findet häufig einen symbolischen Ausdruck im Erscheinen dieser Person im Traum. Gelegentlich kann es dabei zu einer derart gefühlsstarken Begegnung kommen, daß von einer »Todeshochzeit« oder einer heiligen Hochzeit der Seele gesprochen werden kann. In welcher klärenden Erkenntnis können Sie Ihre Erfahrung beschreiben?

4. Wie werden Sie durch den Todestraum in das Geheimnis des Todes eingeweiht?

Unsere Seele lebt in den Bildern der Träume. Diese haben zwei Wurzeln: das seelische Erleben sowie das ganze Leben und die Totenwelt. Neben der Wechselbeziehung von Traum und Leben ist auch die Beziehung Traum und Tod zu beachten. So wie uns viele Träume mit der dunklen Welt in uns konfrontieren, führen uns andere zur Begegnung mit der Totenwelt. Wie manche Nacht eine kleine Todeserfahrung sein kann, kann uns mancher Todestraum in das Geheimnis des Todes einweihen. Mit welchen Worten können Sie einen Aspekt dieses Geheimnisses beschreiben?

Bewußtseinserweiterung durch Todesträume

5. Was trägt der Todestraum zur Bewußtseinserweiterung bei?

In den Träumen arbeitet die Seele unaufhörlich an unserer Bewußtseinserweiterung, indem sie unbekannte und dunkle Seiten des Lebens bewußt werden läßt. Zu diesem andauernden seelischen Prozeß gehört auch die Durchleuchtung des Geheimnisses des Todes. Wenn wir die Botschaft eines Todestraumes begreifen, indem wir zugleich von der geheimnisvollen Macht des Todes ergriffen werden, treiben wir tiefe Wurzeln in das Reich des Todes.

6. Könnte Ihr Traum vom Schattenreich des Todes auch Ausdruck Ihres eigenen Schattens sein?

Unter dem »Schatten« verstehen wir in der Jungschen Tiefenpsychologie alle dunklen und verdrängten Seiten des Lebens. Diese Schattenseiten gehören zu uns wie der Schatten, den wir in der Sonne werfen oder wenn wir im Licht stehen. Je stärker und länger wir unsere Schattenseiten verdrängen, um so bedrohlicher können sich dunkle Triebkräfte in Bildern vom Schattenreich des Todes darstellen. Da die Auseinandersetzung mit dem Schatten ein Leben lang währt, kann die Integration nur teilweise gelingen. Doch die Schatten werden kürzer, je mehr wir das Licht des Bewußtseins erlangen. Wer seine Schattenseiten erkennt und benennt, ist ihnen nicht mehr ahnungslos ausgeliefert.

7. Führt Ihr Todestraum zu einer Wandlung Ihres Zeitgefühls, und erweitert er Ihr Gegenwartsgefühl?

Im Angesicht des Todes wird unser Verhaftetsein an Raum und Zeit gelockert und unsere Anwesenheit im Hier und Jetzt durchbrochen. Wer dem Tod oder dem Erscheinungsbild eines Toten begegnet ist, bekommt ein erweitertes Zeitgefühl, indem er sich rückschauend in die Vergangenheit versetzt fühlt, tiefer in der Gegenwart verwurzelt wird oder vorausschauend in der Zukunft weilt. Versuchen Sie in Ihren Worten die Wandlung des Zeitgefühls im Traum zu beschreiben.

8. Hat der Todestraum Ihren Lebenswillen gestärkt oder beeinträchtigt?

Wenn Sie durch einen Traum mit der Welt des Todes konfrontiert wurden, kommt es meistens zu einem heilsamen Erschrecken und zur Bewußtwerdung des eigenen Standpunktes und zur Standortbestimmung im Leben. Überlegen Sie, wie Ihr Lebenswille durch einen Todestraum mobilisiert und gestärkt wurde. Registrieren Sie auch, ob Sie durch das Erscheinen eines Verstorbenen geängstigt wurden oder sich niedergeschlagen fühlten. Beschreiben Sie Ihre Erfahrungen mit einem Todestraum im Hinblick auf Ihren Lebenswillen.

Ganzheitliche Begegnungen mit Toten

9. Welche Gedanken kommen Ihnen zu dem Todestraum?

Mit Hilfe des Denkens und des Nachdenkens sollten wir ein umfassendes Verstehen und eine ganzheitliche Ansicht über den Tod und das Sterben anstreben. In den Träumen wird uns diese Verstehensmöglichkeit in bildhafter Sprache nahegebracht. Durch unsere Gedanken und Einfälle arbeiten wir aktiv und bewußt an der Enträtselung unserer Todesträume. Mit Hilfe des Denkens verstehen wir die Botschaft des Traumes.

10. Weckt dieser Todestraum angenehme oder unangenehme Gefühle? Was fühlen Sie als innere Stimme und Stimmung?

In den Träumen streckt die Seele ihre Fühler weit über das Bewußtsein hinaus aus. Was wir uns bewußt nicht denken können, spüren wir häufig in den Träumen. Im Fühlen spricht eine innere Stimme zu uns und verhilft uns zu einem Werturteil darüber, ob wir die Beziehungen zwischen Tod und Leben richtig oder falsch sehen. Nicht nur was Sie über den Tod denken ist wichtig, sondern auch, wie Sie diese Wirklichkeit erspüren.

11. Welche Empfindungen weckt dieser Todestraum?

Mit der Empfindungsfunktion nehmen wir die Realität um uns wahr und erspüren mit allen Sinnen, wie es um uns steht. Da Todesträume häufig auch in der Lebensmitte geträumt werden, machen sie auf leidvolle Umstellungen im persönlichen Leben aufmerksam. Diese Erfahrung kann außerordentlich betroffen machen und bewirkt in überzeugender Weise eine persönliche Wandlung und neue Lebenseinstellung.

12. Welche Ahnungen über das Geheimnis des Todes vermittelt Ihnen die Intuition in diesem Todestraum?

Unter Ahnung wird hier eine innere Wahrnehmung und ein seelisches Gespür verstanden, das über das rationale Verstehen hinausgeht. Wenn wir das Geheimnis eines Todestraumes erahnen, kommen wir den Urbildern unserer Seele nahe. Wenn wir intuitiv im Bilde sind, ahnen wir etwas von der zumeist verborgenen Weisheit unserer verstorbenen Ahnen.

Botschaften der Todesträume

13. Wie trägt der Todestraum zur Auseinandersetzung mit der eigenen Sterblichkeit bei?

Wenn uns ein Verstorbener erscheint oder wir durch einen Todestraum in die Unterwelt geführt werden, sind wir zur Auseinandersetzung mit der eigenen Sterblichkeit aufgerufen. Viele moderne Menschen, die sich nicht mehr zu den religiös Gläubigen zählen, erhalten von ihren Glaubensgemeinschaften und Kirchen kaum Anleitungen zur »Kunst des Sterbens«. Damit keiner dem Tod unvorbereitet entgegengeht, schickt die Seele von Zeit zu Zeit einen Todestraum.

14. Empfinden Sie Ihren Todestraum als eine Vorahnung des nahenden Endes?

Viele Träumer berichten davon, daß ein Todestraum sie stark berührt habe. Häufig stellen sich unter diesem Eindruck Phantasien und Vorahnungen des nahenden Lebensendes ein. Solche prophetischen Träume lösen tiefes Erstaunen aus. Doch diese Bilder bedeuten häufig auch, daß unser altes Ich und ein Anteil des bisherigen Lebens endet und etwas Neues beginnen soll. Die Stärke der Betroffenheit und die anhaltende Vorahnung sollten auf die »kleinen Tode« als Wandlung im Leben und auf den letzten Tod hin befragt werden.

15. Welches Bild oder Symbol des Traumes bleibt Ihnen noch ein dunkles Geheimnis?

Da die Todeserfahrung uns in dunkle Tiefen führt und die Auseinandersetzung mit der Sterblichkeit keine endgültige Lösung finden kann, bleiben auch manche Todesträume unverständlich. Bei solchen Träumen können wir uns in der Geduld und Selbstbescheidung üben, einmal Unverstandenes stehen zu lassen und zu akzeptieren. Indem Sie es dennoch in Worte kleiden, verliert es etwas von seiner bedrohlichen Unverständlichkeit. Bei wichtigen und sogenannten Großen Träumen brauchen wir ein Leben lang, um das Geheimnis des Todes zu »buchstabieren«.

16. Welche Botschaft vermittelt Ihnen der vorliegende Todestraum?

Versuchen Sie für sich persönlich die Bedeutung und den Sinn Ihres Traumes zu erkunden. Wenn Sie die meisten Fragen beantwortet haben, werden Sie so etwas wie einen »roten Faden« gefunden haben. Indem Sie bestimmte Zusammenhänge aufdecken und die Gefühle und Stimmungen erspüren, haben Sie eine Spur zum Verständnis entdeckt. Wenn Sie diese Erfahrungen weiter geistig durchdringen und die Bilder umdenken, wird sich etwas von der Botschaft erschließen lassen.

Bilder und Symbole des Totenreichs

Kleines Lexikon zur Todessymbolik

Wenn Sie einen persönlichen Todestraum hatten und ahnen, daß er eine wichtige Botschaft für Sie beinhaltet, oder wenn Ihnen ein Verstorbener erschienen ist und Ihnen ein Zeichen gab oder etwas sagte, können Sie mit Hilfe der 16 Fragen zum Selberdeuten und durch dieses kleine Lexikon mit den wichtigsten Bildern und Symbolen zur Todessymbolik sich erste Verstehensmöglichkeiten erschließen. Bei der Vielfalt der Bildersprache der Seele und bei der Vielschichtigkeit Ihrer persönlichen Erfahrungen werden Sie sicher nicht erwarten, daß genau für Ihre Todessymbolik gerade die treffende Deutung gegeben wird. Durch die allgemein gehaltene Deutung der jeweiligen Bilder zur Todessymbolik werden Sie jedoch eine hilfreiche Ausrichtung Ihrer eigenen Überlegungen zu Ihrem Todestraum finden, wie Sie sich die Botschaft und den Sinn der Bilder erschließen können. Gehen Sie wie bei der Lösung eines Kreuzworträtsels daran, die einzelnen Bilder und Motive so zueinander in Beziehung zu sehen, daß sich ein Sinn ergibt. Die bei dem ersten Deutungsschritt gewonnene Bedeutung Ihres Traumes können Sie dann durch die 16 Fragen ergänzen und erweitern oder auch kritisch überprüfen.

Besonders wichtig ist es gerade bei den Erscheinungs- und Todesträumen, die nötige Geduld und manchmal auch Demut vor der Weisheit der Seele zu bewahren. Viele Träumer(-innen) haben mir in den letzten Jahren erzählt, daß sie oftmals über Wochen oder Monate mit einem Todestraum umgegangen sind. Zutreffender müßten wir sagen, daß diese Träume uns umtreiben und motivieren, über das eigene Sterben nachzudenken und uns auf den Tod vorzubereiten.

Dieses kleine Lexikon der Todessymbolik kann nicht vollständig sein, weil die Traumseele in immer neuen Bildern die Todesbotschaft vermittelt. Bitte ergänzen und vervollständigen Sie die Symbole durch Ihre eigenen Träume oder aus der zahlreichen Literatur über Träume. Besonders wichtig ist mir der Hinweis, ein bestimmtes Traumsymbol nicht einfach mit einer festgeschriebenen Standardbedeutung zu übersetzen. Wie viele die Schwierigkeit kennen, differenzierte persönliche Erfahrungen oder Erkenntnisse angemessen in eine andere Sprache zu übersetzen, ist es auch kom-

pliziert, die Bildersprache der Träume und deren Botschaft zu
begreifen. Trotz dieser Schwierigkeiten halte ich es für jedermann
für bedeutsam und sinnvoll, sich mit seinen Träumen zu beschäfti-
gen. Jeder Träumer und jede Träumerin hat das »Urheberrecht«
zum Verständnis der Bildersprache seiner/ihrer Seele.

Ahnen

Zwischen den Erscheinungsträumen von verstorbenen
Vorfahren und Ahnen und dem Ahnungsvermögen des Träumers gibt es ganz besondere Beziehungen und Zusammenhänge. Es ist sicher keine Wortspielerei, wenn in unserer
Muttersprache das gleiche Wort für »die Ahnen« und »das
Ahnen« als seelische Intuition verwendet wird. Nachdem
seit Freud auf den »Gegensinn« der Urworte aufmerksam gemacht worden ist, möchte ich diese Worte als spiegelbildli-
che Symbolik auffassen, die besagt, daß die Lebenden und die
Toten unlöslich zusammengehören und ein Ganzes bilden.
Wenn uns die verstorbenen Ahnen im Traum erscheinen,
sollten wir uns stets fragen, welche Werte sie vergegenwärtigen und welche Erfahrungen sie verkörpern. Viele Träumer
wissen aus der Familiengeschichte durchaus noch bestimmte Einzelheiten von einem Verstorbenen. Wenn uns die
Ahnen in zumeist beeindruckenden Träumen erscheinen,
ahnen und spüren wir, daß neue Erkenntnisse und wichtige
Einsichten ins Bewußtsein drängen. Das Erscheinungsbild
der Ahnen wird damit zumindest in diesen Träumen zu
einem Symbol für das eigene Ahnungsvermögen und für die
Bewußtwerdung von archetypischen Erfahrungen aus dem
sogenannten kollektiven Unbewußten (C. G. Jung). Hier
scheinen alle Erfahrungen der Menschheit gespeichert zu
sein wie in einem riesigen Computer-Terminal. Diesen
Erfahrungsschatz der Ahnen kann die Seele anscheinend in
ihrem Ahnungsvermögen »anzapfen«.

Augen

In manchen Träumen sind die Augen, der Mund oder
andere runde Öffnungen wie z. B. der Brunnen (im Märchen
»Frau Holle«) oder eine Höhle der Eingang in die andere
Welt, die Unterwelt. Besonders die Augen als »Spiegel der

Seele« ermöglichen den Einblick in die jenseitige Welt, die sich in den Todesträumen spiegelt. So träumte eine Frau in der Lebensmitte von den ausdrucksstarken Augen einer weisen Frau, die sich in Eulenaugen verwandelten. Sie ging in diese sich ausdehnenden Augen hinein und hatte dabei das Gefühl, in einen bisher verborgenen und unbewußten Bereich eingetreten zu sein. Es war wie der Eingang in eine andere Welt, in die Unterwelt, in der die weise Göttin Athene regiert. Aus dem griechischen Mythos wissen wir, daß die Eule das Attribut und das Begleittier der Athene ist. Die Eule ist zu einem Symbol der Weisheit geworden. Wie die Eule nachts sehen kann, so deutet der Traum durch das Eingehen in die Eulenaugen die Fähigkeit an, in den dunklen Tiefen der Unterwelt nicht nur »schwarz zu sehen«, sondern Weisheit und Einsicht zu gewinnen. Oft stellt sich in den Träumen das Auge als Organ für die Erkenntis dar und als Symbol für die Weisheit des Herzens. Indem wir in den Träumen durch die Augen, den Mund oder eine andere runde Öffnung nach innen gehen, werden wir durch diese Symbole in die Bilderwelt oder gar in die Unterwelt (siehe dort) geführt.

Ähre

In der Ähre, im Samenkorn, im Getreide und im Kornfeld begegnen wir einem Symbolfeld, das in sich die Todessymbolik mit der Lebenswelt verbindet. Auf den Grabsteinen und im Todestraum ist die umgeknickte Ähre häufig ein Symbol für den Tod. Auch die Vorstellung vom Tod als »Sensenmann«, der das Korn mäht, kann in abgewandelten Bildern in den Träumen den nahenden Tod ankündigen. Sowohl in der Bilderwelt der Seele als auch in der Sprache sind die vielschichtigen Beziehungen zwischen menschlichem Schicksal und dem Samenkorn gegenwärtig. Denken wir an die uralte Symbolbeziehung zwischen Kind und Korn, indem in beiden Bereichen vom »Samen« gesprochen wird oder von dem fruchtbaren Boden und der Befruchtung sowie der Leibesfrucht bzw. der Unfruchtbarkeit im menschlichen Bereich. Dazu ließen sich zahlreiche weitere Parallelen finden, die uns verständlich machen, warum in den Träu-

men gerade diese Symbole für das ewige Stirb und Werde
verwendet werden. Aus der gleichen Bilderquelle scheinen
auch die Mythen und die Religionen zu schöpfen, indem
zum Beispiel in den eleusinischen Mysterien in der Weihe-
handlung eine lichtumflossene heilige Ähre als Symbol der
Auferstehung und der Hoffnung geschaut wurde. Eine ähnliche Symbolbedeutung gibt Jesus dem Weizenkorn, indem er
spricht: »Wahrlich, wahrlich, ich sage euch: Wenn das Weizenkorn nicht in die Erde fällt und stirbt, bleibt es allein;
wenn es aber stirbt, bringt es viele Frucht« (Johannes 12,
23 f.).

Beerdigung

Es kommt recht häufig vor, daß jemand von seiner eigenen Beerdigung träumt und es dabei so ganz anders zugeht
als bei einem »normalen« Begräbnis. Diese Unterschiede in
den Bildern weisen bereits darauf hin, daß wir nicht an den
konkreten, sondern an den symbolischen Tod denken sollten. Häufig besagen die Bilder von der eigenen Beerdigung,
daß bei uns seelisch etwas gestorben ist oder sterben sollte,
damit unsere neuen und ganzheitlichen Lebensmöglichkeiten zum Zuge kommen. Auch wenn wir von der Beerdigung
eines anderen Menschen träumen, sollten wir unsere Beziehungen und Empfindungen zu ihm überdenken, ob sie etwa
wie tot sind. Meistens können wir solche Träume auf der
Subjektstufe deuten, als ein Bild für unser persönliches inner-
seelisches Befinden. Ähnlich verhält es sich mit Träumen
von Leichen, die wir im Keller, im Schrank oder an einem
verborgenen Ort entdecken. Auch hierzu erhalten wir durch
den Kontext Hinweise, was wir an Abgestorbenem und völlig Totem bisher unbewußt in uns getragen haben. Indem
der Traum es uns bewußt macht, können wir den Ballast
ablegen und »beerdigen«.

Bewußtwerdung

Die Bewußtwerdung und die Bewußtseinserweiterung
scheinen ein wesentlicher Sinn unseres Lebens zu sein. Diese
Bewußtwerdung im Sinne des Individuationsprozesses nötigt
den Menschen dazu, seine in ihn gelegten Möglichkeiten

auszuschöpfen und bis in die Tiefen seines Seins einzutauchen. Viele Therapeuten erleben etwas Ähnliches, wie C. G. Jung schreibt: »Ich kannte viele Menschen, die starben, als sie das Höchste erreicht hatten, dessen sie fähig waren. Offenbar war dann das Maß ihres Lebens erfüllt, alles gesagt und alles getan . . .«[71] Dagegen ist im umgekehrten Sinne in der Praxis auch zu erleben, daß Menschen häufig deswegen noch nicht sterben können, weil sie das ihnen Mögliche noch nicht vollendet haben.

»Bildseele«

In vielen Todesträumen erscheinen die Verstorbenen hinter einer Fensterscheibe oder einer Glaswand. Dieses Motiv zeigt an, daß zwischen Lebenden und Toten zwar ein Blickkontakt möglich ist, aber zumeist keine gefühlsmäßige Beziehung besteht. Wie der Sterbende das Leben aushaucht und der kalte Leichnam zurückbleibt, so ist folgerichtig auch das Erscheinungsbild der Toten im Traum ohne Leben. Die menschliche Wärme und das seelische Empfinden scheinen im Totenreich aufzuhören. Obwohl den Hinterbliebenen sehr viel an einer gefühlsmäßigen Verbundenheit liegt, erscheint in diesen Träumen zumeist nur eine »Bildseele« hinter einer Glaswand. Diese Bildseele scheint eine Art Geistprinzip zu sein, das nach dem Tode weiterexistiert. Während zu Lebzeiten sich das Seelenbild im Leib verkörpert, kann nach dem Tod wieder die geistige Seele als sogenannte Bildseele erscheinen. Durch die Glaswand im Traum oder durch eine Fensterscheibe spiegeln sich die beiden unterschiedlichen Seelenzustände. Diese Beschreibung der »Bildseele« schließt nicht aus, daß in manchen Erscheinungsträumen ein Toter auch gelegentlich gefühlsmäßig gespürt wird. Dann jedoch ist vor allem die Deutung auf der Subjektstufe anzustreben als Spiegelung von seelischen Empfindungen des Träumers.

Blau

Die blaue Farbe verweist in den Todesträumen auf die Ewigkeit. So ist ein sterbender Träumer unterwegs zu den »blauen Bergen« und wird auf diesem letzten Wege von

einem Seelenführer begleitet[72]. Einen ähnlichen Todestraum
berichtet C. G. Jung von einem Sterbenden, der zu seiner
Überraschung nicht in die Tiefe stürzt, sondern beseligt »in
das Blau der Ewigkeit« schwimmt[73]. Diese Erfahrungen in
Todesträumen stimmen weitgehend überein mit den Sterbeerlebnissen, indem das Ich-Bewußtsein bei der Lösung vom
Leib die spirituelle Leiblichkeit, den Astralleib, in bläulichen
Farben schimmern sieht. Es scheint sich dabei um eine
archetypische Symbolik zu handeln, die u. a. auch im »Tibe-
tanischen Totenbuch« als ein »klares Urlicht« bezeichnet
wird, das im Tode aufleuchtet und als höheres Bewußtsein
beschrieben wird.

Blume (Totenblume)

Manchmal kündigen sich der Tod oder das Stirb und
Werde buchstäblich »durch die Blume« an. So wie die Blumen bei der Beerdigung eine große Bedeutung haben, haben
sie auch in der Bildersprache der Seele eine wichtige Funktion. Blumen sind in den Träumen ein Ausdruck der seelischen Empfindungen. Wenn wir jemandem zum Geburtstag
oder zu einem besonderen Anlaß Blumen schenken, so drük-
ken wir damit ein bestimmtes Gefühl aus, das sich in Worten
längst nicht so stimmungsvoll wiedergeben läßt. Ähnlich,
wie wir in der Realität Blumen sprechen lassen, geschieht es
auch in den Träumen, insbesondere auch in den Todesträumen. Hierzu wählt die Seele Blumen aus, die eine besondere
Beziehung zum Tod haben.

So träumte ein kriegsverletzter Offizier, der zudem noch
an Malaria erkrankte, häufig von einer blumenübersäten
Wiese. Seine besondere Aufmerksamkeit wurde in diesen
Träumen auf eine weiße Lilienart gerichtet, die ihn ganz
besonders faszinierte. Weil der Träumer diese Blumen nicht
vergessen konnte, beschäftigte er sich bei der Rückkehr in
die Heimat mit ihnen und war sehr erschrocken darüber,
von der »Asphodelos« (auch Affodill geschrieben), der
Totenblume, geträumt zu haben. Jetzt erst verstand er das
Traumbild, damals am Rande des Todes gewesen zu sein.
Der Asphodelos wurde in der Antike als Blume der Toten
und als Symbol des unterirdischen Reiches angesehen.

Er wurde auch als Zauberblume verwendet, mit der man jedes Gift und Schlangenbisse unschädlich machen kann. Selbst heute benutzen ihn manche noch als Talisman. Nach mythologischer Anschauung wandeln die Seelen der Abgeschiedenen im Totenreich, in den Elysischen Gefilden, zwischen den weißen Totenblumen, den Asphodelos. Häufig können besondere Blüten und Blumen, eine Pflanze oder ein wunderwirksames »Heilkraut« im Zauberwald zu Symbolen werden für die unsterbliche Seele oder den nahen Tod.

Braut (als Todesbraut)

In manchen Träumen erscheint eine merkwürdige Braut als Todesbraut. Es ist jedoch nicht das vertraute Bild einer Braut von landläufigen Hochzeiten, sondern ein Erscheinungsbild, das bei dem Träumer(-in) die Ahnung erweckt, daß jemand im Bekanntenkreis sterben wird (was dann in der Regel auch tatsächlich geschieht). Besonders bei einer Analysandin, die ansonsten nicht über besondere visionäre Begabungen oder gar über das »Zweite Gesicht« verfügte, habe ich es mehrfach miterlebt, daß die Braut als Todesbraut erschien. Die Märchen und Mythen der Völker wissen vielfach von einer »Erdmutter« und Todesmutter zu berichten, deren Tochter den Freier ins Grab entführt, wo die Todeshochzeit gefeiert wird. In der germanischen Mythologie erscheint die dunkle Unterweltsgöttin »Hel« dem Balder im Traum als Todesbraut, wie der folgende Text überliefert: »In der folgenden Nacht sieht Balder die Hel (Proserpina) bei seinem Lager stehen, und sie kündigt ihm an, daß sie am folgenden Tage seiner Umarmung genießen werden.«[74] Mit der tödlichen Umarmung ist gemeint, daß Balder sterben wird. Die »Todeshochzeit« wird damit zu einem Symbol für die Vereinigung von Gegensätzen, für die Zusammengehörigkeit von Leben und Tod.

Gefühle

Bei Todesträumen ist es sehr wichtig, die Gefühle und Stimmungen im Traum und nach dem Traum zu beachten. Es kann sein, daß Sie entweder gefühlsmäßig sehr betroffen aufwachen oder daß Sie der merkwürdige Todestraum völlig kalt läßt. Wenn Sie schweißgebadet aufwachen, weil Sie im Traum Ihrer eigenen Beerdigung beiwohnten oder erschossen wurden, so beweist dies, daß Ihre Gefühls- und Empfindungsfähigkeit gesund reagiert. Zu einer derartigen Erfahrung, ganz gleich ob geträumt oder real erlebt, gehört eine tiefe Betroffenheit und Erschütterung. Der Mangel an Affekten und Emotionen dagegen kann auf eine Depression oder eine andere seelische Erkrankung aufmerksam machen. Wenn in Ihren Todesträumen grundsätzlich die Gefühle von Entsetzen, Trauer oder Schmerz fehlen, sollten Sie einen Psychotherapeuten um Rat fragen.

Besonders merkwürdig im Sinne von würdig, es zu bemerken und zu beachten, ist, daß in manchen Erscheinungs- und/oder Todesträumen auch erotische oder sexuelle Empfindungen und Gefühle ausgelöst werden. Dies ist in der Regel nicht pervers und hat auch nichts mit Nekrophilie (Liebe zu Toten) zu tun, sondern ist meistens ein Ausdruck der erweckten und bisher abgestorbenen Gefühle. Ähnlich, wie wir bei den meisten anregenden Träumen seelisch, erotisch und/oder sexuell stimuliert werden und die Lebenskraft in uns spüren, kann dies auch bei den Todesträumen geschehen. Wir können die Spruchweisheit: »Die Liebe ist stark wie der Tod!« nach den genannten Erfahrungen auch umdrehen und sagen: »Todesträume können die Liebe und das Leben erwecken und beleben!«

Gericht

In vielfältiger Weise können uns die Traumbilder vor ein inneres Gericht stellen. Oftmals dient dieses Symbol dazu, uns bewußt zu machen, daß wir nicht nach der inneren Wahrheit leben und nach dem inneren Gesetz handeln. Ähnlich, wie im realen Leben die Gesetzesübertretung bestraft wird, droht uns auch das innere Gericht mit einer Hinrichtung, wenn wir die erkannte Wahrheit im Leben nicht wahrmachen. Damit soll eine neue Lebensausrichtung und eine Läuterung bewirkt werden. Als eine innere Ausrichtung und Hinwendung zu einer ganzheitlichen Beziehung zum Ganzen und zu Gott möchte ich auch das häufig in den Sterbeerfahrungen vorkommende Selbstgericht deuten. Zahlreiche Zeugen berichten wie der klinisch tote und zum Leben zurückgekehrte Stefan von Jankovitch: »Mein Gewissen wertete mein Handeln sofort aus und beurteilte mich und meine Taten, aber merkwürdigerweise wurden die schlechten Taten in diesem Schauspiel nicht miteinbezogen...«[75] In den Todesträumen dagegen kommen meistens neben der positiven Beurteilung auch die Verurteilungen vor. Das Ur-Teil hat in solchen Träumen häufig auch etwas mit »Teilung« zu tun und bewirkt eine Ablösung von bisher unbewußten Identifikationen, die weitgehend unser seelisches Erleben bestimmen und binden. Nach Artimidor von Daldis (2. Jahrhundert v. Chr.) bringen Gerichtsträume »Verborgenes zu Tage und kündigen Kranken kritische Tage an, in deren Verlauf dieselben, falls sie im Traum den Prozeß gewinnen, eine Wendung zum Besseren erfahren, falls sie ihn verlieren, sterben werden«[76].

Hund (Höllenhund)

In den Bildern eines furchterregenden merkwürdigen Hundes, Wolfes oder Kojoten kann uns Kerberos, der »Höllenhund«, begegnen. Es ist bei diesen Erscheinungen nicht an die uns vertraute natürliche Gestalt eines Hundes zu denken, sondern an grausame Zerrformen dieses Wesens, das in furchterregender, schwarzer Gestalt erscheint oder mit einem Riesenmaul einen Menschen verschlingt. In abgebildeter Form ist uns dieses Todessymbol vertraut aus den Märchen »Rotkäppchen« oder »Der Wolf und die sieben Geißlein«. Der Todesaspekt des Hundes oder Wolfes begegnet uns ferner in der abergläubischen Vorstellung, daß jemand stirbt, wenn nachts die Hunde so schauerlich jaulen. Ein ähnliches Hundegebell oder ein schauererregender Hund kann uns auch in den Träumen begegnen und entweder die notwendige persönliche Wandlung oder den kommenden Tod ankündigen.

Der Hund ist besonders in der griechischen Mythologie ein Todessymbol. Der Höllenhund Kerberos mit seinen drei schlangenbedeckten Köpfen läßt die Toten in die Unterwelt eintreten, aber niemanden zurückkehren. Der Hund galt in der Antike als unreines und unheimliches Tier, weil er Leichen fraß und zur Totenwelt in Beziehung stand. In der Alchimie haben der Hund und der Wolf eine symbolische Bedeutung im Hinblick auf den seelischen Wandlungsprozeß. In dieser Funktion erscheinen sie auch in den Todesträumen (siehe z.B. Kapitel 3).

Ich-Bewußtsein

Das »Ich« des Menschen ist wie eine Silberschnur oder wie eine Telekommunikation zwischen dem Träumenden und dem Wachenden. In beiden Erfahrungsbereichen ist nämlich die Ich-Persönlichkeit mitbeteiligt und sorgt für eine Verbindung und Vermittlung zwischen den genannten Erlebnisbereichen. Unser denkendes und bewußtes Ich ist auch im Traum anwesend und mitbeteiligt und kann sich schließlich auch nach dem Erwachen an die oftmals dramatischen Traumhandlungen erinnern. Mit Hilfe dieses Erinnerungsvermögens und dieser Gedächtnisleistung kann der Traum und seine Botschaft im realen Leben übertragen und verwurzelt werden. Besonders für gehemmte und neurotisch behinderte Menschen ist es hilfreich und heilend, wenn sie das, was sie im Traum ungehindert können, mit Hilfe der positiven Traumkraft unter der Verantwortung und Steuerung des Ich-Bewußtseins im Leben wieder lernen (siehe auch unter »Wandlung«).

Identität

Durch die Auseinandersetzung und Begegnung mit dem Tod wächst die persönliche Identität. Wer aus einem Todestraum betroffen und erschüttert erwacht, wird fortan viel bewußter leben. In manchen Träumen wird sogar der Auftrag erteilt, sich als Gestorbenen zu identifizieren. Mit Furcht und Zittern tritt man in solchen Träumen an die Totenbahre und sieht sich als Gestorbenen. Zugleich ist man beim Aufwachen froh zu leben. Während viele Menschen den Tod verdrängen oder ihn aufs Lebensende verschieben, ermöglichen es die Todesträume, ihn bewußter ins Leben einzubeziehen und eine »abschiedliche Existenz« (V. Kast) zu leben. Wie bei einem Baum durch eine tiefere Verwurzelung das Wachstum des Astwerkes gefördert wird, wächst und verstärkt sich auch die persönliche Identität durch die Begegnung mit dem Tod.

Unter Identität verstehe ich hier ein Gefühl des Einsseins mit sich selber und ein Gespür für die Ganzheit, in der Leben und Tod zusammengehören wie die zwei Seiten einer Medaille. Die bisher unbewußte Identität mit dem Tod wird durch den Todestraum aufgehoben und bewußt. Damit hat das Ich-Bewußtsein eine persönliche Anschauung über den Tod gewonnen und ist fortan über ihn im Bilde. Diese Erfahrung erklärt auch, warum viele Menschen nach derartigen Träumen weniger Angst vor dem Sterben und dem Tod haben.

Labyrinth (Irrgänge)

Häufig irren wir in unseren Träumen durch dunkle Flure oder beängstigende Irrgänge und verworrene Höhlen. Die verschlungenen Windungen der Labyrinthgänge sind den Eingeweiden von Tieren und Menschen zu vergleichen. Wie von dem Orakelpriester oder Medizinmann bei der Eingeweideschau eine Wegweisung für die Zukunft gesucht wird, so sucht sich die Seele ihren Ausweg in den Träumen von labyrinthartigen Gängen. Im Mittelpunkt des Labyrinths begegnet die irrende Seele einem Ungeheuer, wie dem Minotaurus in den Irrgängen auf Kreta. Vor der Umkehr auf dem Tiefpunkt begegnet mancher Träumer(-in) auch dem Ungeheuerlichen in Gestalt eines »Todesdämons«. In mythischen Bildern werden diese dunklen Mächte dargestellt in dem furchterregenden Haupt der Medusa oder in Göttermasken mit labyrinthartig gestalteten Gesichtern. Wer in seinen Alpträumen auf seinem inneren Weg in solche Gesichter gesehen hat und zutiefst erschrocken erwacht, hat erste Schritte vom Tod zu einem neuen bewußteren Leben getan.

Licht

Das Licht ist in vielen Sterbeerfahrungen und Todesträumen ein besonders vieldeutiges und vielschichtiges Symbol. Seine Bildhaftigkeit reicht von einer Kerze bis hin zu einer strahlenden numinosen Lichtquelle, die häufig als göttlich empfunden wird. Die Symbolik des Lichtes bedeutet mei-

stens eine Erleuchtung des Träumenden mit einem fließenden Übergang zur Verklärung und Verwandlung. Besonders
die Intensität des strahlenden Lichtes wird von vielen als ein
Ausdruck der »Jenseitigkeit« empfunden. Diese ungewöhnli-
che Intensität der Lichterfahrung scheint ein Ausdruck
dafür zu sein, daß die Seele in die Dimension des Raum- und
Zeitlosen hineinragt. Manche gläubigen Träumer(-innen)
berichten, daß sie inmitten der Lichtquelle ihr Gottesbild
gesehen haben. Tiefenpsychologisch betrachtet ist dies
jedoch noch kein »Gottesbeweis«. Auffällig bei dem bisher
vorliegenden Erfahrungsmaterial ist, daß der Aspekt des
Bedrohlichen und Dunklen kaum zum Ausdruck kommt.
Für eine Erklärung bedarf es noch vieler weiterer Beobach-
tungen und Forschungen.

Reise (letzte)

Das Traumbild von der Reise, mit einem Schiff oder Zug,
läßt aus dem Kontext erkennen, wann und ob es sich um die
»letzte Reise« handelt. So träumte ich vor dem Tod meiner
Mutter, daß sie in Cuxhaven ein sonderbares Schiff betrat
und nach »Übersee« fuhr. Schon im Traum wurde mir
bewußt, daß dies nicht Amerika war, sondern das jenseitige
Totenland. Ähnliche Traumbilder von einer Zugreise können auch den Abschied und die Versöhnung mit Toten
signalisieren. So träumte eine ältere Dame von einer Film-
schauspielerin, die sich das Leben genommen hatte, daß
diese ganz versöhnlich hinter der Fensterscheibe eines
Eisenbahnabteils erschien und freundlich zum Abschied
winkte. Die Träumerin hatte nach diesem Selbstmord
Schuldgefühle, weil sie die Tat nicht hatte verhindern können. Durch die Besprechung und Meditation der versöhnlich erscheinenden Verstorbenen wurde diese positive
Traumkraft in der Träumerin wieder lebendig, und sie
konnte sich nochmals bewußt von der Verstorbenen verabschieden und sie reisen lassen und zugleich den Schuldgefühlen den Abschied geben.

Neben den vertrauten Bildern für die letzte Reise aus der
diesseitigen Welt gibt es bei allen Völkern und in allen Reli-

gionen auch mythologische Bilder für die Seelenreise ins Totenland. Den Verstorbenen oder den Eingeweihten stehen dazu die verschiedensten Transportmittel zur Verfügung, wie prächtig geschmückte Schiffe, ein Wagen, der von geflügelten Rossen gezogen wird, wie es häufig auf etruskischen Grabsteinen dargestellt wird. Besonders bekannt sind die Grabschiffe der Indianer, die die Seelen der Verstorbenen häufig zusammen mit Tieren oder dem Totemtier oder einem Seelenvogel in die jenseitige Welt übersetzen. Im alten Ägypten fuhren die Verstorbenen mit dem Sonnengott Amun-Re in der Sonnenbarke durch die Unterwelt. Nach der griechischen Mythologie werden die verstorbenen Seelen von dem toten Fährmann Charon über den Styx, den stinkenden Fluß der Unterwelt, gefahren. Diese und zahlreiche weitere mythologischen Bilder kann die Seele aufgreifen und abwandeln, um einen Sterbenden über seine letzte Reise ins Bild zu setzen.

Relativität

In den Sterbeerfahrungen und den Todesträumen werden Raum und Zeit relativ. Relativität heißt in diesem Erfahrungshorizont, daß die Orte unseres bewußten Lebens, wie wir sie sonst gesehen und erlebt haben, merkwürdig verwandelt erscheinen, vergleichbar wie im Märchen. Ähnlich verhält es sich mit der Veränderung der Zeit. Unsere üblichen Unterscheidungen von Gegenwart, Vergangenheit und Zukunft sind in einem neuen Zeiterleben aufgehoben, das irgendwie als zeitlos empfunden wird. Der Augenblick wird wie eine Ewigkeit empfunden. In seinem Aufsatz »Seele und Tod« schreibt C.G.Jung dazu, daß »die Psyche zutiefst einer raumzeitlosen Seinsform teilhaftig sei und mithin dem angehöre, was unzulänglich und symbolisch als ›Ewigkeit‹ bezeichnet wird«[77]. Die Wandlung des Zeitgefühls hat Jung im Angesicht des Todes besonders eindrucksvoll zusammengefaßt: »Das Gegenwartsgefühl erweitert sich über den Tod hinaus rückschauend in Jahrhunderte der Vergangenheit und vorschauend – in noch ungeborene Zukünfte.«[78]

Seelenvogel (schwarzer)

Schwarze Vögel, wie Krähen oder Raben, Adler, Geier und andere Raubvögel, kündigen meistens den nahenden Tod desjenigen an, mit dem sie in Verbindung stehen. Es sei an den mitgeteilten Traum einer Arztfrau erinnert, die von einem schwarzen Vogel träumte, der auf der rechten Schulter ihres Mannes sitzt und sich ganz dicht an den Kopf und das Gesicht anschmiegt. Als sie beim Frühstück diesen Traum ihrem Mann erzählte, wagte sie ihn nicht anzuschauen, weil sie fürchtete, er würde die Botschaft des Todestraumes verstehen (siehe im Kapitel Wahrträume). Aus dem Kontext der Traumbilder ist meistens ersichtlich, wann und ob ein schwarzer Vogel ein Todesbote ist. Die Vogelgestalt kann auch vermischt mit einem Menschen erscheinen, wie in dem Traum eines 35jährigen Akademikers, der von einer Frau mit Vogelgesicht träumte und dazu schreibt: »Sie trug einen schwarzen Schleier vor den Augen. Als sie das Zimmer betrat, hatte ich den Eindruck, als ob eine Norne, das Schicksal selbst, einträte.«[79] Diese Frau ähnelte sehr der Frau des Träumers, die bald danach verstarb. Die Mischwesen, halb Vogel, halb Mensch oder in anderen Zusammensetzungen, sind aus der Mythologie als Todesdämonen bekannt. Aus den gleichen oder ähnlichen Quellen scheint die Seele die Todesträume zu inszenieren.

Spiritualität

Wer die seelische Wandlung und Wiedergeburt erfahren hat, dem eröffnet sich meistens auch eine spirituelle Dimension. Das neuerlangte Selbstbewußtsein und die Begegnung mit dem Selbst vermitteln ein kosmisches Bewußtsein. Es ist ein existentielles Widerfahrnis, in dem der einzelne erfährt, daß er ein Teil des Ganzen und zugleich das Ganze in ihm gegenwärtig ist. Diese Erfahrung von Ganzheit und Spiritualität ist nicht unbedingt an die anerkannten und bekannten religiösen Anschauungen und Bilder gebunden, sondern kann sich auch in neuen Symbolen zeigen (siehe Wiedergeburtssymbol). Wie schon C. G. Jung gezeigt hat, kommt infolge einer archetypischen Disposition die religiöse Funktion der Seele in tiefgreifenden Erfahrungen, wie etwa den

Todesträumen, zum Durchbruch. Meine Erfahrungen in diesem Bereich sind ähnlich wie die von Autoren der transpersonalen Psychologie. Stanislav Grof schreibt:

»Doch diese erschreckende emotionale und psychische Begegnung mit dem Tod hat noch eine andere wichtige Konsequenz, nämlich die Öffnung von spirituellen und religiösen Erfahrungsbereichen, die offenbar Bestandteil der menschlichen Natur sind, und zwar unabhängig von der jeweiligen kulturellen und religiösen ›Programmierung‹. Nach meiner Erfahrung gelangt jeder, der diese Ebene erreicht, zu überzeugender Einsicht in die tiefe Bedeutung der spirituellen und religiösen Dimensionen der universalen Ordnung. Selbst eingefleischte Materialisten, positivistische Wissenschaftler, Skeptiker und Zyniker, ja selbst kompromißlose Atheisten oder auch Religionshasser wie etwa marxistische Philosophen interessieren sich plötzlich für spirituelle Entwicklung, sobald sie diese Ebene in sich selbst erfahren haben.«[80]

Stillstand (der Zeit)

In den Todesträumen und auch im Umfeld von realen Todesereignissen kommt es häufig zum Stillstand der Zeit. Bekannte Phänomene dafür sind, daß die Uhr stehenbleibt, wenn jemand stirbt, oder daß im Raum eine stillstehende Uhr den nahenden Tod ankündigt. Gelegentlich wird der Stillstand der »Lebensuhr« noch durch weitere Zeichen ergänzt, wie in dem folgenden Traum, den J. Sanford mitteilt: »Die Zeiger, die sich eben noch bewegt hatten, stehen still. Und jetzt öffnet sich ein Fenster hinter der Uhr, und helles Licht strömt herein. Die Fensteröffnung wird zu einem Tor, das Licht zum leuchtenden Weg. Auf diesem Weg aus reinem Licht schreite ich hinaus und verschwinde.«[81]

Manche Sterbenden erleben zweierlei Zeit, wie es auch in Todesträumen erscheinen kann. Das eine ist das normale und übliche Zeiterleben, in dem sozusagen alles im Fluß und in Bewegung ist. Das andere Zeiterleben ist der absolute Stillstand der Zeit und das merkwürdige Empfinden, außerhalb von Raum und Zeit zu stehen. Eine ähnliche Erfahrung können wir machen, wenn wir an einem Ort weilen und es

»totenstill« ist und wir eine Ahnung bekommen von der
Ewigkeit als einer überzeitlichen Dimension. Von solchen
zeitlosen Todesträumen geht meistens eine verwandelnde
Wirkung aus.

Stimme

Die Stimme spricht in den Todesträumen oftmals eine
wichtige Botschaft aus, die wir beachten und bedenken sollten. Oft ist es eine tröstende Stimme, die spricht: »Fürchte
dich nicht.« Doch die Stimme kann auch vorwurfsvoll sein,
wie eine Träumerin ihre verstorbene Schwiegermutter vorwurfsvoll sagen hört: »Ja glaubst du denn, wir tun hier
nichts?!« Vermutlich hat diese Frau die Stimme der Schwiegermutter noch derart lebendig im Ohr, daß die negative
seelische Stimmung in der Stimme im Traum zum Ausdruck
kommt. Wenn Sie im Traum eine Stimme hören, sollten Sie
neben den Worten und deren Botschaft besonders auch die
eigene seelische Stimmung im Traum und im Wachzustand
erspüren.

Besonders wichtig ist, die gesamte Botschaft zu hören und
nicht nur ein einzelnes Wort herauszugreifen, wie dies bei
einer Frau geschah, die ihren verstorbenen Mann sagen
hörte: »Komm, ich möchte dir was zeigen!« Sie beachtete
nur das erste Wort: »Komm!« und dachte, daß ihr Mann sie
rufe und sie auch sterben müsse. Erst als wir im Gespräch
den ganzen Satz bedachten, lösten sich die Ängste und
Befürchtungen der Träumerin auf.

Tunnel

Ähnlich wie bei den Sterbeerfahrungen ist der Tunnel in
den Todesträumen ein Bild des Durchganges vom Leben in
den Tod und damit ein Symbol des Übergangs von dem
diesseitigen Bereich in eine jenseitige Wirklichkeit. Anstatt
eines Tunnels kann die Seele im Traum auch andere, aber
zumeist ähnliche Bilder verwenden, wie enge Türen oder
Tore, immer enger werdende Höhlen und andere Verengun-
gen. Für dieses Symbolfeld scheint eine biologische und eine
psychologische Erklärung allgemein plausibel zu sein. Ähnlich wie ein Kind bei seiner Geburt durch den engen

Geburtskanal gedrängt wird, muß der Sterbende bei seiner Wiedergeburt und dem Übergang in das Totenreich durch diese Enge. Diese Enge macht angst und macht daher das psychologische Verständnis dieser Bilder plausibel. Die Symbole der Engführungen und Tunnel sind damit ein Ausdruck der Angst.

»Totenland« (= das Unbewußte)

Was in früheren Jahrhunderten und Jahrtausenden in unserer Kultur und/oder in anderen Religionen als »mythologisches Totenreich« beschrieben wurde, benennt die heutige Tiefenpsychologie als das Unbewußte oder als das »Kollektive Unbewußte« (C.G. Jung), an dem alle Lebenden und selbst die Toten Anteil haben. Das Totenland als Symbol der Tiefe in uns und unsere Beziehungsmöglichkeiten dazu durch die Seelenbilder von Animus und Anima sowie durch die Erscheinungsbilder der Verstorbenen in unseren Todesträumen beschreibt C.G. Jung:

»Die Seele, die Anima, schafft die Beziehung zum Unbewußten. In gewissem Sinne ist es auch eine Beziehung zur Kollektivität der Toten; denn das Unbewußte entspricht dem mythischen Totenland, dem Lande der Ahnen. Wenn also in einer Phantasie die Seele verschwindet, so heißt das, sie habe sich ins Unbewußte oder ins ›Totenland‹ zurückgezogen. Das entspricht dem sogenannten Seelenverlust, einem Phänomen, das man bei den Primitiven relativ häufig antrifft. Im ›Totenland‹ bewirkt die Seele eine geheime Belebung und gibt den anzestralen Spuren, den kollektiven Inhalten des Unbewußten, Gestalt. Wie ein Medium gibt sie den ›Toten‹ die Möglichkeit, sich zu manifestieren. Darum erschienen sehr bald nach dem Verschwinden der Seele die ›Toten‹ bei mir, und es entstanden die ›Septem Sermones ad Mortuos‹.«[82]

Totenschädel

Manche Menschen werden in ihren Träumen von Totenschädeln erschreckt und verstehen nicht, daß es zumeist ein Symbol für die geistige und seelische Wandlung ist. Während bei vielen Menschen die geistigen und intellektuellen

Fähigkeiten durch die Schule, den Beruf oder das Studium entwickelt und beansprucht werden, bleiben die Phantasie, das bildhafte Denken und das Ahnungsvermögen meistens unentwickelt. Da zur Ganzheit des Lebens und des seelischen Erlebens beide der genannten Fähigkeiten gehören, leistet die Traum-Seele mit den Totenschädeln manchmal etwas drastisch und erschreckend die notwendige »Entwicklungshilfe«. Wie ich an einem Traumbeispiel zeïgte, erlebte ein intellektueller Geisteswissenschaftler durch die Totenschädel in einem Kohlenfeuer einen entscheidenden Durchbruch zu seiner Ganzwerdung und Wandlung. Einen ähnlichen Traum teilt C.G.Jung mit. Ein Mann versucht vergebens, einen Totenschädel wegzustoßen. Allmählich verwandelt sich der Schädel in eine rote Kugel, dann in einen Frauenkopf, der Licht aussendet[83]. Hatte der Mann bisher versucht, seine Seele und sein Unbewußtes zu unterdrücken, so zeigt sich in der roten Kugel eine Kraft, die nicht mehr zu verdrängen ist. Der Frauenkopf ist eine Anspielung auf die Anima, das weibliche Seelenbild im Manne. Auch der Animus der Frau kann als Totenschädel erscheinen oder als »Todesdämon«, mit dem es sich auseinanderzusetzen gilt. Durch die Vielgestaltigkeit der Traumbilder bekommen wir häufig weitere Hinweise für die zutreffende Deutung.

Todesboten

Die Todesboten und der »Totenfährmann« sind wichtige Gestalten in unseren Todesträumen. Sie haben die Funktion, den Tod anzukündigen, einen Sterbenden abzuholen und ihn ins Totenreich zu geleiten. Manchmal haben sie das Aussehen eines Engels oder erscheinen in der mythologischen Gestalt von Hermes, dem Seelenführer. Manche Träumer(-innen) bezeichnen ihn auch einfach als Begleiter, ohne Namensnennung und ohne genaueres Wissen um das Erscheinen der Todesboten. So erzählte mir ein sterbender Mann von Mitte Fünfzig, daß er in einer fremden Gegend unterwegs sei zu den »blauen Bergen«, und fügte hinzu: »Ich habe einen Begleiter bei mir, der den Weg kennt.« Häufig verwendet die Seele auch das Bild eines Einbrechers, weil der Tod wie etwas Unheimliches in unser Leben hereinbricht. Meistens können wir den realen Einbrecher in unseren Träumen von dem einbrechenden Tod dadurch unterscheiden, daß letzterer eine unheimliche Stimmung und/oder eine tödliche Atmosphäre verbreitet. Vielen ist auch der mythologische Totenfährmann Charon bekannt, der die Toten über die Unterweltströme Acheron und Styx übersetzt und an das Tor des Hades bringt. In abgewandelten Bildern kann der Totenfährmann auch in unseren Träumen erscheinen.

Töten (morden)

Besonders erschreckend sind Träume, in denen wir jemanden töten. So kann es geschehen, daß wir unsere Mutter, den Vater oder einen anderen Angehörigen ermorden. Noch gräßlicher wird es dann, wenn wir den Getöteten zerstückeln, zum Essen zubereiten und sogar verzehren. Hier vorschnell von perversen Vorstellungen oder übertriebenen Aggressionen zu sprechen, würde an dem Symbolgehalt völlig vorbeigehen. Nur wenn wir die Vorgänge konkret und real verstehen, müssen sie uns grausam erscheinen. Symbolisch betrachtet, will die Seele in dem Zerstückelungsritual ausdrücken, daß wir die Werte und Lebensqualitäten, die wir dem Toten zuschreiben, durch derartige Symbolhandlungen in uns integrieren und vereinnahmen sollten.

Wenn ein Sohn seinen Vater im Traum zerstückelt und ißt, bedeutet es in diesem Verstehenshorizont, daß der Träumer sich seiner eigenen Väterlichkeit bewußt werden und sie leben sollte. Analog dazu ist der Muttermord einer Tochter zu deuten. Da in manchen Tötungsträumen das Fleisch zu merkwürdigen »Tabletten« oder gar zu Hostien verarbeitet wird, erkennen manche die Symbolik des christlichen Abendmahls wieder. So wie hier Christus verleiblicht und verinnerlicht wird, geschieht es auch mit der »Lebenskraft« der zerstückelten und »gegessenen« Mitmenschen.

Unterwelt

Während das Ich-Bewußtsein des Menschen in der realen Welt agiert und handelt, scheint die Seele vor allem in der Unterwelt und Tiefe verwurzelt zu sein. Durch das Interesse vieler Menschen an Sterben und Tod werden auch die Unterwelt und die aus ihr aufsteigenden Todesträume mehr beachtet. Ähnlich wie vor Jahrzehnten die Ufos viele erregten, wendet sich in unseren Tagen das Interesse vieler Menschen den Träumen und der Unterwelt zu. Mit Unterwelt beschreiben wir in der Tiefenpsychologie einen Bereich und eine Welt, die »unter« und/oder hinter unserer realen Welt in den dunklen Traumbildern aufscheint. Die Seele führt uns in die Unterwelt, wenn wir in eine geheimnisvolle Höhle eintreten oder im Traum auf den Grund des Meeres tauchen müssen. Zu diesem Bereich gehören ferner die vielfältigen positiven wie negativen Erscheinungsbilder des Todes als geheimer Liebhaber oder »Harlekin« oder als »Todesmutter«, die alle in den Schoß der Erde aufnimmt. Häufig erwekken diese Bilder starke seelische Empfindungen oder gar erotische Gefühle. Diese Erfahrungen zeigen, daß die Unterwelt in gewisser Weise mit einem Vorratskeller zu vergleichen ist, in dem die Speisen und der Wein gelagert werden, bis der Traum uns die Schätze der Tiefe zugänglich und bewußt macht. Die Nahrung der Unterwelt und die Seelenstärkung können wir im Traum empfangen, indem wir zum Beispiel »schwarze Milch« oder eine merkwürdige rote Flüssigkeit trinken müssen. Manchmal muß auch Menschenfleisch gegessen werden zum Zwecke der Verinnerlichung und Integration der dem Toten eigenen Lebensqualitäten und Werte. Oder wir finden dort einen Schatz, der unser Leben bereichert.

Verklärung

Oftmals erscheinen unsere toten Angehörigen in den Träumen verklärt und idealisiert, indem sie in strahlendes Licht gehüllt sind oder gütig lächeln. Nach meiner Erhebung sahen nahezu ein Drittel der befragten Frauen und ein Viertel der befragten Männer ihre verstorbenen Angehörigen lächelnd oder in einem entsprechend positiven Ausdruck. Ferner erschienen sie bei 13 % der Frauen und bei 9 % der Männer »leuchtend und strahlend«. Es scheint ein allgemeines menschliches Bedürfnis zu sein, die Toten zu verklären und zu idealisieren, während die negativen Eigenschaften schnell vergessen oder verdrängt werden. Während diese Erkenntnisse aufgrund von persönlichen Erfahrungen von vielen bestätigt werden können, spiegelt der seelische Prozeß der Verklärung und Idealisierung noch eine tiefere und zumeist verborgene Wahrheit. Oft zeigen uns die Träume die Mitmenschen und die Verstorbenen, wie sie im Grunde ihres Herzens sind oder sein wollten. Doch das ursprüngliche und wahre Menschenbild wird durch neurotische Verzerrungen und zwischenmenschliche Schwierigkeiten verdunkelt. In manchen Erscheinungsträumen von Verstorbenen wird dies klargestellt, so daß wir den Betreffenden im richtigen Licht sehen können. Es ist bei diesen Träumen meistens eine schwierige Aufgabe, zu differenzieren und zu unterscheiden zwischen den mehr subjektiven Idealisierungen eines Toten und der mehr objektiven Wahrheit der Klärung und Klarstellung des wahren Menschenbildes.

Verstorbene

Wenn Verstorbene in unseren Träumen erscheinen, können sie manchmal Todesboten sein. Sie kündigen dann an, daß jemand in der Familie oder im Freundeskreis sterben wird. Aus zahlreichen Sterbeerfahrungen ist bekannt, daß die Sterbenden von einem Verstorbenen »abgeholt« werden. Meistens winkt der Verstorbene von einem jenseitigen Ufer oder geht auf das Haus zu, in dem der Sterbende wohnt. Derartige Traumerfahrungen entsprechen der weitverbreiteten Auffassung, daß die Toten unsichtbar mit uns weiterleben und dann erscheinen, wenn jemand stirbt. Es sei auch an die vielen Geister- und Spukgeschichten erinnert, wonach eine »Ahnfrau« oder ein Toter jeweils vor einem Todesfall erscheint.

Mit derartigen Erscheinungsträumen sollte jeder äußerst behutsam und verschwiegen umgehen und andere nicht verunsichern oder in Panik versetzen. Es ist ferner gründlich zu prüfen, ob das Erscheinen eines Verstorbenen nicht eine seelische Reaktion ist und damit im Zusammenhang des

Abschieds und der Trauerarbeit um einen Toten zu verstehen ist. Ferner ist auch die Bedeutung derartiger Träume im Sinne der persönlichen Wandlung in Betracht zu ziehen. Diese vielfältigen Verstehensmöglichkeiten zeigen an, daß die Träume im allgemeinen und die Todesträume im besonderen keineswegs eindeutig zu verstehen sind. Dies schließt jedoch nicht aus, sich dennoch mit den Bildern der Träume und deren Botschaft zu beschäftigen.

Wandlung

Die Todesträume mit ihren eindrucksvollen Bildern und Symbolen des Stirb und Werde zielen auf die persönliche Wandlung. Wandlung meint hier sowohl eine innere Veränderung in der Lebenseinstellung als auch die notwendigen Konsequenzen im Lebenswandel. Die Wandlung und der daraus folgende Wandel gehören nicht nur dem Wortlaut nach zusammen, sondern auch von der Sache her. In den Traumbildern bekommen wir oftmals interessante Anregungen und Entwürfe für ein ganzheitliches Leben. Wie ein Architekt einen Entwurf für ein Haus anfertigt oder ein Wissenschaftler eine Theorie für ein bestimmtes Fabrikat entwickelt, so unterbreitet uns die Seele in den Träumen anregende Lebensentwürfe. Wenn dagegen die wichtigsten Träume nicht im alltäglichen Leben verwirklicht werden, ist die gestaltende Traumkraft verschwendet. Ungelebte Träume lösen sich auf wie eine Träne im Ozean (siehe auch »Ich-Bewußtsein«).

Wiedergeburt

Die Todesträume bewirken mit ihren oft eindrucksvollen Bildern oder Handlungen eine symbolische Todesstimmung, die zur geistigen und seelischen Wiedergeburt hinführt. Wiedergeburt meint in diesem Zusammenhang das Psychodrama einer neuen Geburt durch die Begegnung mit dem Tod. Ähnlich wie in anderen Kulturen und Religionen die Einweihung und die Einbeziehung in die Gemeinschaft durch bestimmte Initiationsriten (wie Beschneidung, Mutproben usw.) erfolgt, geschieht dies bei uns durch die Todesträume.

Wie Geburt und Tod des Menschen unlöslich zusammengehören, so bildet auch die Wiedergeburt in den Todessymbolen eine Einheit. Wenn in dem seelischen Wandlungsprozeß die veralteten Persönlichkeitsstrukturen und/oder die neurotischen Verhaltensmuster zusammenbrechen, kommt es zur Geburt eines neuen Selbst. Auffallend ist, daß die Bilder und Symbole der Wiedergeburt eine große Ähnlichkeit mit der biologischen Geburt haben. Dieser Zusammenhang erklärt auch, warum bei Sterbeerfahrungen und Todesträumen das Bild des Tunnels (siehe dort) oder andere einengende Symbole besonders häufig vorkommen. Wenn Sie bei den notwendigen Wandlungsprozessen des Lebens von dunklen Durchgängen, von Gräbern und Höhlen oder anderen engen Räumen träumen, sollten Sie bei der Deutung auch an die Wiedergeburt denken.

Wiedergeburts-Symbole

Nach der allgemeinen Beschreibung der Wiedergeburt möchte ich hier einige Bilder und Symbole dieses Prozesses nennen. S. Grof und andere Autoren aus dem Bereich der transpersonalen Psychologie haben Ähnlichkeiten zwischen Geburt und Tod erkannt und weisen darauf hin, daß der Beginn des Lebens seinem Ende gleicht. So entdeckte Grof, daß Personen bei ihrer Tod-Wiedergeburt-Erfahrung unter LSD-Einfluß »ziemlich regelmäßig eine physische Symptomatik aufweisen, die sehr stark an die biologische Geburt erinnert. Sie nehmen Haltungen ein und bewegen sich in komplexen Mustern, die den Haltungen und Bewegungen eines Kindes in den verschiedenen Stadien der Entbindung erstaunlich ähnlich sind. Außerdem haben solche Personen oft Visionen von Embryos, Föten oder Neugeborenen und berichten über ein Gefühl der Identität mit einem dieser Stadien. Nicht ungewöhnlich sind auch authentische Empfindungen und Verhaltensweisen des Neugeborenen oder Visionen von weiblichen Genitalien und Brüsten.«[84] Was hier von den Visionen gesagt wird, kann auch auf die Träume, insbesondere auch auf die Todesträume übertragen werden.

Anmerkungen

1. H. Hark: Der Traum als Gottes vergessene Sprache
– Träume als Ratgeber
2. E. Kübler-Ross: Über den Tod und das Leben danach, S. 79
3. H. Hark: Der Gevatter Tod. Ein Pate fürs Leben
4. E. Kübler-Ross: Interviews mit Sterbenden
5. N. A. Wetzel: Solidarität mit den Toten
6. Durch die Untersuchungen C. G. Jungs zur Alchimie können wir viele Ähnlichkeiten zwischen psychischen Wandlungsprozessen in den Träumen, insbesondere auch den Todesträumen, und den alchimistischen Vorstellungen erkennen. Siehe C. G. Jung: Ges. Werke Bd. 12 und 13
7. Zahlreiches Anschauungs- und Bildmaterial dazu bieten S. und Ch. Grof: Jenseits des Todes. Ferner M. L. von Franz: Traum und Tod
8. Wer besonders an statistischem Material zur Todessymbolik interessiert ist, sei verwiesen auf: K. Osis und E. Haralsson, »Der Tod – ein neuer Anfang«, Visionen und Erfahrungen an der Schwelle des Seins, besonders S. 23, 201 ff. (siehe dort auch das Register)
9. V. Kast: Trauern, S. 154
10. S. Colegrave: Yin und Yang, 1980
11. C. G. Jung: Erinnerungen, Träume, Gedanken, S. 195
12. A. Faraday: Deine Träume – Schlüssel zur Selbsterkenntnis
13. W. E. Evand-Wentz: Das Tibetanische Totenbuch. Totenbuch der Ägypter, herausgegeben von E. Hornung
14. C. G. Jung: Ges. Werke Bd. 8, S. 406
15. C. G. Jung: Briefe Bd. III, S. 349
16. C. G. Jung: Erinnerungen, S. 176
17. Ausführliche Schilderung dieser spielerischen Rituale in »Erinnerungen«, S. 177 ff.
18. Erinnerungen, S. 183 f.
19. Erinnerungen, S. 195
20. E. Herzog: Psyche und Tod, S. 227 ff.
21. Der ganze Traum dieses Analysanden sowie eine ganze Traumserie mit wichtigen Aspekten zum Individuationsprozeß finden sich in H. Hark: Religiöse Traumsymbolik, Frankfurt 1980. Anhand dieser Traumserie habe ich ein hermeneutisches Deutungsschema mit 16 Aspekten entwickelt, das zur tiefenpsychologischen Auslegung von biblischen Geschichten sowie zur Deutung von Märchen und Träumen verwendet werden kann.
22. C. G. Jung: Ges. Werke Bd. 12, 105 f.
23. Wichtige Anregungen und Verstehenshilfen erhielt Frau H. bei diesem persönlichen Umgang mit ihren Träumen auch durch die »Checklisten« mit jeweils 16 Fragen in meinen Traumbüchern: »Der Traum als Gottes vergessene Sprache« und »Träume als Ratgeber«. Einen weiteren eindrucksvollen Baum-Traum von der gleichen Träumerin findet der daran interessierte Leser in H. Hark: Traumbild BAUM, S. 31–44. Daselbst auch Abbildungen von »Mondbäumen« als Todessymbole, S. 59
24. R. W. Emerson: Essays, erschienen 1841 und 1844 (deutsch 1858), Hendel, Halle a. d. Saale

25. A. E. Jensen: »Hainuwele«. Volkserzählungen von der Molukkeninsel Ceram

26. S. Grof: Vorstoß ins Unbewußte, In: Psychologie der Wende, herausgegeben von R. N. Walsh und F. Vaughan

27. K. Wilber: Wege zum Selbst, S. 104

28. K. Wilber, S. 104 f.

29. J. Hillman: Am Anfang war das Bild, S. 79

30. G. Adler: Das lebendige Symbol, S. 148

31. Siehe auch: Wiedergeburtssymbole im Anhang

32. C. G. Jung: Mysterium Coniunctionis, GW 14 I, S. 162

33. C. G. Jung: Briefe Bd. III, S. 287 f.

34. E. Neumann: Die Große Mutter, Register unter »Schwein«

35. S. Grof, a. a. O. (Anm. 26), S. 106

36. H. Hark: Religiöse Neurosen, S. 277 ff.

37. C. G. Jung: Die Dynamik des Unbewußten, GW 8, S. 472

38. M. Lüthi: Diesseits und Jenseits im Märchen, in: Die Welt im Märchen, S. 9 ff.

39. C. G. Jung: Die Archetypen und das kollektive Unbewußte, GW 9/I, S. 55

40. W. Heisenberg: Das Naturbild der heutigen Physik, S. 34

41. C. G. Jung: Briefe, Bd. I, S. 486 f.

42. C. G. Jung: Erinnerungen, Träume, Gedanken, S. 316

43. Jung: Erinnerungen, S. 318

44. Jung: Erinnerungen, S. 322

45. Jung: Erinnerungen, S. 302

46. D. Coxhead u. S. Hiller: Träume, S. 7

47. E. Kübler-Ross: Über den Tod und das Leben danach, S. 67

48. H. Hark: Traum und Tod, in: Träume als Ratgeber, S. 175 ff.

49. C. G. Jung: Praxis der Psychotherapie, GW 16, S. 168

50. H. Hark: Träume vor dem Tod, in: Träume als Ratgeber, S. 280 ff., dort mehrere Träume dieses Patienten

51. V. Kast: Trauern, S. 31

52. siehe Anm. 50

53. H. Hark: Der Gevatter Tod

54. E. Herzog: Psyche und Tod, dort zahlreiche Hinweise

55. C. G. Jung: Die transzendente Funktion, in: Ges. Werke 8

56. K. v. Sury: Wörterbuch der Psychologie, S. 256

57. C. G. Jung: Psychologische Typen, GW 6, S. 481

58. H. v. Hofmannsthal: Der Tor und der Tod

59. J. Halifax: Schamanen, Zauberer, Medizinmänner, Heiler, S. 92

60. Halifax, S. 41

61. W. A. Mozart: Briefe, Bd. IV, s. 41, herausgegeben von W. Reich

62. M. L. v. Franz: Im Umkreis des Todes, S. 124 f.

63. W. Pauli, zit. bei W. Heisenberg: Schritte über Grenzen, Ges. Reden und Aufsätze, S. 301 f.

64. Den Begriff der »Anderweltlichkeit« verwendet A. von Raffay in: Traumbild »Unterwelt«

65. J. A. Hall: Arbeit mit Träumen in Klinik und Praxis, S. 330

66. C. G. Jung: Ges. Werke 6, S. 452

67. C. G. Jung: Ges. Werke 6, S. 454f.

68. C. G. Jung: Briefe, Bd. 2, S. 253

69. K. Lückel: Begegnung mit Sterbenden, S. 182

70. S. Aurobindo: Savitri, Legende und Sinnbild, Buch IX, S. 606 ff. – An dieser Stelle danke ich meinem 93jährigen Freund Heinz Kappes für die Einführung in das Werk von Sri Aurobindo ganz herzlich!

71. C. G. Jung: Briefe, Bd. 1, S. 168

72. H. Hark: Träume als Ratgeber, S. 175 ff.

73. C. G. Jung: Briefe, Bd. 2, S. 367 f.
Ferner: I. Riedel: Farben, Buchreihe Symbole

74. E. Herzog: Psyche und Tod, S. 121

75. zitiert bei Hampe: Sterben ist doch ganz anders, S. 76

76. A. von Daldis: Das Traumbuch (Zweites Buch). Siehe auch Sachreg. unter Tod, Krankheit u.a.

77. C. G. Jung: Seele und Tod, Ges. Werke 8

78. C. G. Jung: Briefe, Bd. 2, S. 215

79. E. Herzog: Psyche und Tod, S. 200

80. S. Grof: Vorstoß ins Unbewußte, in: Psychologie in der Wende, herausgegeben von R. N. Walsh und F. Vaughan, S. 106

81. J. Sanford: Gottes vergessene Sprache, S. 45

82. C. G. Jung: »Erinnerungen«, S. 195

83. C. G. Jung: Ges. Werke 12, S. 105

84. S. Grof: Vorstoß ins Unbewußte, S. 107

Literatur

Ägyptische Unterweltsbücher, hrsg. von E. Hornung, Zürich–München 1972

Artemidor von Daldis: Das Traumbuch, DTV, 1979

Aurobindo S.: Savitri. Eine Legende und ein Sinnbild, Gladenbach 1985

Becker, E.: Die Dynamik des Todes, Olten 1976

Brandt, W.: Das Schicksal der Seele nach dem Tode nach mandaeischen und parsischen Vorstellungen, Darmstadt 1967 (Neudr. von 1888)

Capra, F.: Das Tao der Physik. Die Konvergenz von westlicher Wissenschaft und östlicher Philosophie, München 1984[3]

Champdor, A.: Das Ägyptische Totenbuch in Bild und Deutung, München 1977

Clarus, I.: Du stirbst damit du lebst, Fellbach 1979

Condrau, G.: Der Mensch und sein Tod, Zürich 1984

Dethlefsen, Th.: Das Erlebnis der Wiedergeburt, München 1967

Evand-Wentz, W. E.: Das Tibetanische Totenbuch, Olten 1982

Faraday, A.: Deine Träume – Schlüssel zur Selbsterkenntnis, Frankfurt 1978

Franz, M.-L. von: Traum und Tod. Was uns die Träume Sterbender sagen, München 1984

– Archetypische Erfahrungen in der Nähe des Todes, in: Im Umkreis des Todes, Zürich 1980

Frey-Rohn, L.: Sterbeerfahrungen psychologisch beleuchtet, in: Im Umkreis des Todes, Zürich 1980

Grof, S. und Ch.: Jenseits des Todes, München 1984

Hall, J. A.: Arbeit mit Träumen in Klinik und Praxis, Paderborn 1982

Hampe, J. Chr.: Sterben ist doch ganz anders, Stuttgart 1977

Haraldsson E. und K. Osis: Der Tod – ein neuer Anfang, Freiburg 1982

Hark, H.:

– Der Traum als Gottes vergessene Sprache, Olten 1985[3]

– Träume als Ratgeber, Olten 1983[2]

– Traumbild BAUM, Olten 1986

– Religiöse Neurosen, Ursachen und Heilung, Stuttgart 1984

– Der Gevatter Tod. Ein Pate fürs Leben, Zürich 1986

– Unsere Träume von Toten, in: TOD die andere Seite des Lebens, hrsg. von P. Musall, Offenbach 1985

Heisenberg, W.: Schritte über Grenzen. Ges. Reden und Aufsätze, München 1973

Herzog, E.: Psyche und Tod (Studien aus dem C. G. Jung-Institut Zürich, Bd. XI), Zürich 1960

Jaffé, A.: Der Tod in der Sicht von C. G. Jung, in: Im Umkreis des Todes, Zürich 1980

Jung, C. G.: Erinnerungen, Träume, Gedanken, Zürich-Stuttgart 1967

– Der Mensch und seine Symbole, Olten 1979[11]

– Briefe, Bd. I bis III, Olten

– Synchronizität als ein Prinzip akausaler Zusammenhänge, in: GW Bd. 8, Olten 1979[3]

– Psychologie und Alchemie, Ges. Werke 12, Olten 1984[4]

Kast, V.: Trauern. Phasen und Chancen des psychischen Prozesses, Stuttgart 1977

Kennedy, M. X.: Archetypische Erfahrung in der Nähe des Todes, Diss. Innsbruck 1980

Koller, P.: Todestrieb im Protestantismus, Zürich 1976

Kübler-Ross, E.: Reif werden zum Tode, Stuttgart 1975

– Verstehen, was Sterbende sagen wollen, Stuttgart 1981

– Über den Tod und das Leben danach, Melsbach 1984

Lückel, K.: Begegnung mit Sterbenden, München-Mainz 1981

Meyer, J. E.: Todesangst und das Todesbewußtsein der Gegenwart, Berlin-Heidelberg 1982

Moody, R.: Leben nach dem Tod, Reinbek 1977

– Nachdenken über das Leben nach dem Tod, Hamburg 1978

Perera, S. B.: Der Weg zur Göttin der Tiefe, Interlaken 1985

Raffay, A. v.: Traumbild Unterwelt, Olten 1987

Rosenberg, A.: Die Seelenreise, Olten 1952

Schadel, H.: Thanatos. Studien zu den Todesvorstellungen der antiken Philosophie und Medizin. Med. Diss. Würzburg 1974

Steffen, U.: Jona und der Fisch. Der Mythos von Tod und Wiedergeburt. Reihe: Symbole, Stuttgart 1982

Stephenson, G. (Hrsg.): Leben und Tod in den Religionen, Wiss. Buchges., Darmstadt 1980

Todesbilder in der zeitgenössischen Kunst, Kunstverein Hamburg 1983

Totenbuch der Ägypter, hrsg. von E. Hornung, Zürich-München 1979

Wetzel, N. A.: Solidarität mit den Toten, in: Der Familienmensch, hrsg. von J. Duss v. Werdt, Stuttgart 1980

Wiesenhütter, E.: Blick nach drüben, Hamburg 1974

Wilber, K.: Wege zum Selbst, München 1984

Wiplinger, F.: Der personal verstandene Tod, Freiburg – München 1980

Wittkowski, J.: Tod und Sterben. Ergebnisse der Thanatospsychologie, UTB 766, Heidelberg 1978

Xipolitas-Kennedy, M.: Archetypische Erfahrungen in der Nähe des Todes, Dissertation Innsbruck 1980 (siehe auch: Kennedy)

Helmut Hark · Religiöse Neurosen
Ursachen und Heilung
299 Seiten, kartoniert

»Dieses Buch über die Beziehungen zwischen Frömmigkeit
und seelischen Schwierigkeiten mit der oft tragischen Folge
von sogenannten ekklesiogenen Neurosen ist aus meiner
psychotherapeutischen Praxis erwachsen. Aus Betroffenheit
über die Verquickung von religiöser Orientierung und neurotischen Schwierigkeiten wende ich mich vor allem an Betroffene und Leidende. Dieses Buch möchte aber auch den Angehörigen Einsichten und Verstehungsmöglichkeiten für
diese Seelenkrankheit vermitteln. Ferner können Seelsorger,
Berater und Psychologen Anregungen empfangen für die
Arbeit und den Umgang mit ekklesiogenen Neurotikern.«
Der Autor im Vorwort

Helmut Hark · Der Gevatter Tod
Ein Pate fürs Leben
In der Buchreihe »Weisheit im Märchen«
111 Seiten, gebunden

Viele Mythen und Legenden von berühmten Ärzten bilden
den Hintergrund zu diesem Märchen, in dem Gevatter Tod
sein Patenkind zu einem berühmten Wunderdoktor macht.
Doch da der erfolgreiche Arzt sich den Geboten des Todes
widersetzt, scheitert er und stirbt selbst. Thema des Märchens ist die Auseinandersetzung mit der Sterblichkeit und
die Frage, ob der Tod Feind oder auch Freund des Menschen
ist. Behutsam und nachdenklich erschließt der Autor die
Bilder und Motive des Märchens.

Kreuz Verlag